中國變革六十年

關爾回憶錄（一）

關爾———著

目　次

輯一

第一個十年

一、童年之回顧

中華人民共和國成立已六十周年了，六十年來變化不小，有的幾年一變，有的一年幾變甚至按天數變，有的變化讓人肅然起敬名垂千古，有的變化開始讓人感到浮蕩著呼風喚雨大刀闊斧的激情，但過後卻讓人認識到激情下隱匿的低能與昏聵。好的一直在被正直的人們口碑讚頌，邪惡的被文痞們偷換概念後也在媒體中被忽悠。

五十年代初期時咱還是個不諳世事的頑童，對社會上的一些變化，在一些關鍵的東西尚未解密的情況下，當然無權評論，但根據一些老一輩的述說還是對那個時期有個判斷。比如政府在解放初期對封閉妓院，為煙花女子治病並為她們解決工作；嚴懲黑惡勢力；對龍鬚溝的治理；對血吸蟲的治理；對工業化的有序發展；打擊奸商製假販假惡意囤積、投機，破壞擾亂市場經濟的行徑和公務人員的貪污受賄官商勾結的罪犯。這些措施就是在今天看來也是功蓋千秋的，以致於現在還有不少人在反思：「在中國難道只有毛澤東才能治理腐敗」？

毛澤東曾在51年11月30日為中央起草的文獻中指出：「反貪污、反浪費一事，是全黨一件大事，我們已告訴你們嚴重地注意此事。」「必須嚴重地注意幹部被資產階級腐蝕發生嚴重貪污行為這一事實。注意發現、揭露和懲處，並須當作一場大鬥爭來處理。」

同年12月8日為中共中央起草的文獻中指出：應把反貪污、反浪費、反官僚主義的鬥爭看作如同鎮壓反革命的鬥爭一樣重要。

52年1月26日他又為中央起草文獻中指出：在全國一切城市特別在大中城市，依靠工人階級，團結守法的資產階級及其他市民，

向違法的資產階級開展一個大規模的堅決的徹底的反對行賄、反對偷稅漏稅、反對盜騙國家財產、反對偷工減料和反對盜竊經濟情報的鬥爭。以配合黨政軍民內部的「三反」鬥爭，是極為必要和極為適時的。

同年3月5日他再次為中央起草的關於「五反」運動的文獻中指出：在「五反」運動中對工商業戶處理的基本原則即「過去從寬，今後從嚴；多數從寬，少數從嚴；坦白從寬，抗拒從嚴；工業從寬，商業從嚴；普通商業從寬，投機商業從嚴」。

同年3月11日中央人民政府頒佈《關於處理貪污浪費及克服官僚主義錯誤的若干規定》，4月21日頒佈《中華人民共和國懲治貪污條例》。雖然有些單位的一些好大喜功，浮蕩著呼風喚雨大刀闊斧激情的幹部在執行這些「指示」的過程中出現了不少由於逼供而產生的冤假錯案，但這次運動結束較及時，錯案平反及時，其威懾力以致於在毛澤東的有生之年極少有今天人人深惡痛絕的大規模的腐敗滋生。缺點是那些誣陷他人、阿諛奉承、弄虛作假、虛報政績的幹部卻沒有得到查處和應有的制裁，導致了他們甯左勿右和喜歡走極端的思想體系在以後的反右、大躍進、文革、改開中一次又一次地興風作浪。

53年到57年上半年是相對平靜期，記得那時我住在王府井大甜水井胡同，曾在王府井燈市口附近上過一個叫「博士」的幼稚園和王府井大紗帽胡同的鐵道部幼稚園，幼稚園裡的一日三餐飲食相當豐富，午覺起來還發一次水果，博士幼稚園的設備和師資則更優越一些。那時社會上的物資供應相對豐富，從我們家穿過梯子胡同約200米就到王府井大街，在這約200米長的胡同裡有些門臉不大的飯館和商店，記得有一個麵館，麵館的夥計就在臨街的案板上抻麵，

他雙手拉著麵上下抖動，在案板上不斷摔打，麵越抻越長，當抻到一展長時，他迅速把麵對疊，麵條自動擰成麻花狀，他抓住麵條的兩端繼續摔抻，反復數次，不一會兒就抻出細如髮絲的麵條，素麵好像只有七、八分錢一碗。夏秋時節每天早上都有推著獨輪車，車上的幾個筐裡裝著時令蔬菜的人在門前叫賣。隔幾天還會有一個供銷社的職工穿著胸前有個口袋的藍色長圍裙推著兩面有玻璃門的高大的推車，敲著木梆子走街串巷賣副食、醬油、醋。

當時商店裡的物資還是較豐富的，記得家長帶我逛了一次隆福寺，那好吃的、好玩的看花了眼，吃了許多以後再也沒見過的美味小吃，遺憾的是那次我看中一個外表是金黃色，鏡片是藍色的望遠鏡，但家長卻沒給買。

那時好像是奶粉不太好買，一天中午聽鄰居說王府井百貨大樓在賣「紅星牌」鐵罐包裝的全脂奶粉。母親領我和鄰居的孩子趕到百貨大樓，有不少人在排隊，一人只能買一罐，我母親往我手裡塞了三塊錢，排到櫃檯前，我母親買完後，售貨員卻不賣給這兩個孩

▼當年在王府井住過的舊宅

▼當年在大甜水井胡同玩耍的孩子

子，他說：你們是一塊兒的吧？我母親趕緊說：這是我們鄰居的小孩。售貨員倒沒較真，賣給了我們。

二、生活還豐富

我懂事時，全國已經開始實行糧油統購統銷，北京糧油按歲數大小和工作不同定量供應，五十年代中末期北京供應的每月粗、細糧的比例人概是30%的大米，30%的白麵，40%的玉米麵和每人半斤食用油。雖然糧油定量制度使大家在外出時需帶糧票而感到不方便（那時到外地出差需單位開證明到派出所換全國糧票，換一個人一個月定量的全國糧票還需要半斤食用油票），但在五十年代末還未感到糧食恐慌。

五十年代前七年農業方面也取得了一定的成績，據我插隊的陝北山溝的農民說：解放後直到高級社以前，農民的生產積極性是較高的，在單幹和自願結合的互助組的年代裡，收穫的糧食比六十年代人民公社時期分得的糧食要多。本來多花幾年時間漸進從個體過渡到集體化可能情況要好得多，工商業也是如此。可是一些領導卻在「長痛不如短痛」的思想誘導下，搞一窩蜂，一刀切突擊實行公社化、公私合營。可悲的是這種「長痛不如短痛，一刀切，一窩蜂」的觀念在二十多年後的「改開運動」中再一次被一些人提出，和當年相似的是，這些多次被實踐證明是謬誤的思潮卻再一次被所謂主流派的「經濟嘴」們在媒體中大肆炒作鼓噪用來當作改開運動的指導思想，把因「改開運動」帶來的沉重代價轉嫁到百姓身上，

大幅削減全民公益和福利費用，一窩蜂地賤賣公有資產，低三下四地傍國內外大款，有恃無恐地聚斂財富，這似乎在驗證「分久必合，合久必分」的古訓。多少年來中國人害怕聽到的一句話是：「你的思想跟不上時代潮流」！可大家卻很少想想這種潮流有多少科學性？

當時我插隊的那個公社有個單幹戶，是個貧農。用現在的話說他是當時中國「最雷的農民」，合作化時期任你鄉、縣幹部說破大天來他就是不入社，不入！就是不入！你敢把餓滴（我的）毬喋（咬）哈（下）來？他就不怕積極分子給他扣「落後分子」的帽子，就敢反潮流，帶著一家老小常年在土改時分的幾畝薄地上辛苦耕耘，當時（1969年）他家的生活水準略高於本村入社的公社社員。

在工業方面，蘇聯援助的156個大型工業專案大多在1956年生產出了第一批產品，蘇聯的援助是真誠的，包括核心生產工藝、企業生產管理等在內的高技術的傳述和教學，使中國在以後幾十年的生產中能夠在缺少外援的情況下維持工農業生產的不斷發展。我接觸過一些曾接受過蘇聯專家指教的中國工人和技術人員，他們後來都是企業不可取代的技術骨幹，他們對當年蘇聯工人和專家的那種熱心和認真傳授技能的態度至今難以忘懷。可以說蘇聯的援助使中國的輕、重、電子、軍工等工業有了能夠獨立設計和生產的能力，而現在的改開不過使中國成了發達國家的裝配車間，從汽車到大型電子晶片幾乎沒有自己的設計和創新能力。

在人文教育方面，長期受歧視的產業工人和其他勞動者的地位有所提高，在社會上得到了相應的尊敬。解放初期的掃盲運動提高了許多解放前是文盲的勞動者的文化水準。當時到處都可以聽到人們說：變化太大了，從睜眼瞎到能讀書看報，從為資本家做牛馬吃

不飽穿不暖到能經常吃上大米白麵，生老病死有依靠，真是芝麻開花節節高！這是託了共產黨、毛主席的福啊！（2008年這類的話又再一次被重複，只不過時間從解放以前改成了1978年以前，毛主席改成了老d）在小學語文課本上，尊稱支撐社會的體力勞動者為：工人叔叔和農民伯伯，儘管農民在社會上的待遇還不盡人意，但他們的積極性和創造力還是得到了發揮。社會刑事犯罪率在歷史上也是很低的，人們的道德水準和社會風氣似乎達到了建國六十年中的空前高度。

小時候每天早9點、下午4點30和晚7點各有一次對學齡前兒童廣播。每週日還有個穿著「綠辣椒燈籠褲，給小喇叭開信箱」的小叮噹和郵遞員叔叔主持節目，回答小朋友提出的問題，播出小朋友來信點播的節目。孫靜修老師和康英阿姨可能是最受小朋友歡迎的電台明星，他們主持的節目活潑輕快，深入淺出，經常因勢利導地利用講故事、猜謎語、兒歌、廣播劇等形式開發兒童智力，引導兒童識別善惡，熱愛勞動，勤儉節約，禮貌待人等，使孩子們產生積極向上的心態。

當時還有一些兒童讀物《小朋友》和《兒童時代》也頗受兒童歡迎，那時家裡訂了一份《小朋友》經常翻看，很是喜愛。《小朋友》是黎錦暉於1922年4月創辦的，「小朋友」三字是宋慶齡於1952年親筆題寫的。內容包括冰心、陳伯吹等國內外一流兒童文學作家寫的童話、寓言、故事、科普知識、童詩、兒歌等以及畫家張樂平、董天野、程十發等近百名著名畫家為小朋友們描繪的大量富有兒童特色的漫畫和具有時代氣息的美術作品。這本圖文並茂的週刊讀物對兒童的早期教育和智力啟發，以及家長在給孩子讀解《小朋友》中的故事時溝通了雙方的感情是功不可沒的。

那時孩子們就盼著過節，其一家裡能給做些好吃的，其二家長放假可以帶我們去公園玩。五十年代國慶日放假三天，第一天家長參加遊行，第二天一早就纏著家長去公園，那時的公園在元旦、春節、五一、十一的幾天假日都不收門票，也沒有加收門票的園中園。

人們的衣食住行方面也有不同程度的提高，記得我父親的一個同事，鐵道部的一個老工程師在東單買了一套兩進四合院，有十幾間房子，當時的價錢是兩千多元。按當時北京職工的平均年收入五到六百元算，相當於4-5年的工資收入，是符合國際上工資和房價的比例的，也許那時的「軌」接得更好些吧。現在那個地段的四合院不下兩千萬元，漲了一萬倍！而北京職工的平均工資的增長幅度卻遠遠低於一萬倍。

當時城、鄉的醫療條件也得到不同程度的改善，嬰兒和疾病死亡率大幅降低，醫療費也很便宜，職工家屬看病收半費，記得小時候到東華門鐵路醫院看感冒每次好像不超過伍毛錢，而且醫生和護士的態度都是和藹可親，打針時不顧我又哭又打，一個女護士坐在白色的椅子上抱著我趴在她的大腿上，輕輕地撫摸著我的背部給我講故事，另一個護士在我後面，悄悄地舉起灌滿藥水的針管瞄準，讓我在不知不覺中挨了一針。

三、孩子還幸福

五十年代中期在孩子們的眼裡是比較幸福的，那時王府井大街有個兒童用品商店，商店裡各類兒童玩具、積木、服裝琳琅滿目，

▼現今的兒童劇場

離兒童用品商店不遠還有個兒童新華書店，專賣小人書、兒童連環畫及中小學生讀物，如小人書：《三國演義》、《西遊記》、《畫皮》、《紅軍橋》、《雞毛信》、《七色花》、《卓婭和舒拉》、《青蛙公主》、《神燈》、科普讀物《我們愛科學》、《十萬個為什麼》、《科學家的故事》、童話小說《小布頭奇遇記》、《寶葫蘆的祕密》、《伊索寓言》、紅色讀物《紅旗飄飄》、《董存瑞》等，還有一種比煙盒還小的折疊式漫畫書也很受兒童歡迎。另外王府井大街南頭長安街上有個兒童電影院，學生票價五分錢，北頭八面槽還有個中國兒童藝術劇院，記得在那兒看過「馬蘭花」、「岳雲」、「以革命的名義」等話劇，票價大約0.15-0.2元一張。

不上幼稚園的時候就和胡同裡的孩子玩跳房、拽包、彈球、剁刀等遊戲，當然男孩也有淘氣淘出邊的時候，記得是一個周日，我和幾個比我大一些的孩子捅一個門框上的馬蜂窩，一個大孩子拿著推鐵環的鐵鉤，走到馬蜂窩底下，我們在不遠的地方傻看著，只見他手握鐵鉤朝馬蜂窩用力一捅，然後扔掉鐵鉤掉頭撒腿就跑，馬蜂窩被捅掉馬蜂飛了出來，幾個大孩子跑得比我快，馬蜂在我們幾個小孩子的頭上亂蟄，幸虧有兩個孩子比我跑得還慢，結果他們頭上比我多了幾個包，一時間胡同裡鬼哭狼嚎，引得家長們還以為孩子

們在打架，急忙都跑出來，一見馬蜂在胡同裡亂飛嚇得又往回跑，回家抄起把大掃帚出來撲打馬蜂……。

　　大人們可不像孩子們這樣無憂無慮，一張一弛的政治運動把他們折騰得一陣高興，一陣迷糊，一陣暈頭轉向。1957年3月12日毛澤東在全國宣傳工作會議上發表長篇講話，著重講了知識分子問題，準備整風問題和黨的思想工作問題。還強調了貫徹「百花齊放，百家爭鳴」的方針。4月27日，中共中央公佈《關於整風運動的指示》，決定在全黨進行一次以正確處理人民內部矛盾為主題，以反對官僚主義、宗派主義和主觀主義為內容的整風運動，發動群眾向黨提出批評建議。這很使中國的知識界高興了一陣子，中國人愛隨潮流，主流派知識分子更是如此，在主流派的鼓噪下許多知識分子和青年工人、學生也善意地對領導提了些意見，有些人則私下對領導的官僚作風發了些牢騷，不久也傳到領導的耳朵裡。

　　5月15日毛澤東寫了《事情正在起變化》一文。指出社會上有左、中、右三派。現在應當開始注意批判共產黨的右派——修正主義者。對提意見者發出了警告。5月19日第一張大字報出現在北京大學飯廳，開拓了「四大」的先河，從那以後的幾十年中，不論是文革還是改開的各種運動中，北大正經的文人幾乎沒出幾個，垃圾、文痞倒是滿校園。6月8日毛澤東又為中共中央起草黨內指示《組織力量反擊右派分子的猖狂進攻》。《指示》要求各省市機關、高等學校和各級黨報都要積極準備反擊右派分子的進攻。同日《人民日報》也發表了《這是為什麼？》的社論。從此開始了大規模的反擊右派的鬥爭。這次一天之間發生的重大轉折變化讓許多人目瞪口呆，暈頭轉向，稀裡糊塗地成了被引出洞的蛇。隨後的按指標定右派的擴大化運動中，使不少愛講真話的善良人遭到了噩運，

也使一些不稱職的、工作態度浮躁、說假話、講鬼話不眨眼、愛搞陰謀詭計、為完成上級下達的「右派」指標不擇手段的人得到了重用和提攜，為第二年的浮誇風埋下了禍根。

毛澤東幾乎是在建國的同時就多次告誡和發佈黨內文件對幹部的貪污、浪費、官僚主義等行為要嚴懲不貸，可毛澤東的手下對解放全中國卻另有理解，毛澤東對舊社會的官僚腐朽制度深惡痛絕，他要改變這個制度，而他的手下有不少人骨子裡卻是羨慕那種腐朽的制度和紙醉金迷的生活，出門前呼後擁，家裡妻妾成群，場面上一呼百應。什麼時候自己也能如此？為此他們可以英勇作戰不怕犧牲但目的是：升官發財坐汽車，最好再對付兩老婆。

毛澤東察覺到了這些，進城後除了告誡大家不要學李自成，還於1950年5月1日最先頒佈了《婚姻法》，一夫一妻制，給那些花心幹部當頭一棒。但那些久經沙場的花心幹部也不是吃素的，遇到紅燈咱繞著走，不是可以離婚嗎？以前的鄉下老婆俺不要了，那算包辦婚姻，俺也要婚姻自由，如今俺大小也算個一方父母官，換個門當戶對的也不過分，休了她沒商量，俺在城裡再找一個還不易如反掌，村婦換城女，等量代換不犯錯誤吧？我插隊那村有個解放戰爭時期解放軍某部的警衛排長，曾於51-54年在中南海擔任警衛。他說：49年俺們部隊進駐西安，上級常在週末晚上舉辦舞會，找些女學生來陪首長跳舞，俺們團長在舞會上認識了個白胖的洋學生，那女子說話聲就像你們女知青，好聽得很，後來他們就結婚了，以前的小腳婆姨帶著兒子找到部隊他也不見，在招待所住了些日子，就派人送她回老家去了。

還有些本質不錯的工農幹部，進城後受到留用的舊官場公務員和奸商壞習氣的逐漸薰陶，近朱者赤，近墨者黑。今天給你上根

煙，明天找個藉口給你辦筵席，後天給你塞點零用錢意思意思，等你手也短了，嘴也短了，就是坐牢、殺頭也不敢不為人家辦事。另有一些幹部爭名利，搞宗派，獨斷專行，盛氣凌人，成為地方一霸，使一些本應該為人民服務的部門變成官僚衙門，國家和老百姓的利益被褻瀆了。

毛澤東為此甚為擔憂，想起黃炎培關於「週期性」的話，更是憂心忡忡。絕不能因為幾粒老鼠屎壞了一鍋湯，在延安我們採取過黨外人士提意見的方法，效果不錯，「精兵簡政」就是黨外人士提出的，看來黨外人士中確有些奇才，這回再重複一次延安之經驗，動員廣大黨外人士給各級黨政領導提意見，借民眾之智，肅我黨之弊，也許能收到奇效。但重複歷史的喜劇，往往會醞釀成以悲劇謝幕。

據我父親說：「鐵道部開整風大會許多同事都上台發言，我是搞技術工作的，不善言詞，所以只聽不說。後來一些發言的同事被打成右派，其中有一些是很有才華的中、青年工程師」。當然也有些人覺得不冤枉，十幾年後有人說：「就事論事而言，我也不認為我需要平反。人家都說某人被錯誤地打成右派。但是我認為我是準確地被打成了右派，一點也不冤枉。因為我當時確實是想走資本主義道路，也可以說是社會主義初級階段的道路」。其實此人當年不過是個喜隨政治潮流，愛折騰的技術員，大概是因為吃不上豬肉發了幾句牢騷，其思路不過屬於在殷商時期的民間及各方國部落中自發運用的原始商品生產和交換的手法，就是連走封建主義的道路都夠不上。可能只是因為有個階段否定前三十年在主流「經濟蟲」中更吃香，此人看到上面有人撐腰，就把自己貼在當年有獨立見解的「右派」門下傍了一把。這傢伙的這種隨潮的毛病會壞了當年老一

代為了老百姓的利益和真理而敢講真話的那些「右派」們名聲的，此人當年不過是個與屎俱進的混混，如今也不過是個缺乏道德底線的極右翼分子。

四、喬遷入學

　　大概是57年的6、7月份，我家搬到東城區頂銀胡同2號的一個院裡，那個院據說以前是京劇名伶孟小冬的，有十五間約三百平米歐式建築，院子約四百平米。我們搬來前該院住著兩戶，一戶是抗戰勝利後在東京參加過遠東國際軍事法庭審判二戰日本戰犯的中方大法官梅汝璈；另一戶是化工部的工程師姓宋。院裡雖只有三戶，可孩子不少，梅家一男一女，宋家一男三女，我們家兩男兩女。

▼頂銀胡同2號門樓，50多年了還依舊

▼據說是孟小冬的故居

57年9月，梅家的女孩和我都上了附近的象鼻子中坑小學，宋家的男孩56年就上了那個學校。我們上學那年學的還是漢語注音字母ㄚ、ㄛ、ㄝ……。下一屆也就是58屆就改學拼音字母了，但漢字簡化改革已在全國大陸範圍從57屆小學生抓起。這些改革可以說是功蓋千秋利國利民的。我上小學時的首任老師是黃玉琴，約四十歲左右，她對漢字改革也是很擁護的，她教我們寫兒童的「儿」字時說：以前的「儿」字是這樣寫的，說著她又在黑板上寫了一個繁體的「兒」。寫完她拿著教鞭指著兩個「儿」字問大家：大家數數，這個「儿」比那個「兒」減少了幾劃啊？孩子們瞪著小眼，用手指頭比劃著數筆劃。「六劃」！孩子們坐在座位上用稚嫩的童聲答道。黃老師說：對！你們這一代真幸福，真是生在蜜罐裡了，就連寫字毛主席都怕累著你們，國家公佈的230個簡體字和30個偏旁，正好從你們這一代開始，給你們的學習減輕了負擔，不過，有許多以前出版的書用的還是繁體字，所以繁體字不要求你們會寫，能認識就行，這對於你們以後的學習有好處。

　　其實還有許多繁體字有待簡化如：輿論的「輿」，伏羲的「羲」，老鼠的「鼠」等字都屬於筆劃過繁而又不太好寫的，1977又搞了一次文字簡化改革但功虧一簣。四十多年後還有些遺老遺少愛走極端的政協委員們在反對文字改革，主張「廢簡復繁」，由此可窺視出一些有利於平民百姓的改革在執行上是有難度的，即使推行貫徹，但在執行過程中也很可能被有權的利益方偷梁換柱改頭換面，最後被搞得面目全非，六十年的歷程多次證明了這點，也許今後還將會被繼續證明。

　　上小學時正逢全國貫徹毛澤東在1952年6月10日為中華全國體育總會成立大會的題詞：「發展體育運動，增強人民體質」的指

示，全國城、鄉、機關、學校群眾性體育運動蓬勃發展，老百姓的體質和健康水準得到提高，在短短的幾年中人均壽命延長了約二十年。

那時學校因地制宜，每天上午十點全體學生在操場由體育老師領著做一次課間操，還經常組織足球、田徑、跳繩、踢毽等體育性質的比賽，記得我們班有個姓單的女同學在跳繩比賽中，雙跳不間斷跳了一百多個，得了年級冠軍。各區少年宮還根據兒童的愛好和特徵設有航空、航模、無線電、內燃機、天文、文學、武術、游泳、滑冰及各項球類等課外活動小組，豐富廣大中小學生的業餘生活，提高他們的體質和素質，這一切基本都是免費的，只是要加入鋼琴組的有個規定，就是家裡必須有鋼琴，可是家裡有鋼琴的孩子在那個年代真可謂是鳳毛麟角，這種規定也許有些不近乎人情，很可能使一些有音樂天賦的孩子與音樂失之交臂。

當時社會上其他體育活動開展得也是如火如荼，那時體育場地寬敞，廠礦機關除了每日的兩次工間操，還經常組織車間之間的體育競賽。東單、西單、月壇等體育場及各單位住宅區都有不少單、雙槓和籃球架，休息日時免費供人們在此打球、鍛鍊，系統之間的各類體育、球類比賽也在節假日期間在各街、區工人文化宮舉行。北京市組織的第一屆群眾性的春節環城賽跑也於1956年2月15日舉行，一千四百多人參賽，冠軍叫張威。以後每年的大年初三都如期舉行廣大京城百姓參加的環城賽跑。當年的體育競技水準雖不是很高，各單位的體育器材也不是很完備，但在毛澤東的「發展體育運動，增強人民體質」的督促下，各單位工會對全民體育鍛鍊極其重視，人民的體質和精神面貌也的確得到了很大的改觀。毛澤東之後好像人們對全民體育運動再沒有那樣重視過，花費在搞金牌上的錢

可能更多些，全民靠吃藥維持的亞健康狀況也更多些，曾幾何時又被人稱為「東亞藥夫」。

在共和國建立初期儘管國家財政比較拮据，但國家花在教育方面的投資還是十分慷慨的，小學期間每學期（半年）每人的學雜費是2.5元，書本費2.5元，相當於當時北京職工平均年收入的0.7%-0.8%，如家庭人均月收入在8元以下的，可以免交學雜、書本費。小學時我們班48人，有一個男同學是免交學雜、書本費的，他家有7個孩子，爺爺、奶奶和母親都沒工作，全家人只靠父親每月80元的工資生活。在農村教育的普及率也有很大提高，在陝北我插隊的村裡，有一所五十年代初建的小學校，一溜五間磚木結構瓦房，是當年村裡唯一一座磚瓦房，其外觀品質除外表未貼白瓷磚外，不亞於現在的希望小學。

我上小學後才發現，一些同學家裡沒有收音機，當時一個四燈電子管收音機大約50元，相當於一個中等技術工人或剛參加工作的大學生（56元）近一個月的工資。當時技術工人最高月收入在108-120元，煤炭、建築行業可能要高些。人均月工資收入大約在40-60元之間，而一般家庭都有2-4個甚至更多的孩子，按家庭人均消費，每個人的生活費是很低的，別說50元的收音機，就是學校組織看電影的5分錢一些家長都捨不得掏。後來才知道，五十年代初，因為高層領導錯批了馬寅初教授，使五、六十年代的生育呈現無序狀態，一些主流派還不分國情地提出生孩子要與蘇聯接軌，鼓勵生育，獎勵生孩子多的為英雄母親，以致於五、六十年代成為生育高峰，年人口增長率近3%，其後患無窮。

五、運動的概念

　　一年級的小壞包，一打一蹦高，二年級的耍大刀……。這是當年戲說小學生的童謠，當年一、二年級的小學生每天上半天（四節）課，課後作業也不是很多，一個教室上午一年級上課，下午二年級上課，書包裡就兩本書一本語文，一本算術，還有兩個作業本和一個鉛筆盒，書包比現在的小學生輕好幾倍，基礎知識學得可並不比現在的小學生差。

　　我經歷的第一次運動是在小學一年級第二學期，社會上開展了「除四害講衛生」運動，要全民動員消滅蒼蠅、蚊子、麻雀、老鼠。大約是四月份，學校放假三天讓我們回家打麻雀，黃老師大概怕我們過於貪玩還給我們留了一些作業。那三天果然熱鬧，街道的老太太都被組織到胡同裡敲盆，一些大樹上和樓房上還豎起些五彩假人嚇唬麻雀，一些青壯年爬上房頂掄著綁著布條的竹竿玩命吶喊。真是搞得個天翻地覆，把我們這些孩子都高興壞了。三天過去，我們回到了課堂上，黃老師開始收作業，一個姓文的孩子三天的作業是一點未寫。黃老師問：這幾天幹什麼去了？文答：打麻雀去了。「用什麼打」？「崩弓子」。「打了幾隻」？「五隻」老師無可奈何地揮了揮手說：崩得還挺準，坐下吧，下午把作業補做好交上來。記得那時的「中國少年報」不知從哪兒找來幾個愛折騰的文痞大言不慚地蒙孩子，數落麻雀的罪狀，居然算出消滅了麻雀一年可以節約幾千萬斤糧食，後來我下鄉的時候，在我插隊那個公社的革委會主任也以同樣的原因發動了一次滅狗運動，真是愛折騰者所見略同啊！

這年春天，北京市鼓勵人們植樹綠化環境，我們院的幾個孩子集體在院的南邊挖了兩個大坑，栽了一棵桃樹苗和一棵柳樹，幾年後那棵桃樹結了幾顆毛桃，那年的春夏季每個小學生不管走到哪兒，手裡都拿著個蒼蠅拍，每天做完作業，都會到公廁蹲守打蒼蠅，孩子們把蒼蠅的屍體裝在小盒裡或瓶子裡，第二天一早交到老師那兒。我和院裡的孩子們在那個夏天曾在桃樹下放一堆魚下水引誘蒼蠅，然後搬個板凳坐在樹旁等候蒼蠅，常常一隻蒼蠅飛來，幾個蒼蠅拍同時落下，有時還為爭奪蒼蠅的屍體拌幾句嘴。春末夏初時我們還拿著家裡添煤用的小鐵鏟跟著大些的孩子們到處挖坑找蛹，這比打蒼蠅要費勁多了。

　　那時學校對學生的個人衛生要求比較嚴格，每天早晨課前由各小組長檢查同學們的個人衛生，衣著的整潔，指甲的長短，是否帶了喝水的水碗。有時還要抽查背誦「四要，三不要」，四要是：消滅蒼蠅要徹底，飯前便後要洗手，生吃瓜果要洗燙，得了痢疾要早報告、早治療；三不要是：不要喝生水，不要隨地大便，不要吃腐

▼房上也有人敲盆舞旗轟趕麻雀　　▼除四害運動

爛不潔的食物。這次愛國衛生運動對許多不注重衛生習慣的居民的確是一種文明素質的提高，在一定程度上縮小了與國際文明的差距。我們院那個姓宋的工程師的母親是個日本人，七十多歲了，她極講衛生，著裝整潔頭髮總是梳得溜光，她喜愛穿中國老太太常穿的那種大襟布衫而且是淺色的，布衫右上角紮著一塊大手絹，那時一般北京人都愛隨地吐痰，可那個日本老太太每回吐痰總是吐在手絹裡。

兒時，周日家長常帶我們去公園玩，公園的兒童運動場是孩子們最喜歡去的地方，轉椅、木轉馬、風車、秋千等使孩子們樂不可支。那時公園除了一部分不要門票如玉淵潭、日、月、地壇等外其他公園票價也都很便宜，勞動人民文化宮2分錢，其他公園0.05-0.1元，當時的宗旨是「公園是勞動人民休息和娛樂的地方」，就連蘇杭等地的園林票價大多也沒有超過0.1元的，不像如今公園票價動輒幾十上百甚至幾百元，成了地方政府斂財的場所。

不久「社會主義好」那首歌唱紅了中國，大躍進開始了。歷史上中國老百姓好像習慣了在「轉變觀念，解放思想」的統一號令

▼北海公園兒童運動場的風車

▼北海公園兒童運動場的旋轉木馬

中向左轉，向後轉……。49年後的前幾年中國在工、農及教育、衛生等方面發展基本是平靜而穩步的，取得的成績也是空前的，基本上是按照程序和軌跡漸進的。如果說不少中國人有愛折騰不踏實的天性，喜歡一窩蜂跟潮流，不論什麼下流嘴頭只要是上級提的，都會跟著叫好，這話也許有些人不愛聽，可事實確實如此。1955年第一個五年計劃剛實施兩年，一些作風浮躁的人在正常發展的國民經濟形勢面前，開始產生對社會發展的過高的期望值。這種期望值，由個別地區基層延伸到國家的高層領導，又由高層不分場合地向全國盲目推廣、擴散，甚至強令照搬，造成上壓下，下欺上的局面氾濫，這不亞於惡性瘟疫流行一樣可怕。55年下半年在各項工作中反對右傾保守思想，提前實現社會主義工業化的激進盲動思潮自下而上，自上而下開始循環萌動、振盪，就像一個亂了碼的不能正確處理回饋資訊的伺服系統。許多人很輕易地就掌握非邏輯性思維，這種思維更適合判斷是非能力差、喜歡搞一刀切的領導人群，其主導思維方式是：總想超越客觀規律，把複雜的萬物組合按簡單的主觀臆斷排列，把普通的思想意識矛盾上綱為複雜的階級路線鬥爭。

56年1月1日《人民日報》的元旦社論《為全面地提早完成和超額完成五年計劃而奮鬥》發出了鼓勵人們開始折騰的信號。計劃經濟的計畫離了譜變成按上級意圖辦的記事本。計劃經濟模式與市場經濟模式各有互相難以取代的優缺點。

計劃經濟關鍵是定計劃的人，如果定計劃的人不是根據市場規律、經濟實力和民眾之需求精算財力的分配，不具備對中長期目標可行性的深入調研及預期目標和實際發展速度的對比和控制能力，而是不切實際地胡訂計畫濫上專案，那就不是計劃經濟，也許叫「臆幻經濟」更恰當些，計劃經濟搞不好的人，市場經濟恐怕也會

搞得一團糟！他們會按「臆幻經濟」的思路搞個「偽市場化」的經濟模式。

所幸的是在56年，周恩來、陳雲等人看到了盲目冒進的危險性，多次召開促退會大幅削減不切實際的指標。在修改《關於發展國民經濟的第二個五年計劃的建議（草案）》時，周總理注意到了「多、快、好、省」這個口號的消極作用，他針對人們在冒進情緒下只看重和追求「多」與「快」，忽視和忘記「好」和「省」的實際情況，在一些重要的地方，將原有的「以多、快、好、省的精神」一語刪除。這種被冒進者稱為右傾保守的做法，使對國民經濟產生巨大破壞的經濟高潮延遲了兩年發生，但也使得主張促進的高層領導們極度不滿，這個不滿終於在58年1月廣西南寧召開的中共中央工作會議上爆發了，潘朵拉魔盒一旦被打開，基本正常發展的軌跡紊亂了。

那時別說孩子，就是剛經過反右運動的老百姓對即將到來的這場驚天動地的運動，恐怕也沒幾個人能有思想準備，直到58年8月6日毛澤東到河南新鄉七里營參觀時說：「人民公社名字好」，並誇獎省書記：吳書記，大有希望。你們河南都像這樣就好了。看來中國第一左、第一吹的人早在河南就開始折騰了。在誇完吳書記後的第20天，8月25日毛澤東在北戴河召集各省、自治區、直轄市黨委管工業的書記開工業生產會議，確定了「全民煉鋼、全民煉鐵」等任務。工、農兩線已是在弦之箭了。正是：高層一念差，民間萬戶劫。

六、全民大折騰

這年新學期開學後，我升入二年級了，學校高年級的同學在老師的帶領下在學校的大操場上砌了幾個小高爐煉鐵，打發我們這些低年級的孩子滿處去撿廢鐵，還展開競賽，看誰廢鐵撿得多。學校旁邊有個大工地（就是現在「北京國際飯店」的位置，當年好像是準備建個博物館，60年下馬成為爛尾樓，大約在80年前後被爆破拆除），放學後我們鑽過鐵絲網到工地撿些鋼筋頭、鐵絲、拔些模版上生銹的釘子，書包和衣褲經常被刮破，有時還會被工地的工人逮住，沒收好不容易為完成任務撿來的廢鐵。我升入二年級時，班主任換了一個叫李漢英的女老師，她常帶我們去建國門外的護城河邊為學校的小高爐撿木柴，有一次這些男學生爬上樹弄斷了一棵大樹的樹杈，她帶著我們把這根足有5米長的樹杈拖回了學校，學校的操場上濃煙滾滾，人們嚷著、跑著，人人都是揮汗如雨汗流浹背，臉和頭髮都是，肉、髮一色黑。大家那時都在為超英趕美，爭取完

▼左：高層也很關心「全民煉鋼」
　中：這不是做飯，是煉鋼
　右：老百姓真夠玩命的

成當年1070萬噸鋼的指標而玩命。

　　據說有些地方領導為完成指標，甚至把老百姓家裡的門環、鐵鍋以至箱子上的合頁都撬下來送進土高爐裡，所慶幸的是我們學校還沒有讓我們回家砸鍋伐樹煉鋼。另外「全民煉鋼」還導致不少地方由於集中了全部的精壯勞力在公社「煉鋼」，以致於秋收時地裡的糧食未及時收回而爛在地裡，造成許多地方豐產不豐收，我在陝北插隊的那個村就是如此。

　　當時我已經能閱讀《中國少年報》了，少年報常以漫畫和照片的形式報導城鄉大好形勢，高舉總路線、大躍進、人民公社、三面紅旗，鼓足幹勁、力爭上游、多快好省地建設社會主義，號召大家：膽子再放大點，步子再加快點；人有多大膽，地有多大產；不怕辦不到的，只怕想不到。今天你敢放個畝產幾千斤的衛星，明天他就敢放個畝產幾萬斤、十幾萬斤的超級衛星。畫家也跟著哄，畫個三層樓高的大南瓜上幾個孩子在扭秧歌。一天一變甚至一天幾變的畝產量不斷刷新著世間紀錄。這些消息我看後都相信，因為一畝地多大，幾萬斤是多少，在我們孩子的頭腦中不像小紅帽和狼外婆那樣有具體的形象概念。可悲的是人家並不是想逗孩子玩，人家是想欺世盜名，讓全國人民從上到下都相信這些泡沫堆砌的謊言。

　　不知是中國科學院還是河南的吳書記怕中央領導不相信他們放的衛星，特地找了個海歸物理學家給毛澤東用現代物理和化學中的日照光合作用下，植物分蘗級數增長原理和土地可供植物最大飽和能量來證明：畝產超四萬斤是不成問題的。有知名物理學家如此精確的科學分析，有吳書記之流的折騰和忽悠，還有老鄧站立於畝產萬餘斤水稻上的照片，這「高產記錄」也由不得毛澤東不信。遍地小高爐的濃煙和媒體吹出的泡泡在這一年嚴嚴實實地覆蓋了中國大

陸，結結實實地給老百姓的肌體注射了一針荒唐水……！

　　也許一些人的初始願望是好的，是想為老百姓做些好事，他們熱血沸騰急不可耐地想在自己的有生之年改變共和國欠發達的經濟狀況，但只注重熱情忽略規律，則根本不可能達到預期效果。中、基層幹部經過反右等運動的清洗，素質更是普遍偏差。另外每次運動都像「達摩克利斯之劍」懸在那兒，即使有見解之士也不敢隨便在公開場合闡明觀點。58年北京一個大學物理教研組黨支部對待教師提出甯「左」勿右的口號，這正中那些激進分子的下懷，並把甯「左」勿右之「精髓」在以後的各個運動中發揮得淋漓盡致。他們勾心鬥角、欺上壓下、打擊報復、文過飾非、虛撰政績、報喜不報憂。高層則更樂於聞喜而厭於見憂，一言堂的決策雖如盲人摸象但更易於貫徹執行。速決戰和持久戰的原理即使是在經濟建設的環境裡，只要運用策劃得當，也不乏取勝之謀略，而欲速則不達的古訓深奧啊。

　　二年級開學不久，由於前段所說建博物館的工程，學校拆遷，從草場胡同搬到建國門城牆根附近的貢院東街，當年象鼻子中坑小學分兩部分，本校在象鼻子中坑胡同，三年級至六年級在那兒上課。草場胡同是分校，一、二年級的在這兒上課。如果那個博物館當年建成了，北京59年可能就會評出十一大建築而不是十大。可是58年超預算透支的土建專案太龐大了，龐大的拆了東牆都補不上西牆。

　　大約是58年的12月份下了一場在北京極少見的大雪，那天早晨去上學時，地上的雪都淹沒到大腿，足有半米深。按說應該是瑞雪兆豐年，但迎來的卻是三年自然災害。

　　59年的3月中共中央政治局在鄭州召開擴大會議，糾正一平、二調、三收款的「共產風」問題，毛澤東就此類問題在會上講了

話。可吳書記不服氣，大話已然吹出，開弓沒有回頭箭，砂鍋搗蒜不刮上二十級「共產風」豈不是狗慫！不餓死十幾萬老百姓算俺不能折騰！河南邊俺說了算，誰敢告刁狀？俺饒不了他！俺中央有人，犯再大的罪，大不了算我個「認識」問題。我靠，誰還敢把俺滴毬咬下來不成？大不了換個地方還當俺的書記。

59年春夏，中國從南到北主要產糧區輪番發生了歷史上罕見的旱、澇、霜、風、雹災害，受災面積達6.8億多畝，受災人口過億，糧食危機已初露端倪。記得59年7月底，學校已經放暑假，京津地區連降暴雨，雨後我們院裡積滿沒腳面的水，男孩們經常光著腳淌著水在牆根捉「水妞」玩，一邊捉一邊唱「水妞，水妞，先出犄角後出頭……」。可就是那幾天的暴雨，使海河水位猛漲幾乎水漫天津，河北省上千萬畝農田被淹，京廣、津浦鐵路也幾乎中斷。

6月29日毛澤東在盧山同一些領導同志談經濟工作。他說要把重、輕、農的次序改為農、輕、重。還強調說大躍進的重要教訓之一是沒有綜合平衡。7月5日他在盧山看了李先念、陳國棟關於糧食工作的報告後，提出幾點意見：1.多種糧，是上策。2.農民要恢復糠菜半年糧。3.除災區外，各地要增加牲口和豬的飼料糧。毛澤東當時雖然對「共產風」和極左思潮造成的損害已有了一些瞭解，並在盧山中央政治局擴大會議上提出了19個問題供大家討論，當然他對大家就大躍進討論的命題事先用三句話定下了調子：「成績很大，問題不少，前途光明」。但是，會議的發展卻出軌了，對彭德懷的錯誤批判及在黨內進行反右傾鬥爭的決定無疑是把左傾思潮向極端又推進了一大步，就連那些比較瞭解國情、思維本來還基本正常的高級幹部也開始懷疑自己是否思想不夠解放？觀念是否太保守、太守舊？不能與時俱進？

大約是59年的夏秋季，北京市各個派出所的警員們走街串巷，在支援國家建設的口號下動員家庭婦女們自願減少自己的口糧定量，機關也作了類似的動員，那時大家對隨後的三年糧食危機還沒有一點預感，大家都很積極地回應號召，每人大約削減了定量的10％。

　　大躍進期間儘管從事比較簡單勞動的工、農業領域因遭到盲目性指揮，其破壞範圍較大。但在科技含量較高的企業也的確作出了一些成績。當時的天津通信廣播電視廠（712廠）在1958年3月生產出中國第一台電子管14英寸825黑白電視機，商標取名為「北京牌」，儘管技術和電子元件大部分是蘇聯的，但開創了中國成批生產電視機的先河，在這之前，北京市總共只有30多台電視機，還都是蘇聯原裝的。另外北京電視台於1958年5月1日開始試播，於9月2日正式播出，每週播出4次，每次約3小時，覆蓋半徑約25公里。我無從查證天津通信廣播電視廠從58至59年生產了多少台電視機，但到59年10月1日我在西總布胡同少年宮的大廳裡（元真觀舊址），看電視直播慶祝共和國成立十周年國慶遊行，估計這也是中國第一次電視現場直播。一年前北京不過30多台電視機，而一年後區級少年宮都配備了電視機，從這點來看，一年的電視機產量恐怕不會太少。看電視的門票5分錢，看電視的大多是孩子。有一個鏡頭記得很清晰，我們正在看受閱部隊通過天安門廣場時，頭頂上突然響起了隆隆的飛機聲，孩子們都跑到外面去看，剛跑到門口，電視機螢幕上也出現了飛機編隊圖像。

　　其他技術含量較高在大躍進年代首次生產的民用產品還有照相機、58年10月北京客車四廠研製生產的BK560型鉸接式無軌電車及10月上海電機廠製造出世界第一台1.2萬千瓦雙水內冷汽輪發電機等。58年3月上海照相機廠生產出以萊卡ⅢB為樣本的「58-Ⅰ和

58-Ⅱ」135系列照相機。南京電影機械廠也於1959年3月以蘇聯澤尼特C為樣本生產出「紫金山」牌Z-135型35毫米單鏡頭反光照相機。1959年7月由京、津、滬等三個照相機廠和南京電影機械廠的技術人員組成的「照相機製造技術考察小組」赴東德學習。

客觀地說技術含量較高的行業比工、農、文化界受亂指揮、浮誇風的影響相對來說要小得多，這也符合生產力的變革導致生產關係的轉變而推動社會的漸進。為什麼六十年來，一些主流派文痞總是強調老百姓應該通過「轉變觀念」的運動來推動社會躍進，結果多是貌進實退。這是為什麼？也許值得思考。現在許多文人都把大躍進的錯誤歸結到一兩個人的身上，試想如果不是那些大大小小想攀附升官的官宦們跟著推波助瀾火上澆油，大躍進、共產風能造成那麼大禍害嗎？那些極左社論、讚美詩和編造的美景：樓上、樓下、電燈、電話、提前實現共產主義等，哪條不是這些御用文人昧著良心編出來的，蒙完老百姓，還能撈筆稿費。

七、象小的故事

第一個十年的變遷是巨大的，國際上美國從二戰時的盟國變成了政治、軍事上最大的敵國，打倒美帝國主義的口號喊了十年；經歷了和老大哥從蜜月到逐步變遷至幾乎分裂的十年。國內中國的工業從只是仿製、組裝工業產品到有了初步設計和生產較精密的工業產品之能力；短短的七年，農村從個體單幹變遷到生產資料集體化，城市工商從私營經濟變遷到全民經濟；GDP有了前所未有的增

長。人們有喜有憂，喜的是五十年代前期人民生活水準確有不少提高，社會風氣和道德水準及禮貌程度也接近國際水準，似乎是解放後這六十年的最高峰，這似乎與生存環境有關，試想如果人們總是生活在一個壓抑、動盪、不平等、不公平、提倡自私自利、靠害人升官發財、時時提防遭人陷害、被人欺騙的社會中，人民會有很高的道德水準嗎？憂的是五十年代末的反右運動越來越頻繁，搞得人人自危，假（欺上瞞下）、吹（吹牛皮不上稅）、變（朝令夕改的策略）、撈（不擇手段撈取政治資本）正在侵蝕著人民的肌體；領導憑個人意志，人為決策無序改革導致的工農業在過渡變遷時速度過快、許多人經不起忽悠，缺乏自知之明的穩健心理而多些暴發戶的盲目投機心態，使剛恢復的國民經濟沒有按自身的規律漸進，導致了全國經濟發展一度一蹶不振。

五八年為什麼會頭腦發熱？至少當時小孩們是不明白的，只是覺得父母回家變晚了，回家時也都是灰頭土臉、疲憊不堪的，周日也去單位而不能帶孩子去公園了。也許當時第一個五年計劃完成得過於輕鬆，成績也使人過於興奮，也許前幾年運動積累下的禍根這時已成氣候。一旦環境適宜，就頂著群眾之熱情的招牌招搖上市使幾年的成績毀於一旦。由於缺乏就此失誤而制定的相應法律，導致「後人哀之而不鑒之」，以至於三十年後又有出現「人有多大膽，地有多大產」邪說的變種「膽子再放大點，步子再加快點」等大躍進式口號。

那時每到十月底城裡就開始賣白薯和白菜，我們的院大，糧店就在我們院裡建立臨時專賣白薯站，白薯用麻袋裝著，碼得有一人多高幾乎堆滿了這四百平米的院子。院裡的孩子常在麻袋堆上爬上爬下，有時還拿個生白薯啃幾口。白薯很便宜，好像是0.024元一

斤，一斤糧票可買四斤白薯，大概到61年一斤糧票可買五斤白薯。居民們都大量購買白薯，以補炊米不足之苦，幾乎家家在那段時間裡都開了白薯宴：煮白薯、蒸白薯、熬白薯粥，用白薯切成丁和大米煮飯，開始覺得很好吃，有些甜味，但天天吃也受不了，沒過幾天胃裡就時常有燒灼和反酸的難受感覺。白薯不易久放，放長了蒸熟後會有一股中藥味，為了便於儲備大家還把一種紅瓤糖份較大的白薯蒸熟了切條晾成薯乾，這樣能儲存半年。此時不但農民要遵照毛澤東所說：「農民要恢復糠菜半年糧」，就連城市居民也過起了「薯菜半年糧」的日子。

59年底，全國許多地方的老百姓已處於飢餓狀態，河南信陽地區尤其嚴重，已有餓死人的事件發生。但此時報紙上還在繼續鼓吹著大躍進的成績，那些假報導真不知道那幫記者是怎麼採訪到，又不知花費多少心思編造出來的。

一個國家的經濟發展是個極其複雜的漸進變革，各國情況不同民情有異，中國的激進分子們似乎總是耐不住這種漸進變革的過程，總想折騰一下，不來個一鳴驚人死不休。從這十年的教訓來看，不論是「躍進」還是「摸石」都屬於或明或暗違反違背客觀規律，用人為主觀臆斷強令推廣，膽子再放大點來破壞科學發展的規律性。有人說：摸石就是探索。其實探索與躍進和摸石在內涵上是大相徑庭南轅北轍的，探索是遵循已掌握的科學規律尋找符合客觀性的新規律，而躍進和摸石在作為國策時則充滿了盲目闖蕩的成份，當然作為跨欄和旅遊探險來說躍進和摸石頭還是可行的。

這年我升入三年級了，告別了分校，念念不捨地和第一任黃老師道別，記得黃老師第一次上課時對我們說：儘管你們將來還要上初中、高中和大學，但等你們成年後就會明白，小學的同學在一起

學習的時間最長，友誼最深，因為你們要一起相處六年，這段時間也許比以後任何時期的同學相處時間都長，而且孩子的友誼是一生中最難忘懷的，老師就有這種體會，老師的小學同學直到現在還經常互相串門，希望你們好好學習，天天向上，做個好孩子。

我們來到本校上課，感覺自己是個大人了。學校附近曾多有清代廟宇：大土地廟、小土地廟、火神廟、娘娘廟，還有象鼻子前坑、中坑、後坑，統稱「三坑四廟南衣袍」，那時學校附近的胡同多以這些「廟」和「坑」來命名直到文革。象鼻子中坑小學原址是明代文思院的一部分，文思院乃明代官府作坊，為工部所轄五廠之一，大概算是絲、畫廠。其大門坐北朝南三間廣亮式門樓，兩個抱鼓石門墩分立左右，門階比路面低近兩尺。有四進院落，院內有些明代懸山或「穿斗式木構架」結構建築，一些教室很寬敞高大，室內有六根兩人合抱不過來的松木頂檁柱，供百人同時聽課不顯擁擠，還有個很大的操場，此校大約是在二十世紀二十年代初期由國民政府出資建立的為數不多的公立小學之一。

▼到那個小樓旁向左拐，向前走約一百米就是象小的分校

至於這條胡同為什麼叫象鼻子中坑，我還是聽同學的祖父，一個當時的耄耋老人給我們戲說的。老人說這也是他爺爺給他戲說的：清朝此地屬鑲白旗，滿清時取消文思院，改為驛館和官書院，乾隆年間有一年兩廣巡撫來京城朝見乾隆，在皇上召見前他就住在文思院的驛館裡。一天乾隆宣召，巡撫殿前跪拜。乾隆道：愛卿平身，昨夜住在哪嘎達？安歇可好？巡撫立起答道：謝主龍恩，臣昨日住在……。巡

撫一緊張把地名忘了，只記得那地方地勢低窪。就摸著鼻樑上方凹下的那地方說：啟稟萬歲爺，臣住在象鼻子根那樣的胡同裡。沒想到乾隆聽擰了，哈哈一樂對和珅和劉羅鍋說：二位愛卿可知道「象鼻子坑胡同」在哪嘎達？和珅聽著這地名耳生，還沒反應過來，劉羅鍋老謀深算，他算計著巡撫住在官書院，就上前答道：回皇上，您說的那地方在東單牌樓東面，觀音寺胡同的北面，方巾巷的西面，新開路胡同的南面，離寧郡王府不遠，那胡同這會兒叫⋯⋯。和珅這時也緩過神來了，他忙跨步向前跪倒在地抖著激靈說：皇上聖明，那胡同就叫「象鼻子坑胡同」，預示著吾皇江山如同象鼻子那樣萬代長久。說完他得意地斜眼撇了一下劉羅鍋，心說：萬歲爺都親口御封了，你這傻冒還想說原名，腦子進水了吧。乾隆聽了和珅的奉承話挺高興，他說：這名字有趣，象鼻子還帶坑，等哪天閑了，朕擺駕象鼻子坑看看去。

這金口玉言給北京城裡御封了一條胡同，和珅豈敢怠慢，下朝後忙跑到官書院傳皇上口諭，他到象鼻子坑胡同一看，這胡同比周圍胡同的地勢都低，他忙傳令用黃土把胡同墊高三尺，以顯示皇封胡同之威。按說明代建像文思院這樣的官坊應該有三到五個台階，比路面要高一到兩尺，可等到和珅的墊路工程結束後，官書院也就是象鼻子中坑小學的門階就比路面低了近兩尺。

後來那些和象鼻子坑相連的胡同都想沾皇上御封的光，於是就出了象鼻子前坑、後坑、左坑、右坑、上坑、下坑。民國後歸順成：象鼻子前坑、中坑和後坑。老人最後說：你們象鼻子中坑小學的那條胡同就是皇上最先御封的「坑」。沒想到我們一不留神還沾了皇上的光。文革期間象鼻子中坑改成「春雨一巷」。現在已被房地產商搞得片瓦不存。

▼象鼻子後坑胡同

▼象鼻子後坑的老宅子

　　這學期，文化課多了一門「常識」課，為了配合當時提出的「勞衛制」（能勞動，保衛祖國）達標，除文化課外學校又加了兩門課，一門是軍事課，海軍信號兵的旗語聯絡課，那時孩子們對解放軍都很崇拜，解放軍戰士對老百姓也很關照，大街上常可看到軍人幫助老百姓做好事。開設軍事課大家積極性都很高。

　　信號旗的形狀是兩面紅黃相交的小方旗，通過雙手舉旗的不同位置代表的注音字母向對方發信號。旗是學生們按老師的要求自己買幾張紅、黃電光紙再找兩根小木棍糊的。在很長一段時間裡信號旗取代了蒼蠅拍成為小學生每天上學必帶的用具。另外還讓小學生們自己做木槍開展軍體課，記得一次作完課間操，少先隊輔導員張老師站在檯子上拿著一隻做得很不錯的木槍向我們展示，還把做槍的六年級的一個戴眼鏡的男同學也拉上台，讓我們向他學習，據說那個男同學手很巧。

　　三年級開始學習各類度量衡的單位和換算，李漢英老師給我們上完課後，為了鞏固我們學到的知識還給我們佈置了家庭作業。讓我們回家後用繩子剪成一段長度，丈量一下家裡的窗台或院子。

宋同學和戰同學同住在方巾巷北口的一個院裡，他倆回家後剪了段10米的繩了，兩人從西總部胡同東口一直量到西總布文化館，正好150丈折合一華里。當年的學生執著吧？

還加了一門手工勞動課，是把一些碎絨布拆成工廠擦機器用的棉絲，還拆過一些五十年代中國士兵戴的船帽，因此帽需歪戴在頭上才顯得好看，所以也稱歪帽，是模仿蘇軍的產物。大概這也算是勤工儉學，能給學校賺點外快。每週兩節手工課，學生們都很喜歡。

輯二

第二個十年

一、第一次種地

　　副食供應緊張是從59年下半年開始的，在這之前夏季的蔬菜很便宜而且豐富，2分錢一簸箕番茄，足有四、五斤。可能是因為京津地區連降暴雨的原因，59年放暑假時，街道給每戶發了菜卡，每人每天四兩菜，每天早上由那個叫「天昌副食店」的售貨員推著車到東草場胡同賣菜，居民們提前到那兒排隊等候，售貨員拿著一支紅鉛筆，買完菜的就把菜卡上相應那天的號數劃掉。

　　北京人感到糧食恐慌、工業產品缺乏及品質下降大概是在1960年，那時的北京晚報是一份平民化報紙，每天四版2分錢一份，極受北京市民歡迎。六十年代第一年，突然有一天報紙變黑了，紙裡還鑲嵌著些細小的草梗或麥秸，而且缺乏韌性很容易折破。學生用的鉛筆和書本品質也有所下降，飯店裡賣的包子、饅頭也顯得黑了些……。

　　我們胡同1958年在一窩蜂的高潮中成立的街道食堂也解散了，那食堂是建在我們班一個姓張的女同學家裡，我去過一次，屋裡有

▼左：當年的「天昌」副食店
　中：當年排隊買菜的草場胡同
　右：曾是頂銀胡同的街道食堂

幾張桌子，中午吃花卷炒菜，有不少街道上的大人、孩子圍著桌子在吃飯，看樣子辦得還不錯。

糖果、點心、副食也按定量發票配給，大約每人每月二兩糖果，半斤點心，但一些商店有賣高價糖果、點心的，大約比要票的糖、點貴5-8倍（當時要點心票的桃酥0.66元一斤，一斤收6兩糧票，不要點心票的高價桃酥其色澤比要票的鮮豔一些，約3塊多一斤，也收6兩糧票，至於那些奶油蛋糕、點心就更貴了）。當時流傳：「高級點心，高級糖，高級老頭上茅房」的民謠。大概是說一般人吃不飽，吃下的食物很快就被消化完了，沒有多餘的東西可去茅房排泄。

這年中蘇兩黨關係開始惡化，以前媒體常喊的「蘇聯的今天，就是我們的明天」已聽不到了。3月毛澤東在《鞍山市委關於工業戰線上的技術革新和技術革命運動開展情況的報告》中批語道：現在這個報告，不是「馬鋼憲法」那一套，而是創造了一個「鞍鋼憲法」。

「馬鋼憲法」即蘇聯馬格尼沃托爾斯克鋼鐵聯合企業管理法，是廠長依據法律和制度實行「一長制」管理，1960年以前中國鋼鐵企業都是照搬「馬鋼憲法」管理的，這也算是與蘇聯接軌吧。「鞍鋼憲法」則是強調：加強黨的領導，堅持政治掛帥，人搞群眾運動，實行「兩參一改三結合」，大搞技術革新和技術革命……。

1960年6月布加勒斯特會議結束後惡化加劇，7月16日蘇聯政府終止專家合同和補充書及科技合作項目600個。並照會中國政府，決定自1960年7月28日到9月1日撤走全部在華專家1300餘人，終止派遣專家900餘人，減少成套設備和關鍵部件的供應，並索要到期債務，當然，這些包括從抗美援朝以來簽訂的共計約58億元人民幣

貸款及利息的償還期，是早有合同協議規定的，不存在像某些文章所說「蘇修逼債」，這是個履行合同遵守誠信的問題，但這時還債對已處於經濟困境的中國來說無疑是雪上加霜。中國那時用來還債的出口貿易是以礦藏資源和農副產品為主，這就更增加了國內糧食供應的緊張狀況。

這年的春天，院裡的幾家都開始養雞，種菜。當時私人賣雞蛋已是五毛錢一個，比要本限量供應的蛋貴9倍，可要本的雞蛋每人每月才半斤，那時的雞蛋小，倒都是柴雞蛋，一斤大約9-10個，大概0.6元一斤，不過都是儲存蛋，副食店有一個照雞蛋的箱子，箱子裡有個燈泡，把雞蛋放在箱子上，打開電燈照一下，透亮的蛋是好的，發黑的蛋是壞的，相信五十歲以上的人都會有此經歷。

那時每年的三、四月間，常有人挑著兩個裝滿小雞的雞籠走街串巷賣小雞，邊走邊吆喝：「小雞——我賣」。孩子們常圍著雞籠看小雞，那些毛絨絨的小傢伙「唧唧唧」地叫著真好玩，居民們多愛養來亨雞，這種雞產蛋量高，大約養三、四個月就開始下蛋，如果養得好每個月一隻雞能下22-23個蛋，與現在雙休日的工作日差不多。

院南面有棵槐樹，春夏季常生一種叫「吊絲棍」的綠色小蟲，從樹上吐著長絲慢慢地落下，自從養了雞，一到蟲子生長季節，雞們都圍在樹下伸著脖子等著吊絲棍往下落，還沒等吊絲棍落地，幾隻雞就跳起來把吊絲棍搶吃掉。現在是噴藥除蟲，噴完藥樹下一片夾雜著藥味的綠色吊絲棍死屍，看起來既髒又污染。可那時雞吃完蟲，雞長肥了，下蛋多了更沒有污染，屬於生物滅蟲，雞糞還可以當肥料。只是自然災害過後，城裡禁養雞鴨，導致蟲害常在「國際化大都市」氾濫。

由於糧食不夠吃，父親大概是想發揚南泥灣精神「自己動手，豐衣足食」利用周口領著我們在院裡挖了一塊約二十平米的三角形草地種上了些玉米、土豆、豆角和番茄等菜蔬，玉米正好成了豆角的細藤爬高的地方。學校還動員大家種向日葵和蓖麻，中國少年報也介紹蓖麻油的多種用途，糧店還公佈收購蓖麻的獎勵方法，一斤蓖麻仔獎勵二兩食用油油票，一時間我們院成農場了，向日葵、蓖麻和糧、菜作物種滿了半個院子。梅家女孩在她家門前種了棵玉米，她對那棵玉米呵護備至，常鬆土施肥，那玉米長得足有兩米多高，結了三個大棒子，等到秋天，滿心歡喜地把棒子掰下來剝開層層外皮一看，一顆玉米粒都沒有，空芯棒子上只有一縷縷的玉米鬚，大夥兒都傻了眼，趕緊又掰了幾顆我們家地裡種的棒子，我們家的玉米圍著地邊種成一排，有十幾棵，這棒子看著比她的棒子好點，棒子芯上有幾十顆稀稀落落的玉米豆，第一年算是白下苦了。勁沒少費，肥沒少施，天天澆水，除草鬆土幾天一次，玉米看樣子個頭不小，可因為沒遵循植物生長的客觀規律維護，當然也沒有收穫到果實，這種玉米的經歷有點像「大躍進」運動的過程，就叫它「躍進棒子」吧。後來我們經過討教，得知了植物「授粉」的重要性，雖然第二年自然災害還在肆虐，但我們的玉米卻獲得豐收。

　　現在一些媒體說是計劃經濟導致人們吃不飽，實際上，如果在當時的那種情況下，不按計劃供應老百姓吃、穿、用，而是採取經濟槓桿調節物價，也許能讓一部分人先富起來，不過其代價是：還不知道要餓死多少人。沒準兒連那些在媒體坐台的「台妞台仔」主持人們之考妣也在其中。即使在市場經濟較成熟的國家中，當物資缺乏時，按計劃供應也不愧為解決暫時困境的一劑良藥，英、美、德、日等國在經濟危機、自然災害或戰爭對持階段經濟封鎖時，政

府對本國民眾都有按計劃配給物資的先例。其實在59-61年，中國還處在國外對中國大陸進行經濟封鎖及國內連續遭受自然災害時，中國的經濟建設恰恰實行的不是計劃經濟，而是被高層稱做「政治任務」的「臆幻經濟」。正是這種「臆幻」的經濟模式把百姓拖向深淵，在此後的幾十年裡這些模式又被那些「主流派」文痞們改頭換面後世襲下來了，為「呼贊」他們的「臆幻」謬論，誤導後人，而有意把真情隱去。

二、領略了飢餓

　　1960年秋季我升入四年級，課程又增加了自然和大字課。班裡添了幾個大個新同學，是蹲班下來的。班主任換了個約五十歲的李老師，李老師燙髮，中等身材略瘦，好像有顆銀製門牙，眼小但講課時好像後腦勺都長著眼睛，沒人敢在她的課堂上調皮搗蛋，她常以幽默方式挖苦學生。她除了教學有經驗外，還有一手其他老師都不具備的「絕活」——擲粉筆頭極準，她講課時見哪個學生睡覺或精神不集中，她不動聲色地還繼續講課，手裡卻偷偷擻下一個粉筆頭，冷不丁地扔向那個學生的腦門，十米內百發百中，從未失過手。不過她教孩子認比較難寫和易錯的字時還是很有辦法，如：「隔」字右半部較難寫，她就把它拆成「一口」加上注音字母「ㄇ、ㄨ、ㄒ」連起來念：「一口摸烏西」這樣學生一下就記住了。

　　60年下半年糧食緊張程度加劇了，根據《新中國五十年統計資料彙編》統計，60年受災面積達9億多畝，成災面積（基本顆粒

無收）達3億畝，春荒人口近1.3億，就是說全國約四分之一的農民在61年的春天幾乎沒有糧食吃。另外高徵購更是使農民雪上加霜，因為虛報浮誇如59年河南信陽路憲文上報72億斤，實際20多億斤。既然報得高徵糧任務也高，徵不上來就誣衊農民私藏糧食。59年廣東的趙紫陽在給中央的報告中說：目前農村有大量糧食，糧食緊張完全是假象，是生產隊和分隊進行瞞產造成的。要求對拒不交待的瞞產幹部，給予處分，甚至法辦。毛澤東對此批示：「在全國是一個普遍存在的問題，必須立即解決。」這樣全國一些遭受嚴重自然災害的地方開展了「反瞞產運動」，組成工作組到農村掘地三尺搜糧，不但徵走了農民的口糧，就連來年的種子糧也被強行徵走，甚至對無糧可交的農民動刑，上壓下擠人為地造成了災害對農村的擴大面。這也就是後來被湖南農民總結的「三分天災，七分人禍」。且不說這個比例是否正確，最值得稱讚的是，老百姓比高層更先一步看到了「天災與人禍」的內在聯繫：躍進志難酬，摸石亦荒唐。天災猶可畏，人禍更難防！

　　北京城裡出現了少量的討飯人，我在學校附近的南小街24路汽車站對面的一個飯館門口看見一個老年婦女坐在行李上向過路人乞討，東單菜市場門口還有用商品和自製玩具換糧票的農民打扮的小販。我們班有個姓孫的同學，他父親是煤廠的工人，糧食定量每月約60斤，但是家裡糧食還是不夠吃。孫姓同學比我們大一、兩歲，身體較壯，常向幾個弱小的同學要吃的，有一個姓何的同學，把家裡的雞食捏成團子拿給他吃，團子是棒子麵與剁碎的白菜幫和成的，孫同學大概是餓急了，不分生熟狼吞虎嚥吃得一點不剩。何同學後來偷偷地把這事得意的告訴別人：他不是欺負我嗎！我每天上學時從我們家的雞食盆裡抓幾把雞食，團把團把給他捎上，沒想到

▼這是東單菜場，當年就在這兒商販用商品換糧票

他還真吃。有一次孫同學帶我們去使館區玩，大使館前門都有員警守衛，他帶我們來到一個使館的後門，後門沒人管，只有幾個歐洲孩子在院裡玩，見我們進去還友好地與我們打招呼，有個孩子還會說幾句中國話。後門口有幾個垃圾箱，乘我們跟歐洲孩子玩時，孫同學探身翻起了垃圾箱，過了一會兒就見他手裡拿著幾片白麵包招呼我們走，他邊走邊吃著麵包，一個同學問他麵包哪兒來的？他說垃圾箱裡撿的。說著還讓我們吃，有個同學吃了一口，馬上閉眼皺眉「呸」的一口吐了出來說：酸的。孫說：外國麵包都這味，沒事。看樣子他經常到使館撿麵包。

頂銀胡同的東頭是貢院西街，貢院西街南口有個商店，商店經常賣散裝桔子醬不要票證，0.7元一斤，只是排隊的人較多，每人每次只賣一斤。因為紅糖、白糖都憑票供應，所以大家見到帶甜味的果醬也都搶著買，甚至全家出動排隊買果醬。

那時特別羨慕飯館裡的工人，尤其是炸油餅的，那剛出鍋的油餅焦脆酥黃，看著就忍不住肚裡咽口水，就是炸油餅的油煙子味也是百聞不膩，看著那些飯館的叔叔們被油煙子熏得油光發亮的面孔，心裡總想：他們天天能聞這麼香的油煙味，多幸福啊！那時甭說油煙子味，就是汽車開過去，一些孩子還跑到路中間追著汽車屁股聞汽油味。當時飯館賣油餅不但收糧票還要收油票，油餅六分錢一個，每個收一兩糧票，三個油餅收一兩油票，所以買油餅一次最少要買三個。那時油餅的個比現在的大近一倍，有一次家裡買了三個，記得我們就著窩頭吃了好幾頓。

▼頂著煤氣包的37路公交車

▼頂著煤氣包的48路公交車

　　這年學校對面的博物館工程也下馬了，工地上立著幾個二、三層樓的水泥框架，工地也改成48路和11路公車總站了，那時因為燃油短缺，有不少公共汽車開始燒燃氣，48路和11路也是其中之一，燃氣灌在車頂的氣袋裡，一袋子氣大約夠汽車跑兩、三個來回。那時的自來水網也不夠普及，在此公交站對面有個水站，用木輪水車給無自來水的住戶往家送水。

　　1961年1月中共八屆九中全會在北京舉行，會議著重討論了1961年國民經濟計劃，並號召全黨發揚實事求是的優良傳統，大興調查研究之風。據說毛澤東此時對部下和媒體報喜不報憂的情況感到惱怒，他甚至派他的警衛員在探親時為他收集真實情況。會議還通過了李富春和周恩來提出的對整個國民經濟實行「調整、鞏固、充實、提高」的八字方針。1960年重新組建的中央財經小組調節了農、輕、重的比重，許多工業專案下馬，1961年約25000個國家企事業單位關閉，大約有2000萬在大躍進中因搞盲目「城市化」而進城的工人和幹部及他們的家屬被重新下放回到農村，以減緩城市的盲目擴張和徵購糧食的壓力。那時為了城鎮的糧食供應，政府在統購統銷的政策指導下低價徵購農民的糧食，農民沒糧吃則要花費購糧價4-10倍的價錢到集市上去買糧，這種雙軌經濟模式使遭災減產後的農民不堪重負。

經過李先念等人的努力，中央終於在60年底同意批准進口400萬噸糧食，61年2月從澳大利亞進口的糧食終於運抵天津港，到6月底進口了200萬噸糧食。對國內的糧食供應緊張狀況起到一定程度的緩解。

　　這年4月在北京舉辦了26屆世乒賽，這也是中國49年以來第一次面向世界開放了一條門縫，儘管多是些四肢發達的運動員，但畢竟許多西方國家的普通百姓這12年來對中國的消息太閉塞了，許多人印象中的中國人還是清朝男人梳辮子的形象。那時中國人看外國人也很稀罕，大街上步行的亞洲以外的男女常被中國人圍觀，直到七十年代初我在漢口最熱鬧的大街江漢路上還見過這種情況。

　　中國對這次比賽也極為重視，專門在十大建築之一的工人體育場旁邊新建了一個可容納12000人同時看比賽的工人體育館。中國取得了男單、女單和男團三項冠軍，這一賽事使乒乓球運動在中國群眾中普及開來，學校尤其如此。那時大多學校沒有正規的乒乓球案子，學校把領操台用白粉劃成三等份供學生們打球，只要下課鈴一響學生們就掄著球拍跑向操場往領操台上一趴，算是占地，晚到一步的學生就在旁邊站隊等輸球的下台，然後在中間放幾塊磚頭充當網子，六個球決勝負，誰輸誰下。那時許多孩子把門板、床板都抬出來支起當作乒乓球台練習打球，後來學校用磚頭砌了幾個水泥面的乒乓球台供學生課餘時間打球，有些機關和大、中學校也是用水泥球台開展群眾體育活動的，並用這些簡陋的設施培養出一些乒乓球國手。

　　記得是賽後的一天，上自習課時，李老師蹺著二郎腿坐在講台旁和我們嘮嗑。她說：昨天上午參加26屆乒乓球錦標賽的運動員都去王府井百貨大樓參觀，百貨大樓所有的東西都不要票了，點心、

臘肉、香腸、糖、布隨便買，連高級點心也都降價賣。一個姓劉的女同學接下茬說：我們院有個街坊趕上了，買回好幾斤點心，他說買點心也不要糧票，就是錢帶少了，要不還可以多買。李老師用十分羨慕的口吻說：誒呀呀！你們街坊算是趕著了，我怎麼就趕不上這機會，要是趕上了，別的不買，就買他幾斤點心，幾斤臘肉也好啊！

三、票證的起始

　　1961年春天由於長期營養不良，城市裡也出現不少浮腫的病人，他們到醫院看病，醫生不用開藥，只開一味處方——黃豆，證明此人患浮腫，憑此「處方」病人可到糧店買大約0.5-1斤黃豆，也別說還真是「豆到病除」。那時的醫生都還能堅持實事求是的原則，要是現在這點病，不給你現場打上幾瓶價格不菲的吊針再給你開上幾百上千元的藥回家，那就不叫與時俱進，偽市場化的醫生。

　　這年我學會爬樹了，院裡東牆根有棵老榆樹，到春天剛長出細嫩的綠葉，我就瞞著家長拿著個口袋悄悄地爬上樹，一次能擼半口袋榆錢葉，拿回家騙家長說是同學給的，這榆錢葉既能當菜又能和在棒子麵裡蒸窩頭充糧。我們院對過的貢院頭條一個住戶院裡有棵不知是槐樹還是什麼樹，開花時很香，那花吃到嘴裡有些甜味，我們一群孩子就爬上人家的牆頭屋頂，每人脖子上掛個布口袋，騎在牆頭上，站在屋頂上捋花，不會爬樹、上牆的孩子就在牆根下用竹竿亂打，連摘花帶折枝給禍害一番，只因為那花熬粥很好吃。

我是三年級開始學游泳的，最初是父親帶我們到工人體育場的游泳池游泳，那時北京城裡有工體、陶然亭、什刹海等正規游泳池對市民開放，工體、陶然亭游泳池設施較好，價格全市統一，一場兩小時一毛錢，免費存衣。到游泳池游泳需要購買游泳證（0.05元）貼上本人相片並到醫院檢查身體（0.15元），由醫院在照片騎縫處加蓋醫院公章。四年級暑假我常和院裡的幾個孩子結伴去工體游泳，回來的路上經過日壇公園，日壇公園外路邊有兩條排水溝，溝裡長滿了雜草，我們每次都在溝邊雜草中尋找一種叫「馬齒莧」的野菜，那種野菜炒、煮、涼拌味道都不錯。後來家裡買了兩隻小白兔，我們還順手摟些青草回家餵兔子。

　　那時北京市為了轉移市民對食品短缺的注意力和加快「貨幣回籠」，大力提倡人們在業餘時間看戲、看電影，央屬、市屬機關也常在週末組織舞會，豐富公職人員的文化生活。中山公園、勞動人民文化宮等公園夏秋週末也常放映露天電影，則是供大多市民消遣的。屆時「謝瑤環」、「四郎探母」、「李慧娘」、「遊龍戲鳳」等傳統戲劇也在全國城鄉公演，給人們一個歌舞昇平鶯歌燕舞的感覺。當時的北京市委統戰部長廖沫沙用「繁星」的筆名在北京晚報為孟超改編的昆劇「李慧娘」撰文《有鬼無害論》，他得出的結論是：如果是個好鬼，能鼓舞人的鬥志，在戲台上多出現幾次，又有什麼妨害呢？雖然共和國在國民經濟方面工農業遭受挫折，但文娛方面卻達到空前繁榮。

　　58年大躍進時一窩蜂辦起的許多大學因經費等問題，這時也基本解散，但唯有「江西共產主義勞動大學」由於辦校方針適宜國情（學生在校期間免交學費、食宿費併發少量津貼費，辦學經費完全靠學生半工收穫所得）則生存下來，而且在建校三周年的1961年

7月30日得到毛澤東的賀信。毛澤東信中說：你們的事業，我是完全贊成的。半工半讀，勤工儉學，不要國家一文錢。小學、中學、大學都有，分散在全省各個山頭，少數在平地。這樣的學校確是很好的。在校的青年居多，也有一部分中青年幹部。我希望不但在江西有這樣的學校，各地也應有這樣的學校。黨、政、民（工、青、婦）機關，也要辦學校，半工半讀。

　　儘管毛澤東在晚年作出了些令常人難解的決策，但他對底層老百姓的疾苦還是很關心的，他在1958年3月與王東興的一次談話中，當他聽到辦農林技術學校時，很感興趣地說：「這個辦法好，三十幾年前我在江西、湖南、福建等地搞農民運動調查，許許多多的農民不識字，要說的說不清，想寫的寫不出，不學點文化，農業生產的發展有困難。你回去與邵式平省長商量辦些學校，讓上不起學的農民上學，好不好？」也許正是江西共大的教學模式使毛澤東在幾年後產生並作出了「學制要縮短，教育要革命……」「知識青年到農村去，接受貧下中農的再教育，很有必要……」及組織幹部到五七幹校參加體力勞動的想法和決策。

　　在糧食困難時期各個單位也是大顯神通為職工謀些福利，記得那時鐵道部在內蒙打黃羊分給職工，數量雖不多，但也是當時少見的肉。從1961年開始北京市給十三級以上幹部和有一定職稱的知識分子發特供本，憑此本在東單東北角的一個商店裡每個月可買到一定數量的肉、蛋、油等，十四級到十七級的幹部就差些了，只供應糖、豆等，大多市民只好望權興歎，新中國的等級特權的普及化也許就是從那個時期開始的。

　　那時由於外匯短缺，北京在東單中國青年藝術劇院的西面開了一個外匯商店，在外匯商店可買到當時國內市場上見不到的緊俏商

品。1961年我在巴西的姨媽給我外婆寄來大概是一百美元，我父親曾帶我到那個外匯商場去買東西，商場不讓小孩進，我只好在門口給我父親看自行車。

1961年下半年北京向山西太原學習，開始發行工業券，從此，除憑票、證之外的商品皆「憑券」供應。工業券發放原則是在職人員按其工資收入比例，大概是每10到20元工資發一張券。購買範圍從縫紉機、自行車到毛巾、毛線、鞋帽、鍋碗瓢盆、煙酒茶等日用品都要收取不同數量的工業券。這時商店的貨架開始豐富起來，但是，不是要票就是要券，大多老百姓掏得起錢，但掏不起券。由於正當管道不暢，北京的「黑市」暗中興起，蘿蔔乾等賣出了肉價，文革初期，一個第一機床廠的工人對我說：他的一輛150元買的，騎了四年的舊自行車在1961年賣了300元。

雖然當時中國工業技術和設備處於落後狀態，但是在1961年12月，由沈鴻任總設計師、林宗棠任副總設計師及上海江南造船廠的機械技術人員和工人經過四年的不懈的努力，成功地造出國內第一台12000噸三梁四柱結構水壓機，三座橫梁是採用在當時比較先進的焊接工藝電渣焊整體焊接的，試機時試驗壓力達16000噸。當時雖然萬噸水壓機已發明有近六十年的歷史，但有萬噸以上水壓機的不過僅有歐美、捷克、蘇聯等少數幾個工業發達國家，萬噸水壓機的研製成功為中國以後的船舶、車輛、航空、內燃機、宇航業及重型機械工業的製造奠定了基礎，怕是比三十年後加入世貿組織的意義要

▼當年的工業券

大的多。當年中國是研製自己需要的產品，並使之接近國際水準，而加入世貿組織之後只是加工、組裝技術含量較低，污染程度較重，供歐美等國日常消耗的廉價產品，所得的外匯大多也返存美國支援美國的經濟建設。

四、人算與天算

1961年下半年我升入五年級，課程又增加一門珠算課。班主任換了個叫孫敬如的女老師，孫老師三十多歲，屬女強人類型，人很厲害，對淘氣的學生除常派班裡的同學向家長告狀外，再就是把該學生家長「請」到學校來向家長數落一通該學生的「罪狀」，其結果就是該學生回家後免不了挨一頓暴揍。後來孫老師的兒子從外校轉到我們班，她兒子比較老實，一些受過請家長待遇的學生就柿子撿軟的捏，常暗中欺負孫老師的兒子，以此來發洩報復。

我們的教室也從最後一排升級到第三層跨院的大教室裡，現在回想起來那教室應屬明代建築，前廊後簷，條石墊底頗為壯觀，呈「凹」字型，有三、四層台階，兩邊是教室，中間是老師的辦公室，外型頗像明清王爺府的大殿，屋內鋥亮的青方磚鋪地，六柱支八梁「穿鬥式木構架」結構，只可惜九十年代後被地產商毀於一旦。

1961年是國內大面積遭受自然災害的第三年，如果說前幾年是人禍占主要成份，那這一年恐怕的確是天災占主要成份了。受災農田面積近似於1960年，據《新中國五十年統計資料彙編》統計，成

災面積（基本上顆粒無收）達4.27億畝，高於60年1.4倍。由於一些地方連續三年遭災造成1962年春季斷糧人口達2.18億，高於60年近1.7倍，占當時全國人口的三分之一。這三年的受災地域範圍廣，持續時間長，大多發生在黃、淮流域及長江流域和東北廣大地區。據報導，9月的暴雨造成聊城、滄州有3500多個村莊被水包圍，280萬人斷糧，滄州專區死亡人數占該地區總人口的4.9%。但全國在這三年因災害死亡，尤其是因缺少食品而死亡的總人數至今尚未有一個準確數字公開，不知是未解密還是根本就沒有這方面的完整資料，如果因為沒有這方面的完整數字而造成歷史的空白那真是太可悲了！一些人總是說：我們的歷史要由後代來寫。估計他們的意思是等他們死後愛怎麼寫就怎麼寫，反正別讓他們活著看到他們幹的壞事公佈於眾就行，可後代在沒有具體數字的情況下，那三年的歷史靠他們胡撰還是戲說？

據說當年的春節某省農村一戶農民貼出了這樣一副春聯，上聯是「二三四五」；下聯是「六七八九」；橫批是「南北」，這副隱字聯意寓：缺一（衣）少十（食）沒東西。

據傳這副對子來源清代，一年春節前夕，鄭板橋去郊外辦事，路過一家門前，看見門上貼著一副對聯，上聯是「二三四五」；下聯是「六七八九」；橫批是「二四七三」。鄭板橋讀後，馬上掉頭回到自家中拿來些糧食、衣服、藥品和一塊肉，匆匆來到那戶人家。見這家人果然家徒四壁、缺吃少穿，愛子躺在炕上奄奄一息，嬌妻欲要離家出走，一家人難度年關。鄭板橋送來的衣、食正好救了這家人之急，一家老小十分感激鄭板橋。可某省的那位農民卻無此造化，據說非但沒人送衣食，倒是被上綱上線抓了起來，還扣上了頂壞分子的帽子。

1962年1月在北京召開了擴大的中央工作會議，也就是「七千人大會」。開這個會的建議是中南局第一書記陶鑄提出的：把全國的地委書記找到北京來，打通思想。後來毛澤東認為：「⋯⋯中央對『大躍進』以來的工作是應該總結一下了。乾脆把縣委書記都找來，要開就開個大會，開一個縣委書記以上的五級幹部會議。⋯⋯錯誤的責任，第一是中央，第二是省。中央第一是改，第二是檢討。對地方只要求改，可以不做檢討。」

　　劉少奇在會上作報告時說：「過去我們經常把缺點、錯誤和成績，比之於一個指頭和九個指頭的關係。⋯⋯我到湖南的一個地方，農民說是『三分天災，七分人禍』。你不承認，人家就不服。全國有一部分地區可以說缺點和錯誤是主要的，成績不是主要的。」當然一些人對劉少奇的話是不滿的，如柯慶施對劉少奇的書面報告提出質問：「十五年趕上英國要不要？」「幹勁還要不要？」他對劉報告的評價是：「越看越沒勁」。

　　毛澤東在會議期間也作了自我批評：「凡是中央犯的錯誤，直接的歸我負責，間接的我也有份，因為我是中央主席」。我不知道毛澤東以前是否在這種場合公開認過錯，但到1976年為止資料所公開的，他這是最後一次。錯是有人負責，但由各級好大喜功的幹部們吹牛浮誇而強行高徵購造成餓死人事件的死者家屬們的賠付問題是否有人承擔就不得而知了。

　　林彪在會議後期也作了即興發言，他說：第一旗幟鮮明地肯定總路線、大躍進、人民公社，這幾年所犯錯誤是出於我們沒有「按毛主席的指示，毛主席的警告，毛主席的思想去做」。第二強調自然災害。第三許多舉措的失敗，從長遠看是在「付學費」。第四要加強黨內團結。毛澤東對大家圍繞著總路線、大躍進、人民公社的

發言有他自己的判斷和想法，對劉少奇提出「三七開」的說法大概也是不滿，對林、柯的發言也許更為贊同，要不柯慶施怎麼後來成了「毛主席的好學生」，林彪成了「副統帥」，而劉少奇卻成了「叛徒、內奸、工賊」。

　　當然大會對大躍進以來急功近利違反群眾利益的群眾運動、工業盲目定高指標計畫，農村刮共產風高徵購等造成全面經濟結構比例失調的問題也作出了一定的糾偏。俗語說：謀事在人，成事在天。設想一下如果沒有這三年自然災害，中國的經濟建設在這三年會發展成什麼樣呢？也許加上遍地小高爐生產出的廢鐵產量會超過英國，也許會出現更多的吳之圃之流把畝產量浮誇到上百萬斤，也許高消耗低產出的全民煉鋼運動，會浪費更多的資源、污染更多的環境，也許浮躁和驕狂的社會風氣會造就出更多的白禍蛋幹部，也許城市化理論會使城市人口惡性膨脹共產風會以農村包圍城市……。也許正是這三年的自然災害使高層暫時明白了「謀事」和「成事」的辯證關係，只是這種「學費」的代價太高昂了，老百姓難以承受。

　　有一個階段因為市民營養不良，有些學校出現老師或學生在課堂暈倒現象。上級提出要勞逸結合減少工作時間，學校的體育課也不上了，改成了講故事課。象鼻子中坑小學有四個體育老師，一個男老師姓郭，二十六歲，另一個男老師姓夏，二十歲，兩個女老師，一個姓林，一個姓張，都二十歲，張老師剛從體校畢業，她有一種說書人沙啞的嗓音，特能講故事，我們都特別盼著上她的課。學校實行半天上課，作業也留得很少。老師按學生家庭住址讓學生組成學習小組在某個家裡較寬敞的同學家裡一起寫作業。寫完作業後，三、四個女孩圍在一起在台階上歘羊拐，就是向上扔一個沙

包，在沙包落下接住之前，用兩手迅速翻騰四隻羊的腳踝骨。另幾個女孩在胡同裡跳皮筋，兩個女孩拉著皮筋，一個女孩跳，高度從腳跟一直跳到雙手舉過頭頂，一邊跳，一邊唱：小皮球，香蕉梨，馬蓮開花二十一，二八二五六，二八二五七，二八二九三十一……。女孩們跳起來上下飛舞，輕盈得像個小跳蚤。

▼彈球的小男生

　　男孩則在牆根彈玻璃球、煽三角（用煙盒或牛皮紙折疊的）、拍洋畫、踢足球（當時有一種兒童足球3.29元一個）、用噴漆水泡打壞的乒乓球做膠水（當時叫「化學膠」）沾航模。有時球冷不防踢到跳皮筋的女孩身上，惹來女孩一片尖叫「討厭！剛換的隊服又讓你弄髒了，你賠……！待會兒告你媽去，看不揍扁你」！還有男女合玩的「跳間」「拽包」等遊戲。

五、勿忘為民受屈的人

　　學校操場的東南角是音樂教室，音樂教室南面還有一個小院子，當時種了些白菜，白菜收穫後一幫男孩就在那兒練摔跤，玩騎馬打仗。我們的音樂老師姓范，范老師較瘦，好像是南方人，圓臉燙髮，帶個金絲眼鏡顯得很斯文，樂理知識豐富。學校從三年級到

六年級共十六個班，都由她一人上課，每個班每週上一節音樂課。那時有不少國內外詞曲作者為不同年齡段的孩子們作過不少適宜孩子唱的歡快歌曲，一、二年級唱的如：「太陽天空照，花兒對我笑，小鳥說：早早早！你為什麼背上小書包？我去上學校，天天不遲到，愛學習愛勞動，長大要為人民立功勞。」、「生產隊裡養了一群小鴨子，每天早晨我趕著牠們到池塘裡，小鴨子見了我是嘎嘎地叫，再見吧，小鴨子我要上學了……」。高年級唱的如：「自從跨進學校的大門，我們就來到了老師的身邊，雖然離開了媽媽的懷抱，紅領巾就抱住了我的雙肩，從一個不懂事的孩子，成長為一個有志的少年……」、「我們是共產主義接班人」、「我有一個希望」等。

這年的2月5日是大年初一，春節給市民增供了一些米麵細糧、香油及豬肉、帶魚、花生、瓜子、雜拌糖等的副食。雖是困難時期但新年的花炮卻放得很熱鬧，二踢腳三毛五10個，還有老頭滋花，一個壽星老的泥胎，腦囟門上貼張帶「福」或「壽」字的小紅紙，揭開紅紙是藥撚，點著藥撚五顏六色的焰火就從壽星老的囟門滋出，滋完花的壽星老還可供孩子用水彩筆給他老人家的泥胎著色，然後當成工藝品放窗台上，自己百看不厭。小鞭伍毛錢能買200個，我們把整掛的小鞭拆散，揣兜裡等三十晚上在院裡用手捏著小鞭的屁股點著了往半空中扔著放。有的小鞭撚斷了，就把小鞭從中間撅開了放滋花。大年初一的清晨宋家最小的女孩，當年大約六歲，有點大舌頭，她穿著新衣服滿院裡邊跑邊喊：罷（拜）年嘍，罷年嘍。那時好像大人不給孩子壓歲錢，到人家拜年也就用糖果招待。

那時的春節除了鞭炮的響聲外就是抖空竹的「嗡嗡」聲了，空竹有單頭和雙頭之分，單頭的難抖一些，我那時抖空竹的技術練的

相當不錯，能抖出一些花樣，扔到比房還高都能接住，還能讓空竹頭朝下在地上轉，然後用繩兜起來接著抖。

▼抖空竹的小男孩

七千人大會後，給大多數由鄧在反右擴大化運動中被定為的「右派」的人摘帽，可彭德懷元帥卻得不到平反，劉少奇1962年1月27日在七千人大會上說：「由於長期以來彭德懷同志在黨內有一個小集團……，同某些外國人在中國搞顛覆活動有關……」。「所有人都可以平反，唯彭德懷同志不能平反。」彭德懷對劉少奇的話，感覺到莫大的冤枉，於6月16日給中央寫信辯護，稱之為「八萬言書」。他憤怒寫道：「我同任何外國人都沒有個人接觸。」「完全是無中生有。」最後彭總寫道：「真理只有一個……這個結論是主觀主義的，事實將要證明它是錯誤的，……這對我是誣衊！」彭總在細讀了劉少奇在《擴大的中央工作會議上的報告》後，此時明白了，即使實踐已經證明他的意見是正確的，他的問題也難於平反。他仰天歎道：「我也不希望平反，只要群眾有飯吃。」

8月22日，他又給黨中央寫了一封短信：「我寫那封信的目的，只是為了想把對我所犯錯誤的性質弄清楚，除此之外，就沒有任何其他企圖。……我帶著苦悶的沉重的心情，再次請求對我所犯的錯誤，進行全面的審查，作出正確的處理。」當然彭總最終沒有得到他所希望的「正確處理」，反而被當時的「帽子工廠」又新製一頂「企圖翻案」的新帽子扣上。俗語說：三十年河東，三十年河西。可中國近代史的長河，長則七、八年，短則三、四年就有一股

「潮流」迫使河床變遷，瞬間改變著河東、河西的位置。沒過幾年，當年那些視實事求是、堅持真理為兒戲，用莫須有的罪名誣陷他人，對彭總積極揭發落井下石的高幹們一個個的命運也遭到了同樣的報應。也許正應了毛澤東的那句話：由害人開始，以害己告終！

62年3月，周恩來在廣州對全國科學工作、戲劇創作等會議的代表作了《論知識分子問題》的報告，肯定我國知識分子的絕大多數已經是屬於勞動人民的知識分子。陳毅宣佈給廣大知識分子「脫帽」「加冕」。也許當時「知識分子」也算頂帽子？中國的知識分子搞理工研究的素質明顯高於搞文科學術的。搞文科學術的喜好把握著話語權，六十年來他們在學術上基本上是毫無建樹，他們沒有固定的立場，也不想研究什麼學問，總是按上級的意圖編造謬論、戲說歷史。中國有全球最強的文痞陣容，建國後的每次政治、經濟運動都是他們借助媒體充當著攪亂社會的先鋒。這類知識分子只要沒良心都可以當，大概周總理那時就把他們排除到「勞動人民的知識分子」之外了，也許算到垃圾或敗類圈裡了。

62年對外貿易有了一些發展，市場上出現了些進口食品如：不要票證的伊拉克蜜棗和古巴糖，伊拉克蜜棗0.15元能買一小包大約二兩，夠一個孩子吃半天。古巴蔗糖是黃色的砂糖，好像介於紅糖與白砂糖之間的一種蔗糖。其他食品供應也略有好轉，飯館裡用粗糧票可以買到灰色的饅頭、糖包和大米飯。我常去南小街的一家飯館買大米飯，也是這年一個春天的傍晚，大約是五點多鐘吧，我買完飯在回家的路上把找的錢和糧票弄丟了，回到家裡父母很生氣地責罵我，並讓我按原路回去找。其實他們也不想想，你就是放兜裡的錢還有人惦記著偷呢，更甭說掉地上的錢還有兩斤糧票，那時的糧票可更金貴，路不拾遺在報紙上登過，我可沒見過，我在路上來

回找了好幾趟，一直到天黑也沒找到。

　　大概是四月中旬我們的班主任孫老師得了腮腺炎，怕傳染我們，回家養病去了，學校從社會上聘來一個姓曾的老師給我們代課，曾老師比較和藹，她給我們代了約一個月的課，和同學們的關係處得很好。孫老師病好後半邊臉發紅，腮邊還有幾顆黑點，男同學就悄悄地給她起了個不太雅的外號。

　　當年在莫斯科餐廳吃飯可能不要糧票，我們後院有一排平房住著四戶人家，有一戶是新婚不久的小倆口，看樣子生活還富裕，兩口子衣著時髦，男的騎輛飛鴿牌新自行車，帶塊英格手錶。可能他們的糧食也不夠吃，那時媒體宣傳啤酒是液體麵包，有號召大家多喝啤酒之意，液體麵包也是麵包，既然糧食不夠吃，喝點「液體麵包」湊數吧。那男的可能是響應號召每晚都喝上幾瓶啤酒，那時的啤酒0.53元一瓶，空瓶還能退0.15元，他家門前堆著不少空啤酒瓶。兩口子幾乎每個週末都去老莫撮一頓，回來後站在門口用牙籤剔著牙縫打著飽嗝還跟鄰居吹魚子醬、牛尾湯如何味美，饞得鄰居們私下議論：這倆真不會過日子，兩人一頓就花三、四塊，上月我們家在八面槽下館子四口人才花一塊五。另一個說：不就為省點糧票嗎！那兒的麵包不要糧票。又一個說：人家兩口子都有工作，錢多燒包唄！我不知道他們當時的收入是多少，不過，按那時他們的歲數來看，就算兩人都是大學畢業，兩人的月收入總共應該在120元左右，可支配現金人均60元，按當時的物價標準，這在當年可算是相當富裕的水準了，大概已經超過了老鄧後來提出的小康之家了。按物價的加權平均指數計算，現在的物價是當時的約60倍，也就是說，如果現在兩口子去老莫就餐消費應該約在180-240元。前年我和朋友去老莫，沒敢點太貴的酒、菜，四個人花了500多元，

而68年8月為送去內蒙插隊的同學到老莫就餐，七個人花了不到8元，這種價格大概保持到七十年代末。這基本符合「改開」三十年來的通貨膨脹率是在6000%左右。

六、拐點的產生

五年級時自然課講到了一些直流電動機的原理，自然老師姓謝，是個五十多歲的男老師。他那時還給學生組織了一個「自然小組」小組活動時他告訴我們，百貨大樓有賣簡易直流電動機的散件0.30一套，是供小學生組裝學習用的，讓我們買來回家自己動手裝配。週六下午我和班裡秦同學一起去百貨大樓買電動機套件，買完套件我們又在大樓裡瞎逛，來到大樓一層西頭賣鐘錶的櫃檯，我們倆趴在玻璃面的櫃檯上欣賞裡面擺的手錶，一款標價720元的勞力士滿天星天文手錶吸引了我們的目光，那錶是雙日曆，深蘭色的錶後蓋上刻著也可能是鑲嵌著許多閃亮的星斗，這是當時擺在櫃檯裡的頂級錶了。

據說不久前有一個衣著講究的人在此挑選了兩塊錶，一塊一百多的，另一塊就是720元的勞力士，售貨員給他開了兩張小票讓他去銷售點交錢，不久那人拿著蓋了章的小票來取錶，售貨員收票付貨。到晚上對帳時發現「差錢」了，不多不少正好720，這下可嚇壞了收款員，經仔細查對，發現那張720小票上的章是反的。原來那人交了一百多元的款後得到一張印記未乾的小票，然後用此小票對著那張720的小票拓印了一下，得到一張反章的小票，售貨員沒

仔細審核就付貨了。據說此案後來還破了。

　　回到家裡就開始動手組裝電動機，紗包線、漆包線、電機軸、電機架、裝配圖等都是現成的，只需要往電機轉子的三個軸翼按規定的圈數繞紗包線及在定子的軟鐵片上纏繞幾排漆包線，然後接好線即可。繞好線組裝完畢一通電，怎麼不轉？鼓搗半天也不轉，電池卻流湯了。那晚覺也沒睡踏實，做夢時夢見不知怎麼一弄電機轉了，一高興醒了，睜眼一看天亮了。這天是星期天，吃過早飯，帶著電動機到離家不遠的東總布胡同圖書館找參考書，那時許多街道有公辦圖書館，大多設有兒童圖書部分，市民免費看書，還可以用工作證或戶口名簿辦借書證，免費借書。在圖書館找到一本蘇聯的電機原理的書，找到直流電機部分，對照著看了一會兒明白了，原來是電機的整流環出問題了，簡易直流電動機的整流環是兩個銅半環，而這個電機卻是一個整銅環，需用小刀在一定的位置上把銅環的兩側割開，就這麼簡單地一弄，電機轉了！

　　在三年的人、天浩劫之後，62年算是風調雨順吧，加上《農村人民公社工作條例》對農民實行了較寬鬆的承包政策，農村的經濟體制也退回到三級所有隊為基礎的初級社階段，公社不過代替了鄉鎮的別稱而已，過火的潮流消退了，盲目密植、深翻、浮誇等反科學的瞎指揮者有所收斂，農民的積極性也有所恢復。農村的收成只要有一年的恢復農民的生活就會有改善。可整個國家的經濟體系損壞後的復原，卻不會立竿見影，在這個修養生息的時差段「調整、鞏固、充實、提高」的八字方針使國民經濟逐步走出低谷，發揮了不可小覷的作用。

　　62年5月為討論《中央財經小組關於討論一九六二年國民經濟調整計畫的報告（草稿）》，在京召開中央政治局常委工作擴大會

議。當時毛澤東不在北京。劉少奇在會上提出：「左」了這麼多年，讓我們「右」一下吧，如果毛澤東在場，估計他不一定敢說這句話。

5月18日，西藏宗教領袖班禪額爾德尼給周恩來送來一份題名為《通過敬愛的周總理向中央彙報關於西藏和其他藏族地區群眾的疾苦和對今後工作的建議》的報告。翻譯成漢文後有七萬多字，被人們稱為「七萬言書」。有人竟說：一個是黨外的「七萬言書」，一個是黨內的「八萬言書」（彭總6月16日寫給中央的信），這是內外相通，共同反黨。看看中國的這些文痞為攪亂我們的國家，為打擊迫害別人是多麼會發揮聯想力啊！

7月鄧小平在「怎麼恢復農業生產」的講話中提到：生產關係究竟以什麼形式為最好？……群眾願意採取哪種形式，就應該採取哪種形式，不合法的使它合法起來……。黃貓、黑貓，只要捉住老鼠就是好貓。從此貓論產生，在一定的歷史階段起了一定的作用，但也造就了一些像吳之圃、陳良宇之流的惡貓。「黃貓，黑貓」取之於《聊齋志異》的「驅怪」原文為「黃狸黑狸，得鼠者雄。」據說，鄧喜歡《聊齋志異》，他不僅在北京時經常看《聊齋志異》，到外地也帶《聊齋志異》。他讓工作人員把《聊齋志異》拆成活頁，外出時帶幾篇，閒暇時看。

8月中央工作會議在北戴河召開，毛澤東提出階級、形勢和矛盾及著名的五矛三風，即「敵我」、「人民內部」和處於在這兩者之間，性質是敵對的，但可以轉化為人民內部矛盾處理的「社會主義與資本主義的矛盾」。

三風是：黑暗風（給社會主義抹黑）；單幹風（三自一包）；翻案風（彭總6月16日就加到頭上的不實之詞給中央的信）。並把

農村分田單幹提升到「究竟走社會主義道路，還是走資本主義道路？」的高度。自此階級鬥爭這根弦逐漸繃緊了。

也許毛澤東想通過「階級鬥爭」這條在戰爭中團結過多數人民的策略提高國人的凝聚力，毛澤東在這之前大概研究過美國、德國、日本等國人民為何有如此高的凝聚力，他也想到中共從遵義會議以來也曾有一個凝聚力很強的領導班子，甚至有人提出與馬列主義並列的「毛澤東思想」。而現在，自己的領導班子正在分裂，居然還有人公開提出「讓我們『右』一下吧。」一定要採取措施制止這種右傾思潮，但再採用59年的反右傾形式，現在看來的確是有些不妥，這次一定要讓他們從骨子裡就對「右」產生恐懼。把「階級鬥爭」這個法寶，先黨內後全國貫徹落實下去，讓「階級鬥爭」這柄「達摩克利斯劍」永遠懸在每個人的頭頂，相信一定能達到這個目的，讓人民談「右」色變，這樣即使不反右亦達到反右的目的。

9月底中共八屆十中全會在京召開，會上毛提出：在整個社會主義歷史階段資產階級都將存在，並有資本主義復辟的危險⋯⋯。國際國內的階級鬥爭不可避免地要反映到黨內來，如果不進行社會主義教育，不正確理解和處理階級矛盾和階級鬥爭問題，不正確區分和處理敵我矛盾和人民內部矛盾，我們這樣的社會主義國家就會走向反面，就會變質，就會出現復辟。毛澤東的估計極其準確，但他的用人方式，和採用搞運動的模式也許加速了他的預見更快地成真！對於階級鬥爭，毛澤東在會上說：「我們從現在就講起，年年講，月月講，開一次黨的大會就講，開一次中央全會就講，使得我們有一條清醒的馬克思主義的路線。」毛澤東不知是否知道，他的這句有關階級鬥爭的名言在文革中又被人添上「天天講」而流行了十餘年。

那時也常對小學生進行愛國、向上和科學知識的教育，五、六十年代不知是中央團校還是北京團校就在貢院西街，團校經常辦些展覽供少兒參觀，記得一次辦的是抗美援朝的展覽，展覽介紹了邱少雲、黃繼光、楊根思、羅盛教等人的英雄事蹟。槍械實物，圖文並茂很豐富，還有邱少雲的被燒糊槍把的衝鋒槍。孩子們看了都很受感動。

　　電影也是一種教育手段，寒暑假和週末在大華影院和兒童影院看電影學生票都是五分錢，國產片黑白的多些，進口片彩色的多些，影片包括故事片和科教片，其情節和精神內容都是不錯的。劇院白天還設有學生專場，記得有次寒假到吉祥劇院看京劇「宇宙鋒」和「鐵弓緣」，學生票才0.15元。「宇宙鋒」唱詞多我們聽不懂，只在底下說話，遭到一些帶孩子來聽戲的老人們的白眼，「鐵弓緣」對白多，而且那個小花旦演的很活潑，孩子們也看得津津有味。

　　那時圖書館有一些科幻小說可供孩子們借閱，印象較深的有：《格列佛遊記》、凡爾納的《海底兩萬里》、《神祕島》、《從地球到月球》、《八十天環遊世界》及蘇聯的兒童讀物《趣味物理學》等，那時的科幻小說不像現在的神侃小說，花拳繡腿，武功一個賽一個，讀後毫無收穫。閱讀科幻小說能補充自己的課外知識，如《海底兩萬里》介紹了大量的海洋生物、機械及潮汐知識，《神祕島》介紹了野外生存知識，以致於後來在陝北插隊時都用上過。

　　象鼻子中坑小學有個傳統，可能這在當時北京市的中小學中也是獨一無二的，就是每年12月26日也就是毛澤東的生日那天，全校開一次全體大會，向毛主席彙報自己在這一年取得的進步。學校沒有禮堂，所以每次開會的地點都不同，兒童影院、東城區少年之家

等處都去過，會上校長講話，孩子們演節目，會後再看一場電影。那時孩子們對毛主席的確很熱愛，但遠未到盲目崇拜的程度。

七、雷鋒的印象

62年10月底我們家搬到鐵道部第三住宅區，在月壇附近，是三層樓房，三居帶衛生間，比頂銀胡同的住房寬敞了一些。搬到新家那天晚上停電，點著蠟燭收拾東西、寫作業。從六十年代初到九十年代中後期，全國幾乎所有的城市每週晚上都要停幾次電，這種情況一直持續到九十年代末才逐漸好轉。

那年我剛升入六年級不久，由於是畢業班鐵七小不接收轉校生，我只得還在象鼻子中坑小學讀完最後一年。每天上學需要換乘2-3次公車，還要帶午飯到學校吃。記得那時的北京的能見度極

▼從這組同一地點（下午2-3點）拍攝的照片可以看出，環保部門所報北京的一級天氣不盡相同

好，在禮士路換1路汽車一直坐到北京站時，幾乎每天都能清楚地看見京西的山麓，現在卻極少能在那位置上看到了。據我五年來的觀察，在北京能與62年媲美的天氣狀況極少，其中以奧運會期間08年8月31日為最佳（有照片為證），如果把那天「天氣品質」定為一級的話，現在環保監測部門經常評定的「一級」天氣，不說是糊弄人吧，大概也算得上是誤差過大或是為「一級」天氣湊指標而有虛報之嫌。

62年10月中國大陸遭到來自東、西兩面的軍事騷擾。東面台灣國民黨當局欲意光復大陸，在10-12月共派遣9批共172名特工在廣東沿海登陸，這是繼54年9‧3炮擊金門，57年6‧24炮擊小金門和58年8‧23炮擊金門以來的第四次台海衝突。由於當時中國全民皆兵，這個以「海威」和「班超」為代號的行動中，國軍特工們登陸不久即遭沿海地區的軍民圍殲。

西面中印邊界也發生爭端，中方在阿克賽欽修建新藏公路後爭端升級。印度當局欲以東線的麥克馬洪線和西線的詹森線為國界線為由，對中國實施「里窩那計畫」，佔領了中方的一些地區。中方軍隊從10月20日至11月21日分兩個階段在東、西兩線同時對印軍進行了反擊，並取得了勝利，此役中方陣亡官兵722人，負傷1679人，斃傷、俘獲印軍近萬人，這場戰役對解放軍的威望在全國有了很大的提高，不久就提出「全國人民學習解放軍」。

62年底各方面的供應都有好轉，在父親的一個記事本上，我看到一段東北發現大油田的記錄，大街上頂著煤氣包的公共汽

▼炮擊金門

車逐漸減少。那時有個口號叫「發展經濟，保障供給」據資料顯示當時從全國各地徵調肉、蛋等副食來滿足北京市場之需，一些來北京的外地人離開北京時都攜帶著大包小包的各類食品、百貨，那時的列車員也是最好的採購員。

　　災情剛有些轉機，媒體就又開始吹起「芝麻開花節節高，人們的生活水準提高了」之類的論調來忽悠老百姓。「芝麻開花節節高」、「解放思想，轉變觀念」、「砸爛×××」這是六十年來中國媒體運用頻率最高的，幾乎是一成不變的幾組詞之一，不論「極左」還是「極右」的文痞，在掌握話語權時都喜愛用這幾組詞，或再添加些不著邊際的內容給老百姓灌水。國人年復一年地被「芝麻」。如今BTV坐台的董×主持節目時最愛說的口頭禪是：「芝麻又開花了……，生活水準又提高了」，這也是「台妞台仔」們六十年來喋喋不休的陳詞濫調。有數字顯示八十年代後三十年來，人均工資增長率與通貨膨脹率相差不多，以金融界最有代表性的黃金為例，六、七十年代每兩（16進制）99元，約3.2元／克，09年11月30日金價258元／克，上漲約80倍，是加權平均通貨膨脹率6000%的1.33倍，就是說也許通貨膨脹還將會繼續。如果現在一個人像五、六十年代那樣靠平均工資收入養活五、六口人的話，生活水準恐怕並不比那時強多少，更何況60%以上的職工還未達到統計系統公佈的平均工資數。

　　按說，應該是社會存在決定人的思維意識，可國人的思想、觀念六十年來好像總被文痞們定位於混沌狀態，總需要解放、轉變。國人就像一個陀螺，被一夥痞子歇斯底里地用鞭子抽著無休止地轉啊！變啊！其實真正要轉變觀念的正是這些瞎折騰的文痞。六十年來的實踐多次證明，這些文痞提出的所謂「新思想」、「新觀念」

都是違反客觀規律的，儘管有轟轟烈烈開始，但最終都難免以淒淒慘慘的短命夭折而壽終正寢。

從五十年代開始砸爛封建社會，當然，那時為建立一個新政權需要人們付出一定的暴力行為來推翻一些腐朽的東西，這還是可以理解的。到文革「砸爛」就升級了，從砸爛一些黨政機關到「砸爛××的狗頭」到「砸爛舊世界」折騰了十年。文革結束後大家好不容易過了幾天安心日子，一些文痞又跳出來要繼承「砸爛」的傳統，這回要「砸爛大鍋飯」，砸得國有資產流失，工人下崗失業，砸得醫療、教育、環境等等一塌糊塗。

63年1月中國上海第六人民醫院的骨科醫生陳中偉、錢允慶等在醫學界創造了一項具有國際先進水準的奇跡──斷肢再植，從1903年開始國外就對動物進行了斷肢再植的研究，中國醫師汲取了國內外同仁六十年研究成果的精華，終於使此科研成果有了一個飛躍，這才算得上是真正意義上的接軌，與三十年後那幫經濟學混混鼓噪的所謂「接軌」有天壤之別。

2月在京舉行中央工作會議，會上，介紹了湖南開展社會主義教育運動及河北保定地區清理帳目、清理倉庫、清理財物、清理工分（簡稱「四清」）的經驗。毛澤東在會上提出「階級鬥爭，一抓就靈」。不久在中國大陸農村又搞一窩蜂推廣「四清」經驗，開展了一次不大不小的運動。也難說毛澤東為何搞運動，國外的官吏靠法律約束，而中國的幹部可能只有靠群眾運動來嚇唬。「隔七八年再來一次」大概也是毛澤東根據國內公務人員素質差，隔七八年包括司法界就會有大批官僚腐化滋生而總結出來的一條經驗，法律漏洞太多，只好運動補。儘管這種人治的經驗在一定程度上對官僚腐敗有所抑制，也是使那些腐敗分子聞風喪膽的一種措施，可是一旦

發展到極端則很難控制，會導致人為的擴大化和對社會產生極大的破壞性。古人尚有投鼠忌器之說，意在於切忌浮躁盲幹，而搞運動無異於稱之為：投鼠不成反傷器或鼠器具毀也不為過。

　　63年下學期開學後，學校展開學雷鋒活動。當時報紙上報導雷鋒62年8月15日因公犧牲，這不免給學雷鋒活動籠罩上一層神祕的色彩，大家都想瞭解雷鋒是如何犧牲的。一天早晨，那個困難時期曾把雞食當乾糧，給孫同學吃的何同學神祕地對大夥說：知道雷鋒是怎麼死的嗎？說完他就跑出教室，大夥緊跟著追到教室的西夾道裡。他用一隻手放在嘴邊小聲說：是運氫彈時氫彈爆炸了，被炸死的！這是軍事機密，可別告訴別人！當時大夥都不知道氫彈為何物，所以都相信了。還有一個周同學幫腔說：氫彈炸死後的人都會變成石頭人……。

　　3月2日《中國青年》雜誌刊登了毛澤東「向雷鋒同志學習」的題詞，3月5日全國各大報刊也登載了毛的題詞，3月6日《解放軍報》刊登了劉少奇、周恩來、朱德等人為雷鋒題詞的手跡。從此學習雷鋒的活動在全國展開。據說後來美國的西點軍校也有學習雷鋒精神的活動，並以此作為教學內容。而中國在「改開」階段倒曾有一個時期，一些文人極力貶低雷鋒「毫不利己，專門利人；全心全意為人民服務；勤儉節約，克己奉公」等的精神。如今學習雷鋒成了一種形式和口號，要不老百姓都說：雷鋒3月來，4月走，每年一天有戰友……。

八、小學畢業了

　　第二個五年計劃是在62年結束。用鄧小平的話說是：這一個時期，都在低指標裡面搞過來搞過去，圈到那個圈子裡面出不來的，連低指標都發生問題了。於是中央在「調整、鞏固、充實、提高」的八字方針的指導下，設想如果在20周年國慶時，也就是1969年，能夠解決人民吃、穿、用的問題，就大有希望了。從1963年起到1969年是7年，所以就決定制訂一個7年計畫。客觀地說這個7年計畫在頭幾年是有成效的，在63年以後的3年多內，工、農、科、商、軍得到了不同程度的進展，尤其軍事方面，截至65年1月算上62年那次，共5次圍殲俘獲台灣派遣的特工40股594位。並用當時屬於科技含量較高的蘇製薩姆導彈多次擊落到大陸上空拍照的美製RB-57D型、U-2及RF-101型等高性能高空偵察機和超音速戰鬥偵察機。人們的購買力和消費水準也得到明顯的提高，副食品豐富了，高價食品取消了，買油餅也不要油票了。雖然票證並沒有要取消的跡象，但市場上的商品百貨大多不要或減少了收票券的數量。市場雖未像「媒體」誇張得那樣美滿、芝麻，但的確比前幾年強了許多，可老百姓的平均生活水準在1963年的上半年與五十年代中期相比並沒有很明顯的提高。

　　小孩總有許多缺乏科學性的奇怪念頭，那年寒假，在家裡沒事，就想手電筒的小燈泡能否用220V的電源點亮？那時的孩子似乎和一些高層領導一樣不知違反科學規律的危害，就想動手作一次試驗。在聽收音機時，我用兩根導線從插頭兩端引出，卸下電筒的燈泡，我坐在桌子上用手拿著小燈泡貼在一根導線上，感到手有點

麻，但不厲害，用另一隻手拿著另一根導線的絕緣部分往小燈泡的尾部一點，我期望的小燈泡沒亮，倒是覺得渾身一麻，耳邊放炮竹似的一聲炸響，收音機的燈卻滅了聲音也立刻消失。我嚇了一跳，試試屋裡的電燈和電筒的小燈泡都還亮，我以為一定是收音機壞了，沒敢把做「試驗」的事告訴家長。第二天找電工來檢查，原來是一個分路保險絲燒斷了。

　　十幾歲的男孩湊到一起應該是最淘氣的，老師管鬆了等於縱容，管嚴了孩子們則易記仇，還時不常地給老師下套使壞包括起外號等。學校有兩個二十多歲年輕的老師，一個是帶眼鏡的包老師，一個是教體育的女林老師。也許年輕人說話投機些，他倆平時接觸得較多，在這些男孩眼裡就想當然地認為他們在談戀愛，好像是受「紅樓夢」焦大、鮑二的啟發，給包老師起了個外號「包二爺」，林老師自然就成了林妹妹或林太太。而且大夥都叫順了嘴。林老師圓臉梳兩條短辮，人秀麗且活潑，體態豐滿，力氣挺大，有一次我們班孫同學上課搗亂，林老師讓他出去，孫同學坐在椅子上就是不動。林老師氣壞了，她滿臉通紅柳眉倒豎杏眼圓睜走到孫同學跟前，挽了挽袖子，雙膀叫力連椅子帶坐在上面的孫同學連鍋端起，蹭噌幾步就來到教室外，把全班同學都看呆了。

　　一天中午我從校外回來，剛進校門就見包老師在校大門對著的一間備課室裡彈風琴，林老師在一旁小聲唱歌，就是那首「自從走進學校的大門」。我站在窗前聽了一會兒，聽教室裡有人叫我。六年級時我們班挪到第二進院子的教室，教室離前院的教研、備課室很近。我聽見叫聲就跑回教室，姓果的同學問：站那兒發什麼愣？我用大拇指朝後一指說：包二爺和林太太在彈琴唱歌呢！可能聲大了一點，被剛從東夾道拐出來的教體育和圖畫的郭老師聽見。

郭老師背著手走進教室堵著門問：剛才是誰說「包二爺、林太太」來著？郭老師身高體壯，同學們都有些怕他，見他問話誰也不敢滋聲，只是拿眼球的餘光掃了一下我。郭老師看了看我們幾個，走上前一把抓住我的胳膊說：哈哈！是你壞小子說的吧？我哆嗦著說：是他們問……問的！郭老師鬆開手說：跟我來。我只好耷拉著腦袋跟著他來到前院的教研辦公室。

　　他把我領進辦公室指著牆根說：站那兒去！前院辦公室較大，放了四排條桌供近二十個老師備課，還不顯擁擠。我乖乖地面壁而立，這時包、林二老師還在對面的備課室唱歌。站了十幾分鐘，郭老師把我叫到他的辦公桌前瞪著眼問：老師的外號是不是你起的？郭老師有個特點就是：雖然訓學生時愛瞪眼還挺凶的，但只要你跟他認錯，他立刻對你態度特別溫和，絕不像我們的班主任孫老師抓個錯非得把你損個底掉。我想擠點眼淚作出懺悔表示，就用手背使勁揉揉眼睛卻也沒擠出半滴眼淚來，只好耷拉著頭說：不是我，我也是聽他們叫，我才跟著叫的，郭老師，我錯了，不應該不尊敬老師，以後我再也不叫了。郭老師見我認錯眼也不瞪了，和顏悅色地對我說：你看，老師們中午休息時還在給你們備課，練習準備教你們唱的歌，多辛苦！你們還給老師起外號，合適嗎？回去吧，記住了！以後要尊敬老師！

　　六年級春遊那天，我藉口家離學校遠不跟學校去，和班裡的李和劉、邢兩大個同學一塊去了頤和園，我們四人租了條船在昆明湖上划了半天，那時租船每小時三毛錢押金兩元。我們划到湖心時一條鯉魚大概是把我們的船當龍門了，從湖裡一躍，跳到我們的船上，那魚好大的力氣劈裡啪啦地從船頭一直跳到船尾，我們四人都抓不到牠，大劉脫了上衣才把牠捂住，當然戰利品也歸了大劉。

大劉的父親是個空軍上尉，大劉的自行車把套是用兩個殲擊機的機關槍子彈殼做的，金光閃閃十分漂亮。大劉比我們大一歲，身高那時就達到1.75米。他家住在北京站東，當時的徐悲鴻紀念館對面的一座小二樓裡，此樓據說曾是空軍司令劉亞樓住的。大劉一人住在二層的一間房裡，那間房大概有二十多平米，一排幾扇弧形的玻璃窗斜對著徐悲鴻紀念館。夏天中午休息時我和李同學常到他家去聊天，大劉會抽煙，我和李同學有生第一口煙就是在那兒抽的，嗆得我們直咳嗽。兩年後大劉隨父親去了山東菏澤。

　　中午吃完飯除了去大劉家外還常去的就是學校的傳達室，傳達室有兩個工友，一個姓王，一個姓石，都四十多歲，他們常給我說老北京的事。姓石的工友可能在日軍佔領北京時期給日本人幹過事，他對日本人的生活細節講得很投入，就連日本澡堂的結構都十分瞭解。

　　由於每天坐公車上學，家裡給買了月票，當時學生月票2元。有了月票週六下午沒課時，常和秦同學去天橋看保三摔跤、變戲法，還有個姓韓的及一個叫吳天印的都帶著他們的孩子，分上下午在一個大棚裡練把式，拉弓、開石、耍刀、射彈子等，據姓吳的說，沒二百斤力氣拉不開他的弓，可他手、腳、牙並用一次就能拉開五、六張弓，我們佩服得不得了。

　　那時沒感到畢業班學習有壓力，中午常去西總部胡同東口租書屋看小人書，一分錢一本。書攤女販是四川人。老師把四則應用題當重點輔導我們，就是姜昆說的，兩個水管灌水，一個管放水，問多長時間能把池子放滿及雞兔共籠等，當時我們都覺得不是很難。那時也搞模擬考試，一次畢業班摸底考算術，班裡大概有90%的同學不及格。我們院那個梅家的女孩和一個姓金的女孩考了100分，我和一個姓李的男孩考了八十多分，算是探花、榜眼。

▼象鼻子中坑小學老師的合影（1962年5月）

5月在杭州召開有部分中央政治局委員和各大區書記參加的會議，制定了《關於目前農村工作中若干問題的決定（草案）》也稱《前十條》，作為開展農村社教運動的綱領性文件。文件重申了八屆十中全會關於階級、階級矛盾和階級鬥爭的論點，還列舉了社會階級鬥爭的幾種表現，提出「任何時候都不可忘記階級鬥爭，不可忘記無產階級專政」「階級鬥爭，一抓就靈」等口號。此文件在會議結束一周後便下發傳達到各地，可見對於階級鬥爭準擴大化的觀念在文革前三年就初見端倪了。在此前後文藝界也配合形勢拍出了些反映階級鬥爭的電影、話劇、戲劇如：《千萬不要忘記階級鬥爭》、《年輕的一代》、《劉文學》、《霓虹燈下的哨兵》、《奪印》等劇碼配合宣傳，但階級鬥爭的劇情表現得大多較溫和，是以幫助一些思想落後的模特為主，沒有過濃的火藥味，基本上還能被廣大老百姓所接受。

7月初畢業考試和升學考試合併全市統考，只考兩門：語文和算術，我們在學校的音樂教室裡考了兩天，考完後校長宣佈放假回家等錄取通知。小學的六年生活結束了，在離別前，大家互贈一寸半身小照以作留念，當然男女生之間沒有互贈的。在以後的四十多年裡，我除了和一個秦同學常有聯繫外，在1969年以後與1963年畢業於象鼻子中坑小學（六二班）的同班同學都失去了聯繫。

九、中學的生活

　　這個暑假比以往的暑假多了整半個月，8月初接到北京鐵路一中的入學錄取通知書，8月10日到學校報到。北京鐵路職工子弟第一中學位於西城區鮑家街27號，西面不遠是34中，34中是原醇親王府的一部分，俗稱七爺府，是光緒皇帝的出生地，故稱「潛龍邸」，34中南面是中央音樂學院。鐵一中東面挨著奮鬥小學。

　　鐵一中不算大，大約是120×60平米，對著學校大門的是一座小二樓，樓上只有兩間教室，樓下是校長室、教導處、總務室，據說這座樓是按火車頭的模樣設計的，也別說還真有點像，中間的樓梯間高出二樓一塊，從側面看有那麼點像蒸氣機車煙筒的意思，剩下的就都是平房，圍著有兩個籃球場的操場轉了一圈，倒像一節節的火車車廂。聽教導主任李宗綱講，以前這兒是日本人養馬的地方，解放初期是鐵路建築部門的一個倉庫，後經過鐵路職工兩年的努力於1953年建成了北京鐵路分局的第一所鐵路中學，當時的校長叫胡光，河北口音，個子不高，滿頭銀髮，顯得頗有風度，聽說是個老革命，書法不錯。胡校長一般不管學生，只召集老師開會傳達

▼左：北京鐵路一中舊址（2003年攝）
　中、右：當年34中的校舍，老醇王府的槐蔭齋即光緒皇帝的誕生地「潛龍邸」

文件。管學生的主要是教導處李宗綱主任，李主任瘦高臉長嘴大，對調皮的學生弄到教導處罰站，一站就是兩鐘頭，所以學生都挺怕他。不知是哪屆的學哥給他起了個「哩哩」的綽號，在學生中屆屆相傳，後來李主任的兒子也考到了我們學校，同學們都叫他「小哩哩」，李主任自然也就升格成「大哩哩」了。

　　63年8月上旬北京至新鄉發生強降雨，普遍達400-600mm，降雨最大的邢台內丘縣獐麼鄉10天降雨總量達2050mm，雨量和強度都超過我國已有的歷史記錄。河北101縣受災，61個縣市遭淹，受災人口2200餘萬人，5030人死亡。受災農田5360萬畝。潮白、永定、漳衛、子牙等河的洪水從南北方向幾乎同時灌入海河，使海河水暴漲，幾乎水淹津門。822處116公里的鐵路被沖毀，造成京廣線停運27天。7個專區84%的公路共計6700公里被沖毀。這次災害造成損失的資料比起三年自然災害來要精確的多。中央高層對這次水災也是心有餘悸，毛澤東曾在63年11月17日題詞「一定要根治海河」。這次大水災沒有造成食品短缺。

　　9月1日開學，我被編在一四班，全班38人，女生20人，都是鐵路職工子弟。班主任是個叫侯鳳英的年輕女老師，是數學老師，當年24歲，個子有1.7米。開學第一天，侯老師對我們進行形勢教育，從三反五反到匈牙利事件，從大躍進到三年自然災害，她問我們：知道北京郊區的農民那時候吃什麼嗎？班裡同學還真有知道的，接下茬說：棒子芯。侯老師說：對！那時農民把棒子芯壓成麵摻合上野菜、樹葉吃。同學也很快混熟了，小個男同學上自習時偷偷地和女同學在課桌下比腳丫子，大個男同學打掃衛生時拿著抹布互相拽打著玩。侯老師說：哈哈！這幾個原來都不是省油燈，才老實幾天就原形畢露了。

初一除語文、代數外又開了幾門課，每門課都有一個專職老師，語文是李冶華老師；英語是任錫純老師；歷史、地理是李老師；生物是張瑞芬老師，圖畫是尹彥章老師。

從63年9月6日至64年7月14日中共連續在紅旗雜誌和人民日報上發表「九評蘇共中央公開信」，並提出了無產階級革命事業的接班人五項條件。同時提出：無產階級革命事業的接班人，是在群眾鬥爭中產生的，是在革命大風大浪的鍛鍊中成長的。應當在長期的群眾鬥爭中，考察和識別幹部，挑選和培養接班人。

「九評」據說是由在文革中紅極一時的風雲人物王力主筆，文章筆鋒犀利，引經據典對蘇共及總書記赫魯雪夫進行了猛烈的攻擊。代表著中蘇關係進一步的惡化，赫魯雪夫1961年在蘇共二十二大總結報告中提出來的社會主義大家庭的模式開始趨於分裂。蘇聯提出的社會主義大家庭的國際分工理論類似於現在的經濟全球化理論，限定中國只能以勞動密集型產業加工低端產品和農產品，類似於現在沿海地區的來料加工產業，加工上億條褲子換一架飛機。毛澤東當然不幹，這樣就是再幹上三、五十年中國豈不是也擺脫不了在經濟上受人制約？

同月在修改《關於工業發展問題（初稿）》時毛澤東為此增寫了一段文字：「中國近現代挨打戰敗的原因，一是社會制度腐敗，二是經濟技術落後。第一個原因現在已基本解決，第二個原因要徹底改變，至少還要幾十年的時間，若不改變經濟技術落後的狀態，挨打是不可避免的。」可見那時的毛澤東在經濟技術開放的問題上比現在所謂的「精英」們要明智多了。

有這樣一句格言：上帝對你關上門時，必然會給你留下一個視窗。廣州出口商品交易會就是當時一個這樣的視窗，當時由於敵對

國家對中國的經濟封鎖，對外經貿受到很大的制約。對外開放廣交會這個視窗雖少，但成績也不容忽視。第一屆廣交會是1957年春在廣州舉行的，有19個國家和地區的客商1233人次到會洽談，成交額1754萬美元。以後歷屆交易會各國外商和商品種類及成交額逐年增多，工業品所占比例也逐漸增大。即使在文革期間廣交會也未停止過。可以說中國的「改開」60年來一直未間斷過，即使在文革中大批「洋奴哲學」期間。只不過前三十年因有毛澤東的「自力更生為主，爭取外援為輔」的概念指導，開放是比較有選擇、有理智地進行。而後三十年的「改開」則近乎於瘋狂地進行，至於如何瘋狂的問題等寫到「第五至六個十年」時還會舉例細論。這裡僅舉一例說明，當年日本人曾向中國政府提出以高價購買大同煤礦的原煤。周總理回敬說：那是留給我們子孫後代的資源。斷然拒絕了日商的要求。但十幾年後，大同煤礦卻未躲過「改開」之劫被移到了日本，日本圍海造地時先把煤填到排乾海水的坑底部，上面蓋土，成為人造煤礦，作為留給日本子孫後代的戰略資源儲備，這大概就是傳說的日本用煤填海（直接用煤填海是戲說，那樣一是污染，二是經海水侵蝕的煤質量也會降低）。這也算是「改開」時代的《愚翁移山》吧！

現在一些文人為渲染「改開」的政績，常撰文說在49年以後的三十年中，中國對外閉關鎖國，排斥西方的新技術。我不欣賞這些「缺鈣」毫無人格歪說歷史的知識分子。當年你想招商引資，有條件嗎？人家對你經濟封鎖，就連當1960年底中國為解決糧荒從國外購糧時，美國政府都不人道地決定禁止為中國租用的運糧船隻加油，人家的軍艦、航母成天在你門口遛達，人家的高空偵察機不管你開不開放都時不時地飛進來拍幾張照片。在這種敵對的狀況下，

即使你對他門戶大開，他能為你提供新技術嗎？就是現在人家也沒把新技術給過中國，給道格拉斯攢飛機的案例夠能說明問題的吧？人家能看著你順順當當地發展大型「運十」客機搶他的生意嗎？何況還有戰略上的意義。當年人家是把和平漸變的希望寄託在中國的第三、四代高層身上，巴不得毛澤東政權垮台，好另扶植個傀儡。現在人家希望的是你在經濟上對他有更大的依賴，等你離了我就會經濟崩盤的時候，看你還敢橫？還敢提獨立自主，自力更生？人家稀罕的是中國這個巨大的消費市場和廉價苦力，此時不占待等何時？人家說了：你的資源和錢我拿走，GDP的空殼留給你，讓你去上蒙中央，下騙老百姓吧。

1963年有個侯寶林、郭全寶說的相聲：

侯：十月一日是什麼節？

郭：這我知道，是國慶日。

侯：那十月二號是什麼節？

郭：十月二號……？不知道，沒這節啊！

侯：不知道了吧！告訴你，記住了。十月二號是……。

郭：是什麼節？

侯：中秋節。

郭：中秋節是陰曆八月十五。

侯：今年的八月十五就是十月二號……。

前幾年買月餅要點心票，家長一般捨不得用每人每月半斤的點心票給孩子買月餅吃，那時的月餅個大，一個月餅就二兩，半斤點心票只能買兩個半月餅，那時的孩子肚裡又沒油水，兩個半月餅就是一頓都吃了也還不一定解饞，月餅在那幾年也算是稀罕食品。63年情況已大有改觀，買點心不要票了，八月十五算是能吃上月餅

了。那時北京的傳統月餅正面印有四個喜興字或印一朵花，側面有一圈豎條楞，像個齒輪，餡多是棗泥、桂花冰糖五仁的，比較硬，牙口一定要好才能把五仁餡裡的冰糖塊嚼碎，不過嚼起來咯吱吱的響聲倒是覺得挺筋道，有點嚼頭，不像現在一統天下的廣東月餅，那皮薄得像紙放到口裡好像就化了。

中學的文娛生活比小學要豐富一些，國慶前兩周，學校組織全校學生在操場練跳集體舞，學生們以班為單位在操場上站成十幾個圈，男在內圈順時針轉，女在外圈逆時針轉，圖畫老師尹彥章和音樂老師馬崇仁站在麥克風前用手風琴一首接著一首循環地拉著舞曲。

十、古城牆的風采

學校西面穿過兩條胡同就是城牆，中午吃完飯常和同學去爬城牆逮蛐蛐。六十年代初北京的城牆還很完整，可以踩著城磚的磚縫蹬上城牆。城牆上雜草叢生，藏著不少螞蚱、蟋蟀等秋蟲。週六下午上兩節課，放學以後常和幾個同學爬上城牆，沿著寬寬的城道一邊看著風景一邊向南遛達。那時城牆差不多還是城鄉的分界線，城裡一條條胡同劃割出的一所所院房相連的四合院和一些就地取材用城磚搭建的違章小房，院裡晾的被單、衣褲，滿地找食的小柴雞及胡同裡跳皮筋、滾鐵環的孩子們盡收眼底。轉過身看城外則豁然開朗，一條基本清澈的護城河沿著城根緩緩蠕動的流水，河邊還有些提著玻璃瓶或小鐵桶撈小魚的孩子，河對岸是一壟壟的麥地和被一

片小樹林包圍的中央廣播電台，稍遠一點是國務院和鐵道部的住宅區。貼著城牆根還有一所小學，有幾個大概是校領導正陪著一個員警在查看一個房頂被城磚砸漏的廁所。員警抬頭看見我們幾個，大概以為我們往下扔磚頭了，就問：你們是幹什麼的？我們中一個王同學反問：同志，這是食堂，還是廁所？員警說：你說呢？都給我下來……！

　　走到南城牆，隔著河可以看到對岸有個玻璃瓶廠，鐵絲網內堆滿了可能是不合格的花瓶、長頸玻璃喇叭（北京人稱撲撲噔兒、響葫蘆或叫倒掖氣，孩子吹著有響聲的玩具）等玻璃器皿，其位置大概是在現在的煙草公司和發改委大樓一帶。玩夠了往回返已是日西墜時分，向西望去，餘暉下廣袤的亦鄉亦城間卻似一幅彩圖，蔥茂的樹木中點綴著稀稀落落的樓影，遠處西山吞日、晚霞飛渡的美景妙不可言，只可惜那時沒有照相機。

　　十一晚上學校組織部分學生到天安門廣場聯歡，在廣場同學們拉上大圈在擴音器的舞曲伴奏下跳我們練了半個多月集體舞。放花時休息，看著滿天五光十色的焰火閃過之後有些小降落傘向我們這兒飄下來，一些人伸手夠，眼看就要夠著了，一個外單位的小夥拿著個彩旗旗杆一挑把降落傘給挑走了，氣得幾個男同學直罵。後來

▼爬到城牆上是很好玩的

▼從城牆上可俯瞰城內的老四合院

每到「五一」、「十一」前男女同學都要手拉手合練上半個月的集體舞，雖然如此男女間界限一直也沒什麼好轉，個別者除外。

　　十月中旬學校組織我們到京西「南大荒」苗圃參加一周的勞動，第一次單獨離家到外面過集體生活大家都很高興。周日在家模仿解放軍的樣子打好背包，週一背著背包到學校先聽教導主任李宗綱給學生訓話：要學習解放軍的三大紀律，八項注意，不許偷吃蘋果……。全校師生近500人，幾輛卡車來回跑了三趟才把學生運完。南大荒是建國後在河灘地上建起的一個農場，主要是：蘋果、桃、梨、葡萄等果樹，我們去時正好幫著收蘋果。

　　1963年11月10日至22日第一屆新興力量運動會在印尼首都雅加達舉行。此屆運動會的宗旨是以對抗奧運會為目的的，得到中國的鼎力支持。有來自亞洲、非洲、歐洲和拉丁美洲的48個國家和地區參加，中國也派遣體育代表團參加了此次盛會。在這次運動會上，中國運動員獲得66枚金牌，在田徑、舉重和射箭等項目上創造了世界紀錄。中國當時還不是奧運會成員，不能參加奧運會競技，所以對此屆運動會更是大力宣揚，並拍成彩色影片在國內放映。只是興新力量運動會只舉行了一屆，原定四年一次的新興力量運動會此後因一些政治原因就銷聲匿跡了。

　　1963年11月22日，美國總統甘迺迪乘坐敞蓬轎車駛過德克薩斯州達拉斯的迪利廣場時，遭到槍擊遇刺身亡。一向對國外突發事件反應遲鈍的中國媒體這次反應卻出奇的快，23日早上6點30分首播「新聞和報紙摘要」節目就作了報導。23日是週六，早晨上課前同學們都七嘴八舌地熱議著此事。因宣傳和教育的原因，那時大家都有些仇美傾向，甚至認為這是美國共產黨掀起的革命浪潮，世界革命的勝利指日可待。

對於逐漸好轉的經濟狀況，文藝界這幾年出現了不少歷史劇目，那時我們這一代對那些古戲並不感興趣，倒是父母週末常去劇院看古裝戲，回到家裡嘴裡還不時地哼上兩句。當然不排除一些劇情渲染封建的忠孝廉恥或借古諷今之意，其實也沒什麼大不了的，人家沒直言的膽量，只好今事古說，何況大家也不會因為看了一、兩齣古戲就會「改正歸邪」。

這種現象引起了毛澤東的不快，11月他針對文藝界所存問題說：戲劇報盡宣傳牛鬼蛇神，文化部不管文化，封建的帝王將相，才子佳人很多，文化部不管。隔日，又說：「文化部是管文化的，應注意這方面的問題，為之檢查，認真改正。如不改，就要改名帝王將相，才子佳人部，或外國死人部。如果改了，可以不改名字。」12月12日在中宣部文藝處編印的一份上海舉行故事會活動的材料上批示：各種藝術形式——戲劇、曲藝、音樂、美術、舞蹈、電影、詩和文學等等，問題不少，人數很多，社會主義改造在許多部門中，至今收效甚微。許多部門至今還是「死人」統治著。又說：許多共產黨人熱心提倡封建主義和資本主義的藝術，卻不熱心提倡社會主義的藝術，豈非咄咄怪事。據此批示，全國文藝界聯合會及所屬協會開始整風。不久一些電影如：龍馬精神、早春二月及小說《劉志丹》等也遭到批判。這是繼八屆十中全會以來的又一個拐點，雖然這種積分式的拐點對老百姓的影響不是很大，但上海一批嗅覺敏銳的文痞憑著些蛛絲馬跡卻揣摩出了高層的意圖並借助媒體開始折騰。

儘管上海的文痞生怕天下不亂，可上海的科技人員卻一直在埋頭苦幹，幾乎也就在這段時間，有中國「愛迪生」之稱的上海工人出身的電光源專家蔡祖全研製出了中國第一個氫燈、高壓汞燈、氙

燈、長弧氙燈和碘鎢燈等新型高效光源。上海電子光學研究所繼上海光學儀器廠59年研製成功10萬倍的電子顯微鏡後，又經科研人員幾年的努力，並與廠、校合作於65年8月製造出中國第一台20萬倍的電子顯微鏡。

63年中科院計算所還研製成功我國第一台大型電晶體電子電腦——109機。參加過109機研製工作的倪光南說：「當時（文革前）世界上能夠自己研製電腦的就是美國、前蘇聯、法國、英國幾個國家，我們和他們沒有很大差異，我們也是比較先進的，至少和英法的水準差不多。」

中國電子電腦的發展和前蘇聯的援助是分不開的，前蘇聯為中國提供了電腦的核心技術並為中國培養了第一批電腦研製和應用的骨幹人員。從1957年底開始，先後有6位蘇聯專家來華參與了電子管電子電腦103機和104機的研製工作。中國第一台電子電腦103機在1958年研製成功，運算速度每秒1500次，104機在1959年國慶日前研製成功，運算速度每秒一萬次，104機共生成了7台，並用於第一顆原子彈等有關科研資料計算。

學校有個大禮堂，據說曾是日本鬼子的馬廄，禮堂面積約25×20平米，有個舞台，平時在學校入伙的同學在裡面吃午飯，全校有活動時在此開會、演節目、為各年級學生放映不同的教學影片。在學校入伙每天中午一頓飯，以班為單位，每班一個條桌，大家圍著條桌站著吃。伙食費每月5元，10斤糧票，每頓四兩，有米飯、饅頭和窩頭，粗細糧搭配，每週有一次紅燒肉，平時以蔬菜為主，有時菜裡有點炒肉片。

64年元旦前全校師生在禮堂聯歡，各班同學自編自演節目，記得我們班陳同學，就是後來和我一起去陝北插隊，鼻彎唇薄嗓門

大，能歌但不善舞的那位。他領著我們班的一群女生演了個表演唱「庫爾班大叔你上哪兒」，還演了一個活報劇「二分是個老妖怪」，不過老陳那嘴臉還真有點像「老妖怪」。

十一、毛澤東關心教改

在小學時由於操場較大，有個較正規的足球場，我經常和同學們踢足球，練就了一副鐵腳板。鐵一中只有兩個籃球場，剛來學校時體育老師胡錫曾和房庭華給我們上體育課時講了一節籃球的歷史、標準、各項規則及投籃、運球技巧的啟蒙課。理論歸理論，第一次上球場投籃時除了會雙手扔籃（俗稱端尿盆）外，其他都不會。侯老師在男生中選了五個班籃球隊員，沒選上我。學校的四個籃球架每天中午可以有四個班玩籃球，從初一到初三，正好每星期每個班玩兩天。我玩了三個月，到年底時球技已大有長進，已經可以加入班隊和別的班比賽了。教體育的胡老師和房老師時常課下到籃球場給我們作示範，胡老師三十來歲愛喝兩口，別的老師茶缸裡

▼北京鐵路一中的校徽，大概也算得上文物了

都沏茶，胡老師上班來就沏上一茶缸二鍋頭，下課就喝上兩口，晚上下班時乾杯。房老師是天津人有五十多歲了，由於鐵一中屬鐵路單位，他可以享受北京鐵路分局管轄內通勤票待遇，差不多每週六下午都乘火車回天津的家。

64年春節是2月13日，經過兩年多的恢復，這年市場呈逐漸繁榮景象，供應更為豐富，以前供應的鹹帶魚也改成了鮮帶魚，雖然還憑副食本供應但每人的供應量增大了，基本能滿足人們的日常需求。民間的廠甸廟會在困難時期關閉三年後也於1963年重新開放，64年廠甸更是熱鬧，一人高的糖葫蘆、風車、吹糖人、棉花糖、空竹等及民間特產琳琅滿目。逛廠甸也是春節期間京城孩子們最喜愛的場所之一，後來在「新聞簡報」影片上還看見帶著大口罩的劉少奇與他的孩子也在逛廠甸。

鐵道部住宅區附近的文娛設施要比胡同多些，但也缺少些胡同文化的樂趣。春節期間鐵道部發票在「二七劇場」、「鐵道部機關電影廳」、「三里河工人俱樂部」、「經委禮堂」看電影、開聯

▼廠甸的大糖葫蘆

▼全靠嘴上的功夫了

歡會有獎猜謎，鐵路文工團在二七劇場演出文藝節目，三里河工人俱樂部白天摔交比賽、武術表演，晚上籃球賽。一次摔交比賽是一個五十歲左右個不高的乾瘦漢子對一個比他高半頭的壯小夥，大冷天倆人都光著膀子穿著馬甲（褡褳），五局三勝，乾瘦漢子連贏兩局，第三局壯小夥抱住乾瘦漢子就是摔不倒他，情急之下小夥使出拳王泰森的絕技，朝著乾瘦漢子的肩頭吭哧就一口，乾瘦漢子「唉呦」一聲慘叫跌倒在地。

我上中學時開始學滑冰，我比較喜歡跑刀，那時講究天津的冰鞋配黑龍牌的跑刀，其價格大約在二十多元，算是當時國內的頂級品了，北京組裝配套的跑鞋是18.5元。家裡沒給我買跑刀，父親在鐵道部工會借了一雙花樣冰刀，那時各單位對職工都有許多福利，尤其是在住房、租借家具和體育器材方面算得上是體貼入微了。北京鐵路二中每年冬天都在操場上用自來水澆出一個冰場，並有公用冰鞋借給學生滑冰。一般初學者用花樣刀好學，放寒假後幾乎每天下午我都到北海、什剎海冰場滑冰，票價是一毛錢一場，滑兩個小

▼捏麵人

▼老廠甸賺吆喝的隊伍

時。剛開始上冰時真沒少摔跟頭,那時冰場的秩序很好,摔了跤還有人主動把你扶起來,現在大概沒人敢這樣做了。在圓舞曲的伴奏下,冰場上的男男女女扭動著矯健的身體跑圈、跳躍、挨摔。

1964年2月1日的《人民日報》社論《全國都要學解放軍》,要求學習「四個第一」、「三八作風」。2月13日大年初一,毛澤東在人民大會堂的春節座談會上發出號召:「要鼓起勁來,所以,要學解放軍、學大慶。要學習解放軍、學習石油部大慶油田的經驗,學習城市、鄉村、工廠、學校、機關的好典型。」此後「工業學大慶」的口號在全國傳播。這個學習號召基本上不存在運動成分,只體現了一種力促作用,在線性發展過程中的確會對工業建設起到促進經濟效益的作用。雖然這種自力更生艱苦奮鬥發揚大慶精神無任何拐點,但有些地方還是把「工業學大慶」作為運動來搞,把王進喜「有條件要上,沒有條件創造條件也要上」的名言到處生搬硬套,一些企業不顧實際情況亂幹、蠻幹,北方大規模毀草屯田,使草原沙漠化,南方圍湖造田;炸山填海,嚴重地破壞了自然界的生態環境。一個本應該是線性發展的進程卻在中國的中、高級官吏和趨炎附勢的文痞的合謀下變成了拐點,他們總是熱衷於比真理多邁出幾步來顯示政績和上級的好評,一個個偏離軌跡的拐點就是這樣形成的。

也是在這年的大年初一,還在人大會堂召開了教育工作座談會。會上毛澤東說:教育的方針路線是正確的,但是方法不對。我看教育要改變,現在這樣還不行。課程多、壓得太重是很摧殘人的。學制、課程、教學方法、考試方法都要改。毛澤東還列舉了孔夫子、李時珍、佛蘭克林、瓦特、高爾基等自學成才的事例,啟發人們對教育改革的認識。

1963年秋，新12年制教學大綱在北京試行。大綱深化了教學內容，增加了課時，從每週30節課增加到35節，等於每天由5節課改為6節。另外，每天的自習課由3節改為2節。這樣加起來，每天的課時達到8節，還有大量的家庭作業。

　　下半年，北京市西城區召開校長會議。會上許多人提出：學生課業負擔本來就重，需要減負，新大綱實行起來，反到加負，大考、中考、小考還有政治活動、下鄉勞動使學生疲於應付，這種應試教育不利於學生德智體全面發展。不久北京市委又召開了教育工作會議。與會的十幾位校長在談到中學生負擔問題時，列舉了許多事實和資料提醒領導，課業負擔急待減輕。會後北京鐵路二中的校長魏蓮一，受市領導的委託把大家的發言彙總整理成一份報告，由主持會議的楊述在1964年2月轉呈中央。3月10日毛澤東對這封「群眾來信」作了批示：「此件應發給中央宣傳部各正副部長、中央教育部各正副部長、司局長每人一份，北京市委、市人委負責人及管教育的同志每人一份，團中央三份。並請他們加以調查研究。現在學校課程太多，對學生壓力太大。講授又不甚得法。考試方法以學生為敵人，舉行突然襲擊。這三項都是不利於培養青年們在德智體諸方面生動活潑地主動地得到發展的。」3月26日，《人民日報》發表文章《使學生在德智體諸方面生動活潑地得到發展》，把中小學的「教改」提到政府的議事日程上來。

　　這次「教育改革」北京市要求學校減少小考、每課習題不得超過3個、學生寒暑假不得補課等措施，可惜的是正當「教改」穩步進行時「文革」開始了。而三十年後的「教改」卻是和這次「教改」背道而馳的，不但以各類假期補習班形式增加了學生的課業負擔，而且違反人道地把教育「市場化、產業化」，增加了學生的經

濟負擔超過前三十年的200倍，並正在摧殘學生的身心健康。五、六十年代中小學中很少有戴眼鏡的學生，而現在中小學生眼睛的近視率不低於60%，可以說，近十幾年來的「教改」是該改的不改，不該改的亂改。

2月29日周總理、陳毅外長等訪問亞非14國歸來，這次訪問是從63年12月14日開始的，媒體說：這是中國國家領導人第一次對非洲國家進行正式友好訪問，這次訪問對增強中國同亞非國家人民的團結與合作，提高中國在國際上的地位和聲望，維護世界和平產生了重大而深遠的影響。在訪問埃及期間，周恩來根據和平共處五項原則和萬隆會議十項原則提出了中國政府同阿拉伯國家和非洲國家相互關係的五項原則。在訪問馬里時，周恩來提出了中國對外援助的八項原則。中國為了對非洲的經濟援助，也勒緊了自己的褲腰帶，感觸較深的是，六、七十年代在中國要票限量供給的工業品如自行車等，在非洲卻遍地都是。除大量的經援外，還向已建交的非洲國家派遣了大批由各科醫護人員組成的醫療隊，這對當時經濟、醫療條件相對落後的非洲各國起到了很大的影響，以致於影響到中國重新加入聯合國的票數。

那年春暖花開的時候我們的班主任侯老師結婚了，她嫁給了和她同一個數學教研室的趙中奎老師，趙老師可是個聰明睿智的小夥子，他學識豐富個性較強，口才極佳，琴棋書畫無所不精，就是分不清紅綠燈，騎車常闖紅燈，初二時也當過我們班的班主任，這是後話。

那時每學期各學校都組織學生參加一週的體力勞動，大多到附近農村、農場。64年下半學期，大概是五一前，學校組織全校同學參加墊操場的勞動。我們用小推車到不遠的城根挖城牆的黃土把

操場墊高了約40公分,並用磚頭給兩個籃球場圍了一個邊,以後賽球不用畫邊線了。學校的一對籃球架是老式木製球架,是埋在土裡的,墊完操場後,球架由於埋得太深沒拔出來調整高度,後來我們再在這個球場打球時個個都像喬丹那樣可以單手扣籃了。

十二、我們的英語老師

64年4月5日是周日又是清明節,學校組織全校同學去八寶山掃墓。前一天晚上下了場春雨,早上雲遮霧障能見度不是很好。周日父親休息,我騎父親的車去八寶山。大家來到任弼時墓前默哀,也許是天亦有情,此時又落下了牛毛般的雨絲。最後是新團員在墓碑前舉手宣誓。離任弼時墓碑不遠是一個比較高大的紀念碑,紀念1955年4月11日赴雅加達參加萬隆會議途中因喀什米爾公主號失事而遇難的:沈建圖、黃作梅等11名中國代表團成員。

據說此事是國民黨保密局谷正文派人幹的,意在謀殺周恩來,4月7日中央已獲得國民黨企圖炸毀飛機的情報。後來大家都慶幸周總理沒乘坐那架飛機,其實,即使周總理乘坐那架喀什米爾公主號,那個被收買的機場保潔員周梓銘也肯定沒機會下手,要知道中國的「保衛」是分級別的,像總理這級別屬特級保衛,外人根本沒有機會接近這架專機,即使是檢修人員例行檢修,也一定會有保衛人員在一旁監視,飛機起飛前要由國內特工對飛機各部位作至少兩遍仔細檢查。谷正文情報不準,當飛機失事後,台灣電台即播出「周恩來因飛機失事遇難」的消息,蔣介石空喜歡了一場。

在初一時語文課有一篇課文「錶」，說的是一位老工人為剛參加工作的女兒買了一塊手錶，並講述解放前為了怕上班遲到被開除，每天點香計時甚至老人不睡覺替兒子守更，冬天上班三宿星還高照時就得往工廠趕，在昏暗的路燈陰影衍射的街邊盡是「倒臥」的人。李冶華老師給我們講解倒臥：解放前窮人買不起房，吃不飽飯，冬天睡在大街上因天氣太冷凍餓而死，其屍體被北京人稱其為「倒臥」。2010年初，在網上看到南京及再早些時候的湖南又出現了「倒臥」，這使我想起了四十多年前讀過的這篇課文。

屆時學校對政治學習抓得較緊，除了每週的政治課外，每天下午4點至4點15分還組織我們收聽北京電台的「對中學生時事廣播」節目，一到4點每間教室的廣播喇叭就開始直播，大家停止手中的一切活動專心靜聽，並鼓勵大家邊聽邊記錄。學校的黨支部書記康其箴還經常通過有線廣播給我們作政治形勢報告，政治課和政治報告的部分內容是針對蘇聯的。就連教外語課也是緊跟潮流，與時俱進。我們歷屆四個班都是兩班學英語，兩班學俄語，到我們這屆四個班全改成學英語了。好在我們學校的外語教師都精通兩門以上的外語，教我們外語的任錫純老師精通英、俄雙語和地理知識，能背著身在黑板上畫中國地圖。他以前是國航運輸機的駕駛員，是黃埔軍校第14期、國軍航校11期學員，抗戰時期的42-45年駕駛C46運輸機參加過駝峰航線的飛行，後來起義，在解放軍空軍中任職。49年10月1日曾駕機參加開國大典的檢閱飛行，並參加過解放西藏的空運工作。他身高約1.7米體格健壯方臉臥眉，喜愛喝酒，學校東面南關市口的小酒館是他下班後經常光顧的地方，他常穿著一件咖啡色的皮夾克，頭髮略顯捲曲，永遠色澤光亮，走路時昂首挺胸不失軍人氣概。可能是因為當時政治氣候的原因，他很少和我們談他以

前的故事。

　　任老師脾氣好，一般老師講課時不允許學生接下茬，可任老師允許，所以上課氣氛較活躍，不過有時也把他弄得哭笑不得。一次任老師講解一個英語短句「Let us go……」，任老師舉例：Let's go close the door.Let's go ……。任老師還沒來得及說出下半句，下面一個叫陳設的男同學就接茬說：「來隻狗」。同學們「哄」的一聲都樂了。任老師雙肘撐在講台上，顯得無可奈何地輕輕地搖著頭咧了咧嘴。

　　那時每年五月份學校都組織一次「紅五月歌詠比賽」，全校各班都要全體上台唱幾首歌，使我這個五音不全的「樂盲」也不得不上台展一次歌喉，好在是合唱，幾個五音不全的同學混在班裡濫竽充數別人也聽不出來。此時我們班有39人，63年11月有一個姓王的女同學隨家去了武漢，同月有一個姓趙的女同學從大津來到我們班，不久又有一個姓李的女同學從福州插到班裡，女生增長到21人，是年級中唯一一個陰盛陽衰的班。這次我們班唱歌的指揮是一個姓周的女同學，練歌時她舉著教鞭在前面忽悠，看誰偷懶不張嘴，她上前照腦門就是一教鞭。正式比賽那天，以音樂老師馬崇仁為首的評比團坐在禮堂兩側當裁判，不記得我們班在歌詠比賽中的名次，好像沒得過第一。

　　5月15日中央工作會議在京舉行，毛澤東在聽取第三個五年計劃彙報時風趣地把農業和國防比作兩個拳頭，把基礎工業比作屁股。他說：「要使拳頭有勁，屁股就要坐穩」。他還說：「農村、城市的社會主義教育運動，要搞4、5年，不要急急忙忙」。並提出了防止修正主義和培養無產階級革命事業接班人的任務。可以看出當時毛澤東考慮的還只是以教育為主，雖然預期搞4、5

年，但也是在有組織的狀態下，有步驟、溫和地整治一些幹部，並無發動群眾運動的打算，他當時的願望可能還是想通過階級鬥爭提高底層民眾的地位來搞好基礎工業，進而提高領袖的威望。但對四清運動的焦點——是否在黨內存在一個資產階級，在高層的分歧則形成了又一個「拐點」。時隔三十年後來看，毛澤東的洞察和預見性非凡，的確高他人一籌，但採取的措施和依靠的對象卻有損其一世英名。

毛澤東對國內文藝界不反映現代工農兵越來越感到不滿和憤慨，他甚至對外賓談到：文藝為工農兵服務已經提了幾十年了，可是我們的一些工作同志，嘴裡贊成，實際反對。包括一些黨員、黨外人士，愛好那些死人，除了死人就是外國人，外國的也是死人，反映死人不反映活人。

針對毛澤東對文藝界的多次批評，文化部在64年6月5日至7月31日在京舉辦了「全國京劇現代戲觀摩演出大會」，全國有29個劇團35個劇碼參與演出，其中《紅燈記》《蘆蕩火種》《智取威虎山》等被確定為保留節目。6月23日毛澤東在觀看《蘆蕩火種》後，建議此劇改名為《沙家浜》。那年夏天我和班裡的嚴同學去王府井，在霞公府東口的圖片社看到京劇《智取威虎山》楊子榮的劇照，我驚訝地對嚴說：京劇裡的楊子榮怎麼這麼年輕？小說《林海雪原》裡的楊子榮應該三十多歲，滿臉絡腮鬍子啊！嚴說：這叫「源與生活，高於生活」。

其實京劇現代戲的上演也是一個很不錯的事，活躍了舞台，吸引了不少聽不懂老戲的觀眾，其實那些個傳統戲在古代民間初演時，不也都是當初的「現代戲」嗎？只不過明、清以後的藝人靠先人的那點玩藝就能混口飯吃，所以也就懶得編新戲了，以致於到現

在還咿咿呀呀地唱前朝演帝王。現代的《紅燈記》等戲曲唱上十幾年不也成了傳統戲！文藝界推陳出新是一件好事，也是歷史發展的必然，但在喜歡走極端的激進分子「矯枉必須過正，不過正不能矯枉」的折騰下，形成了又一個拐點，以致於在幾年後搞得全國「八億人民看八台戲」的極端局面，屆時同樣引起了毛澤東的不滿和全國老百姓的怨聲載道。

「六一」以後學校上課改成夏季作息表，每天中午有兩個小時的午睡時間，班裡的同學在侯老師的安排下把課桌和椅子拼起來午睡，男女各占半個教室。剛開始男生都不願意和女生睡在一個教室，惹得侯老師好一頓訓斥：才多大的孩子？就長個封建腦袋瓜！等你們再長大點想跟女生在一屋睡老師都不讓……。

那時我對中國古典文學興趣較大，經常到社會路（現在叫「月壇南街」）的一個租書店租《西遊記》、《水滸》、《封神演義》等書看，租金很便宜，用學生證作抵押，一分錢看一天，基本上一週可以看完一本。午睡時我就躺在椅子拼成的「床」上看書，有一次老師巡視學生的午睡情況時差點被老師抓個現行，幸虧我早有準備，老師剛一推門我急忙把小說和當枕頭用的英語書調了包，老師見我睡覺還在背英語，只說了一句：午睡時不要用功啦。要被老師抓住，小說肯定會被沒收，那時學校和家長是不允許學生看這類課外讀物的。

那時的學習條件雖然不錯，但還是有些學生不願意學習，這學期快期末考試時，一個姓高的同學好幾天沒來上學。一天上自習課時教導處的李主任突然來到班裡，他像作報告似的一本正經地宣佈：高同學退學了。

十三、安祥和美的階段

　　期末考試結束後的一天下午我們幾個男同學去玉淵潭八一湖游泳，八一湖通向水電站的那條河雖然只有十幾米寬但坡陡水深，我們在離橋不遠的地方下到河裡游了幾個來回。和我們一起去的有一個姓甄的同學，別看個子挺高但不敢下水，我們好說歹說把他勸下水，陳設說：我們幾個給你保駕，扶著你游過河去怎麼樣？甄同學第一次下水不知厲害，我們四個扶著甄同學就往對岸游，剛游出幾米，當甄同學腳夠不著地時，他一下就亂了方寸，掐住一個同學的脖子就往下摁，這個同學一沉底，他又揪住另一個同學的頭髮往下摁，一眨眼四個人都讓他摁水裡去了，他大概也是暈了，不說轉身朝岸邊游，倒朝著河中心瞎撲騰，兩隻手在空中亂抓了幾下，連聲「救命啊」都沒喊，瞪著兩大眼珠子就要往下沉，我怕他抓住我不撒手就趕緊潛水游過去抓住他的胯部給他轉了一百八十度使勁把他朝岸邊推，還好離岸邊不遠，那幾個同學也都游過來連推帶拉把他弄上岸，他躺在岸邊的石坡上半個小時沒爬起來。

　　就在我們救甄同學時，八一湖的入河口處又有兩個游泳的沉底了，兩個救生員划著一條木船在搜尋溺水者並招呼游泳者幫著撈人，那水大約有2米多深，我游過去潛入水底閉著眼貼著河底潛水往前游，突然摸著一隻腳丫子，我順著腳丫往前摸，小腿、大腿當摸到褲衩時，我一手扣住他的褲

▼八一湖，我們常在左側那個橋邊游泳

衩往起提，一手抓住他的小腿往下壓，輕輕一舉，這人的頭就露出了水面。立刻有好幾個人游過來把死者接住送到船上。當時不知為什麼，沒有人害怕，大家都爭先恐後地幫著撈。看到如今荊州人見死不救不說，對溺水而亡者還要敲詐撈人費，這大概也算是「改開」三十年來那些文痞們鼓吹的「偽市場經濟」在一些平民中的體現吧！說不定哪天張唯迎之流掉河裡淹死了，他媳婦不掏上幾萬元恐怕不會有人幫她撈張屍的。

　　放暑假了，那時的暑假比現在中學生的暑假要輕鬆多了，除了每天有一、二個小時的假期作業外基本上都是玩，看電影、看小說、打籃球、游泳。我花了8塊錢在王府井百貨大樓買了個籃球，和住在鐵二區的王同學、許同學等人到附近單位的籃球場打球。一個星期天我騎我父親的自行車和王同學去陶然亭游泳池游泳。

　　那時街上的機動車輛較少，雖無動輒罰款的舉措，但交通秩序良好，國家領導人也很關心北京的交通狀況，54年冬天周總理曾親自乘坐公車體驗百姓擠車的苦衷，並提出在較寬的馬路中間設置安全島等關心弱勢群體的措施（總理提出的這項利民的「安全島」措施一直延續到八十年代初，在「改開」年代曾一度被取消）。屆時員警對騎車的管得較嚴，有不許騎車帶人、晚上騎車要點燈等規定。那時多數人都能遵守規則，我父親的自行車沒有那種靠輪子摩擦小發電機生電的「摩電燈」，他還特地買了一個可以插在自行車前面用電池的車燈，不愛遵守交通規則的大多是些中學生或侯寶林在相聲「夜行記」中諷刺的一些人。

　　那天一路上我們互相帶著並鑽胡同躲著員警走，王騎車帶著我快到陶然亭公園那個丁字路口時，王同學眼尖看見前方約100米處有一個員警躲在電線杆後面。我趕緊從自行車的大樑上下來，王把

車交給我，我騎著車慢慢地往前走，當騎到那根電線杆旁邊時，員警從電線杆後面竄出來擋住了我，這員警的眼比王同學的眼還尖，老遠就瞅見我們帶人了。我只好下車，員警見我下車就轉身向人行道走去。我乘他轉身的功夫飛身上車，蹬車就跑，員警一回頭見我跑了，就把大簷帽往胳膊窩下一夾，嘴裡說到：我叫你跑！撒開腿就追過來，到底是訓練有素，沒跑出20米就抓住車的後貨架。

員警用他的帽子扇著滿頭的汗說：你小子人不大，膽不小，還沒見過你這樣的呢！還想跑？跑得了嗎？我說：我還沒蹬起來，你讓我蹬起來你再追，你肯定追不上。員警氣樂了他插著腰說：你小子是存心逗氣是不是？哪學校的？你今個也別走了，叫你們老師來領你。說著他就想來鎖車拔鑰匙，哪知我的車鎖是那種插式鎖，鑰匙不在鎖上。這時我也有點害怕了，怕他真把我扣這兒，把游泳給耽擱了。我趕緊跟他認錯，旁邊圍著看熱鬧的人見我可憐兮兮的樣也勸員警：算了吧，小孩不懂事，讓他下回注意就得了。員警也借坡下樓，掏出一個本來，像查戶口似的連學校老師帶家長的姓名、單位都記下來後放我走了。

62年以來沒有大張旗鼓的改革運動，在較低調的八字方針運籌下經濟狀況在不斷的好轉，工農業各項指標也超過或接近歷史最高水準。街上青年人的服裝、衣裙樣式、花色也趨於多樣化，各種色澤的化纖布料和服裝在商店占了很大比例，由於是新產品市民都爭相購買。化纖產品要布票少，洗滌方便，不用熨燙，穿慣了棉製品的老百姓都想嘗鮮，以致於「的確良」襯衣、「的卡」外套等在中國大陸軍民中流行了幾十年不衰。

基礎教育在穩步改革，理論和實踐相結合的教學方案也正在中學生中貫徹，我們也感到考試的壓力不像前幾屆那樣大了。毛澤東

比較關心教改，他察覺到教育制度的缺陷，尤其是對文科這十幾年培養出的智商低下，只會以抄襲國外理論為榮的秀才感到憂鬱，他在8月29日接見尼泊爾教育代表團時說：「最脫離實際的是文科，文科要把整個社會作為自己的工廠，師生應該接觸農民和城市工人，接觸工業和農業。不然，學生畢業，用處不大」。不出毛澤東所料，中國在六十年中幾乎沒有培養出一個像樣的政、經、文、史理論學者，只造就出一群好出風頭的混混和文痞。這群文痞在後三十年中，把國外理論者根據他國實踐總結出的他國經驗奉為金科玉律在國內到處亂套，其危害比文革有過之而無不及，此乃後話，以後再表。我這裡所說「幾乎沒有」是指那些學識淺薄意識浮躁的所謂主流派，而不包括至今還在潛心探索中國實際狀況及漸進發展默默無聞的研究者，儘管他們暫時沒有話語權，不能迎合某些激進分子的意圖，但他們的研究成果總有一天將會證明：國人是如何被一次次地瞎折騰了的。

10月16日中國的第一顆原子彈試爆成功，那天我們正在南大荒勞動，吃晚飯時壁報欄上貼出了一張紅色字體的號外，晚8點的新聞節目播音員用高亢的語調報導了這個五小時前的喜訊，同時用幸災樂禍的腔調報導了蘇共中央總書記赫魯雪夫於10月14日下台，當時國內人稱赫魯雪夫為赫禿，我們聽了這兩條消息感到很高興，甚至有人呼喊：打倒赫禿。其實赫魯雪夫對中國的原子彈、電腦、迴旋加速器等許多前沿科學研究及軍工和基礎工業給予了很大的幫助，這也是不可抹殺的歷史。如果沒有蘇聯在第一個十年給予的援助而打下的工業基礎，中國也不可能堅持十年的「文革」及文革後幾十年的「改開」。在這六十年裡中國製造的機床、機車、汽車、艦船、作戰飛機、軍事裝備等無不留有蘇聯原型產品的印記。

▼音樂舞蹈史詩《東方紅》

也是在10月，一部反映中國近代史的大型音樂舞蹈史詩「東方紅」在人大會堂多次演出，當然算不上公演，幾乎所有觀眾都是持內部發的票前來觀看。音樂舞蹈史詩集結了當時文藝界的幾乎全部演員精華，舞劇氣勢磅礴，藝術表演精湛，歌聲優美動聽，沒有過「左」的渲染和令人厭惡的說教。單從藝術角度來說，其各方面的舞台表演水準達到了歷史的頂峰，至今為止還沒見有一台劇碼，包括老謀子之流被商業炒作得天花亂墜的劇碼能與之媲美。為讓更多的老百姓能欣賞到該劇，此劇不久後被拍成電影在全國上映。

十四、我們的數學老師

開學後我們升級為二四班，教室搬到操場東南角一間獨立的房裡。一個姓潘的男生，和一個姓徐的女生告別了我們班繼續留在初一復讀。初二的班主任老師是不久前剛與我們前班主任侯老師結婚的趙中奎老師。趙老師身高約1.75米，國字臉闊唇，上下嘴皮極薄，帶著個像打靶紙那樣有許多環的玳瑁眼鏡。小分頭雖比不上任老師的波紋曲線，也算很得體，典型的當時帥哥形象。他教我們代數和幾何，他基礎知識紮實，善於從教材中提取精華，五十分鐘的課程，他講十到二十分鐘就能讓學生明白，剩下的時間就給我們講

課外知識，他那兩片超薄嘴皮上下一碰就是一個故事且談吐幽默，同學們都喜歡聽他講課，他講課時間掌握得很精確，不管講不講課外話題，說完最後一句話下課鈴準響。他批評同學時也較刻薄，一次他課下批評了一個女同學，那個女同學不服氣，上課時斜著眼看他，快下課時趙老師說：有的同學，對老師的批評不服氣，這節課一直用「衛生球眼珠」看老師，對老師有意見可以提嘛，你老拿「衛生球眼珠」看老師，我倒沒什麼，你養成這習慣，到時候那對「衛生球」再回不去了，「哈哈」那不就麻煩啦！

　　當時的教育方式並不是很完善，雖說提倡德智體全面發展，但老師們對「智」「德」偏重一些，教學方式也比較刻板，教育在這種定式思維的指導下，老師不是根據男女學生的特點來發掘學生的特長啟發學生的思路，而是根據教學大綱設定的模式「三好生」入隊、入團等利益來約束學生的想像能力，教學大綱希望學生都是一個模子刻出來的月餅，老師缺乏第三面思維即換位思維。趙老師走出校門的時間不算長，還保留著不少學生思維的心態，這使他能讀懂學生的心理，能根據學生的嗜好和特長因勢利導。

　　他不久後組織學生成立了民樂組和寫生組，加入民樂組要測試聽力，我報名參加了測試，他彈鋼琴讓我聽音，結果測出我是五音不全，他說給二胡定弦全靠耳朵，五音不全是天生的，後天是練不出來的。趙老師說：你唱西北民歌還湊合，我那兒有個信天遊唱片，待會兒你去我那兒，我給你放。我跟他到教研室，他找出唱片放在手搖留聲機上，一邊搖一邊說，西北民歌正好缺兩個音，一般五音不全的都能唱。上滿弦，他把唱頭往唱片上一放，就聽見一陣由低到高的「啊」聲，旁邊坐著備課的老師都嚷起來：「小趙，幹麼呢？待會再把狼給招來……」！我也覺得信天遊不怎麼好聽，還

真有點像狼嚎。沒想到幾年後去陝北聽了935天信天遊，大概也算是五音不全之命吧。不過當時我好沮喪，只好參加了寫生組。

趙老師在我們班只當了20多天班主任便轉業了，趙老師離任時大家都挺捨不得他，一些女同學還哭了。他在課堂上安慰大家說：「我現在要教兩個班的代數、幾何，每天要上四節課，以後雖不是你們的班主任了，但咱們還是天天見面啊！這次調動我也覺得挺意外，怪捨不得大夥的，不過，要知道尿炕就睡篩子裡了……」。說到這兒他摘下眼鏡，似乎有些傷感地揉了揉眼睛。他接著說：領導是綜合考慮才這樣決定的，我也要服從組織安排不是……。新班主任是個剛從師範畢業的叫周群英的女老師。

9月21日全國計畫會議在京召開。9月27日毛澤東在陳伯達的一封信上批示：「計畫工作方法，必須在今明兩年實行改變。如果不變，就只好取消現有的計委，另立機構。」毛澤東對於計畫工作的周密性差感到不滿，他大概認為計畫工作過於保守，五年計劃三、四年就完成了，這是壓制了群眾的積極性，過於教條，不利於經濟高速發展。其實60年來中國的高產出是建立在對資源高消耗、高浪費的基礎之上的，單是噸鋼的焦炭和水的消耗量就是先進國家的幾倍到十幾倍。當然這不是高層考慮的問題，他們想的是高浪費也是在湊GDP啊。但計畫工作對各種細節因素及市場價值規律卻不能不綜合考慮，長期用「臆幻經濟」的政治任務模式來指導計畫工作，過分強調計畫工作的革命化，忽略它的科學性，經濟危機的到來是遲早的事。

9月25日毛澤東給劉少奇寫信指出：馬克思主義的認識論就是從群眾中來，到群眾中去。從實踐中逐步認識客觀真理，變為主觀真理，再回到實踐中去檢驗，就可以解決教條主義問題。27日毛澤

東就教學方面在致陸定一的信中寫到要「古為今用，洋為中用。」直到此時毛澤東對劉少奇等人的態度還是溫和的，但也隱現了他對工、農業、科學、教學及文藝界脫離實際、脫離工農、媚外崇古傾向的不滿和又一次警示。大多數領導把此警示理解為：是要改進不良的工作作風問題。而上海的文痞們卻嗅出了整人、折騰的另意！

12月20日下午在人大會堂河北廳召開了中央政治局常委擴大會議。在這次會議上，毛澤東與劉少奇在社教運動的性質和當前社會主要矛盾問題上，就黨內是否存在「官僚主義者階級和走資本主義道路的領導人」產生了明顯的分歧。大約12月25日晚，毛澤東自費宴請一些領導幹部，入席前毛澤東對李富春說：「你們什麼事情都不向我講，你們搞獨立王國！」也許是玩笑，也許是發洩，但這可能是七千人大會以來又一個拐點、

1964年12月21日第三屆人大會第一次會議於在京舉行，會上周總理作《政府工作報告》報告，首次提出：「在不太長的歷史時期內，把我國建設成為一個具有現代農業、現代工業、現代國防和現代科學技術（四個現代化）的社會主義強國。」並向全國人民發出：「工業學大慶，農業學大寨，全國人民學解放軍」的號召。在這以後軍隊連續推出了歐陽海、王杰、麥賢德、劉英俊等士兵類型的英雄人物及南京路上好八連供全國人民學習。

1965年1月4日週一，下午放學後老師通知，全體學生不許回家，在教室上自習，等候收聽重要廣播。天黑以後，全校同學到禮堂集合。禮堂燈火通明，高音喇叭傳出「我們走在大路上」等歌曲聲，李主任精神煥發地站在講台上指揮大家站隊。不一會兒中央台開始播送全國第三屆人大第一次會議的選舉結果：會議選舉劉少奇為國家主席，宋慶齡、董必武為副主席；朱德為全國人大常委會委

員長。廣播剛結束，李主任雙手舉過頭頂，以超過100db的聲音高呼道：「劉少奇主席萬歲」！這一聲的確是表達了李主任當時激動的心情，可也正是這一聲使他在文革初期受到一些衝擊。

十五、早戀的趣事

那時的中、小學生也並不都像現在有些作品描述的那樣單純老實，我上小學六年級時就有一個張同學給一個單同學寫情書，張同學寫完情書後卻不好意思直接交給單同學，他通過一個姓李的女同學轉交，情書中除了表達對單同學的愛慕外還附言對李同學寫道：只要你能把這件事辦成，你要什麼我都答應。結果由於李同學保管不妥，此信還未被交到單同學手裡就不幸被一個姓周的男同學發現，並在班裡大聲宣讀。

上中學後，第一年大家都還本分，第二年就有一個當時班裡個最小的（當年1.43米，前面說過初一時與同桌女同學比腳丫的那位，幾年後近1.8米了，）季同學與班裡的一個姓N的女生祕密地好上了。據他四十年後解密，他們相好始於上初二的冬天。季同學說：知道N同學最早跟誰好的嗎？我們說：不是和石良嗎？季說：不對！最早是和我！上初二時，冬天早晨我們來學校的路上天還黑著呢，胡同裡也沒什麼人，那時我們倆差不多高，一路上我天天摟著她一邊走一邊說悄悄話，我摟累了，她就摟著我。我一人上學覺得那段路特長，跟她一塊走就覺得還沒摟一會兒就到學校了。季似乎沉醉在戀憶中閉著眼晃著頭接著說：那段時光真美好啊！嗨！季

歎了一口氣說：好景不長，後來我一不留神讓石良這小子偷偷地把小N給搶走了。我們感歎地說：我們當年都很少和女同學說話，別看你個小，膽不小，還敢和N同學在黑胡同裡摟著走！夠「改開」的！季同學得意地樂了。雖然他倆最後誰都沒能與N終成眷屬，但也算是初戀的一段佳話，如今二位提起此事心裡就樂不可支。

我們的新班主任周群英就是個政治老師，她個不高，短髮，帶個和趙老師差不多度數的眼鏡。由於剛畢業她缺乏教學經驗，還屬於照本宣科階段。一次她給我們講士兵要保護首長的安全時說：「保護首長的命要緊」，這句話被我們班幾個壞小子當成當時最「雷」的一句話，常拿這句話在上她的課時逗她，搞得她時常是哭笑不得。為此學校新提拔的教導處副主任趙維貞還把幾個淘氣的孩子叫到辦公室狠狠地訓了一通，趙主任以前是語文教研組的組長，個不高偏瘦，膚色略黑，眼球略顯黃，以治學嚴謹著稱。由於她厲害，大家都怕她，前幾屆的學哥、學姐們給她起了個「母狼」的綽號，文革期間學生們沒少為難她，此乃後話。

小周老師教了我們三個月，實在降不住這幾個壞小子在暗裡搗亂，學校就給我們另派來一個叫周世華的老師。周老師當年36歲，

▼左：他們就是這樣在這條黑胡同裡走
　右：右邊第一個是老周老師，右起第三個是小周老師

二十年前就在四川參加了地下共產黨，後來在鐵道部政治部工作，是個老資格的政工幹部。她個不高，頭腦反應極快，善作思想工作，雖表面不顯嚴厲，但對各類學生有一套工作方法，不久就把全班學生調教得服服帖帖。周老師與同學的關係也很融洽，她喜歡攝影，常用一台雙鏡頭反光的120相機給同學們照相。

當時社會上政治風潮逐漸高漲起來，對家庭出身的要求已擴散到上大學、當兵、參加工作等領域而形成了一種對孩子們及社會人實際上的「歧視」；「學習雷鋒做一顆永不生銹的螺絲釘」、「到農村去，到邊疆去，到祖國最需要的地方去」、「千萬不要忘記階級鬥爭」等政治口號在媒體渲染的位置已是十分突出；憶苦思甜、突出政治及階級鬥爭和反蘇教育在語文和政治課本中的比重也加大了，文學作品也緊跟形勢創作出不少與時俱進的戲劇如：評劇「奪印」話劇「千萬不要忘記階級鬥爭」等。中國六十年來的政、經運動之前奏往往是由媒體製造輿論開始的，文痞們通過媒體發出咄咄逼人的喧囂之時，離運動開始之日也就不遠了。

65年3月2日，中央書記處召開會議，鄧小平在會上說：現在有人不敢寫文章了，新華社每天只收到兩篇稿子。戲台上只演兵，只演打仗的。電影哪有那麼完美？這個不讓演，那個不讓演。那些「革命派」是想靠批判別人出名，踩著別人肩膀自己上台，要趕快剎車。鄧小平當時算是敢說話的，就敢不與時俱進，就敢反潮流，但孤掌難鳴，那些趨炎附勢跟風隨潮的文痞們當時根本不把鄧放在眼裡，直到十三年後他們才更主易轍巴結鄧小平，弄出了個「總設計師」的頭銜給鄧扣上，使之笑納。不知道別人怎麼樣，反正我一聽到這幫文痞通過媒體對上阿諛獻媚，就會感到文痞們將會忽悠鼓噪出對老百姓不利的佞語讒言。

下半學期開學不久，大概是三月初，天還很冷，學校組織我們去河北省的高碑店參觀「四清」成果展覽。那時鐵路職工家屬每年有兩張免票，可以免費去全國任何通鐵路的地方。一個星期天的早晨，周老師領著我們班在永定門火車站坐火車去高碑店。客運段給我們學校的同學包了幾節車廂，就像後來插隊離京坐火車相似，一車廂的學生，大家嘰嘰喳喳的一刻也不安寧。記得在高碑店火車站到處是提籃叫賣豆腐絲的小販，一毛錢一把，每把約半斤，香美可口。從火車站到新城展覽館大約有三公里，我買了一把豆腐絲一邊走一邊吃，吃到展覽館還沒吃完。

　　記得展覽是圖文並茂，講解員就像講故事一樣講「四清」挖出來的「階級異己分子和蛻化變質」的各級基層幹部多吃多占、貪污盜竊、強姦婦女等罪行。這些幹部要是和現在的腐敗分子們相比，那簡直是小巫見大巫了，都可以算是基本守法的幹部了。

　　社教運動算不算「折騰」不好說，我在農村插隊935天，對農村的一些事有一定的瞭解，一些縣、鄉、村的基層幹部在文革期間對上述的違法行為都照幹不誤，甚至就連女知青都不放過，就更別說比較寬鬆或改開時期了。可是根據中國搞運動的規律，一旦運動開始那些掌握話語權的文痞們就極力使之「深化」而推波助瀾。高層說公雞會打鳴，文痞們就會「深化」出公雞會下蛋，到了基層就會有更多的庸吏跟著說：俄親眼見，天天下，一天能下仨蛋！再加上大多中、高層人物缺乏個人思索能力喜好從眾的心態來看，怕是長期搞下去，即使不發生文革，社教運動也會被「深化」出極端化、擴大化而傷及無辜，對高層他們投鼠忌器，對基層他們可不忌器。

十六、提倡「德智體」全面發展

　　大約是三月下旬，學校組織我們去市政系統參加勞動，整理城牆上下的垃圾。參加維護社會的勞動，一方面鍛鍊個人意志、增強對社會的責任感和對他人勞動成果的珍惜，另一方面使孩子瞭解社會為將來能承擔社會義務打下良好的心理基礎。那時大家對勞動者包括工人、農民、軍人、科技知識分子都比較尊重，在上中、小學時許多人的理想就是當一名產業工人、科學家或保衛祖國的軍人。不像文革時期的學生激進得想當造反派，也不像改開時期的學生們勢利得把當「奸商、投機者或貪官」當成自己的理想。

　　我們來到兒童醫院東邊豁口，在舊城牆東面，有個一邊依城牆而建的市政施工隊，一個市政的老工人指導我們沿著城牆鏟土、挖溝、搬磚，這回周老師和任老師也與我們一起上城牆勞動，從月壇一直幹到南面的城牆。北京的春天風大，刮起風來飛沙走石，在城

▼我們在西養馬營附近的城牆邊勞動

牆上更是無處藏身。不過大家在城牆上幹活倒是感到很舒暢，因為不用費心熬神寫作業了。休息時任老師給我們講解飛機在左螺旋墜落和右螺旋墜落的飛行時應該採取的措施，任老師在航校時大概就是因為作這類高級飛行科目時由於採取動作不當出過事故。周老師還用她的120相機照了幾張我們在城牆邊挖排水溝的場面。

趙老師和侯老師結婚後就住在西城牆根，一天下午收工後周老師帶我們去趙老師家，是城牆邊的一個小雜院，他們住在兩間南房，侯老師剛生完孩子在家休養，在她家的書桌上放著兩張趙老師的自畫像，畫得極像，只是那小分頭分的方向與他原人相反，大概是對著鏡子畫的。

文革前北京在良鄉有個滑翔機學校，號稱100中是空軍飛行員的前期培訓基地，該校每年從初中學生中選拔一些身體素質好的學生進行滑翔機培訓。一天早上開始勞動前，周老師通知我和另外幾個男同學：下午去學校開會。我們問周老師：是什麼事？周老師說：不知道。下午回到學校，校黨支部書記康其葳把我們和另外幾個班的約十幾名同學召集到一起，念了份文件，內容是滑翔機學校要招生，讓我們明天早晨不許吃早飯，到復興醫院檢查身體。第一次檢查身體後刷掉約一半人。第二次檢查是一個月後在萬壽路一家醫院，檢查視力時用的是C字視力表，我的一隻眼不達標，也被刷掉，我們班只剩下英語課代表王鵬。王鵬在接受反復幾次檢查包括放大瞳孔等後幾乎要被錄取，在徵求家長意見時由於是獨子，家長一聽說寶貝兒子要開著飛機上天，覺得有點懸，就不太樂意，結果那年一個也沒去成。

那時北京的中、小學校對調皮搗蛋卻又未觸犯刑法的學生也有一套懲罰的辦法，就是先記過，留校查看，最後開除送到「工讀學

校」去集中教育。我們學校也曾有三個初一的男生趙同學、鄭同學和岑同學被送到工讀學校去了。這年春天，北京市副市長劉仁對北京工讀學校的學生有一個講話，後來在各校向學生集中傳達。劉仁的講話是校黨支部書記康其箴傳達的，講話很長大約近兩個小時，劉仁的講話很溫和，態度幾乎比學校的一些老師都好，他從學生要好好學習講到政府如何關懷下一代。他說：儘管許多地方的建設資金都短缺，前幾年許多專案下馬緩建，但每年在每個學生身上補貼的錢卻沒有減少，經濟條件剛有好轉，國家對教育經費就有了較大幅度的增加，你們從小學到大學，看電影、汽車月票、火車票、看病，還有吃的菜國家都要為你們補貼。他對工讀學校的學生似乎更關心備至而不是歧視他們，他對那些學生說：你們和所有的孩子一樣都是祖國的花朵，只不過是蒙上了一些塵土，蒙塵的花朵清洗乾淨同樣可以嬌豔。

從劉仁副市長的講話中可以看出，文革前十七年的教育方針儘管有種種紕漏和一些不盡人意的地方，如應試教育使學生逐步喪失獨立思考能力，一些歷史教科書對歷史，尤其近代史缺乏實事求是的態度，起到誤導學生的作用，政治課融入過多的階級鬥爭說教等，但總的教育方針和策略基本上還是正確的。文革後四十多年裡好像還沒有一位副市長如此推心置腹地對學生談過話。

那時每年春季各學校都要組織校運動會，一方面使學生們都參加體育活動，另一方面為市少年體校輸送人才。我們平時早7點到校，然後排著隊沿馬路慢跑到中央音樂學院南面的太平湖公園，到公園後大家就圍著公園的小徑開始練短炮、跳躍等專案。我們班有個馬同學是回民，家住崇文門，每天早晨腿綁沙袋從崇文門跑到學校，足有五、六公里。在這次運動會中我們班陳設和逯同學由於表

現出田徑天才被選送到官園體校深造，還有個王同學，就是那個在城牆上問員警「是廁所還是食堂」的那位，他在運動會上跳高達到1.43米，得第三名，第一名是高我們一屆的一個混血兒，我們叫他二毛子的大個。可是王同學跳高的姿勢太特別，跑到杆前一蜷腿蹦過杆，我們叫他「王母娘娘駕雲式」。到體校人家教練一看跳得倒是挺高，就是這姿勢沒法和國際接軌，別的姿勢他還不會，體校教練只好忍痛割愛了。

逯同學還被選進校籃球隊，校籃球隊有十幾個隊員，經常和外校的球隊比賽，球隊有一個嘴朝一邊歪的同學，大家都叫他歪子，別看他嘴歪，投籃可特別準，尤其單手勾籃，罰球線以外三米，勾十個能進九個。

五一前各班都在排練節目準備參加「五一」遊園活動，我們班男生準備排練個疊羅漢的節目，下層三個大個，中層三個是我和另外兩個中等個的同學，上面是一個小個同學，就是石良。節目一直排練得很好，在五一前兩天審核節目時卻發生了意外，三個大個蹲在地上等石良在我們的肩上站好，大個開始起身。平時他們喊一、二、三一起站起，那天卻有一個沒站起來，石良在上面晃了兩晃，一個倒栽蔥摔了個三魂出殼，躺地上動不了窩了，結果我們的節目被校領導認為是危險動作不由分說給斃了。

中國這時的國民經濟在許多方面似乎已達到49年以來的頂峰，這也許是變遷在這時加快拐點速度的一主要因素。六十年來只要經濟略見成效，就有一批混混耐不住寂寞想折騰一下。前些天中國的經濟主流派混混們不又因為中國的GDP居美、日之後而大放狂言嗎！你倒看看中國和歐、美等國GDP的內涵組合及科技含量再忽悠啊，做一億條褲子賺的錢和一架波音747價格倒是相當，可科技

含量也相當嗎？難道戰場上用長矛、大刀與人家的機關槍對陣也值得驕傲？這些主流混混還津津樂道地吹噓：中國每年為全世界平均每人做了多少條褲子，多少雙鞋，倒好像中國不做這些全世界的人都要精溝子（光屁股）光腳丫似的。也許在他們眼裡是造機不如買機，買機不如租機。其實這口號在建國初期應該說是正確的，那時中國的科技水準實在太落後了，可一嚷就是六十年是否有點像「蜀之鄙」之富僧啊？美國從萊特兄弟的第一架雛形飛機到生產大型客機，到1954年推出了波音707噴氣式客機，不過三十到四十多年的時間。中國從仿製安東諾夫系列客機到1980年設計製造出「運十」噴氣式大型客機也不過三十年的時間，可中國飛機製造業在造出兩架「運十」後（一架做靜壓試驗）卻因為三千萬元的經費而流產了，看到電視片裡工人在砸毀只生產了兩架「運十」生產線的鏡頭我真心疼！如果美國政府也像中國當時的高層一樣無遠見就好了，也許就不會有波音系列產品，也許更不會有F117和AH-64武裝直升機，這樣至少不用說美國人太狡猾，或是不用說改開30年來我們的高層和經濟學混混太無能了。

軍委三總部又發佈命令，全國陸海空三軍65年6月1日更換新軍裝和帽徽、領章等軍銜、兵種標誌，這是49年以來第二次更換軍服，媒體也跟進宣傳軍銜制如何不好。後來84、88、98、2007又有數次的全國軍人更衣，媒體也改口說軍銜制何等好，像解放軍這樣頻繁更衣的國家似乎在世界上都是鳳毛麟角。美國、俄羅斯等軍事大國好像建軍以來幾乎就沒改變過軍裝式樣和軍銜標誌，人家一勞永逸，拿這筆納稅人的錢研發軍事裝備，而中國的高層用這筆稅金沒完沒了地開發軍裝產業，可能太喜於講究獨創或另一個極端「模仿」了！保鏢都是自己的好，軍裝還是人家的好。

十七、拐點多次出現

65年學校對家庭出身問題已是相當重視了,我們班入團的七女二男中有五人是工人出身,一個是幹部子女,三個是職員家庭出身。有一個姓白的女同學家庭出身是富農,儘管她的學習成績在班裡名列前茅,政治表現也很積極,入團申請書寫了不止一份,可就是一次次地被關在團的大門之外。那時像地主、富農、資本家都歸屬於剝削階級,他們的子女在入團、入黨、上學、就業都難過政審關,在法律面前也要低人一等。就像現在有錢、有權能在各種暗中交易場合中顯示一種明顯非法的優勢,上學、找工作,甚至蔑視法律到監獄裡撈人,只要錢花到,問題迎刃而解,有些部門有句俗語:沒有花錢的不是!那時出身好在臨近文革時逐漸在社會上顯露出優勢,這又是一個拐點,這次拐點已開始涉及到平民從懷胎之際在政治上的權利就被不平等了。

這年是世界人民「反法西斯戰爭勝利二十周年」,那時雖然經過「九評蘇共中央公開信」和蘇聯關係已比較緊張,但在慶祝「反法西斯戰爭勝利二十周年」的日子裡,中國大概是為了頌揚史達林,也舉行了一些官方慶祝活動。並從四月底到五月底,在北京各影院公演許多蘇聯及東歐社會主義國家的反法西斯戰鬥影片:攻克柏林、斯大林格勒、基輔姑娘、華沙一條街等。我和陳設經常放學後自習課也不上就開溜,跑到首都影院或西單劇場看蘇聯戰鬥片,那時學生的電影票一毛錢一張。沒幾天我們的行蹤就被周老師發現,她馬上派班裡的學習委員嚴同學每天下午放學後看住我們倆在學校上自習寫作業,週六除外。周老師算是擊中了我們的軟肋,害

得我們數場電影沒看成，鑒於當時的中蘇的關係，那電影可是過期不演的。

這年夏天，由於我們初二時新搬的教室略小些，另外由於不少男生都長個了，侯老師一年前的諾言被周老師實現了，她只把幾個還沒長個的男生：小季、石良、張同學等留在教室和女生睡午覺，把我們這些在這一年中長個的男生全轟到禮堂去睡通鋪了。有幾個男生還不樂意去，認為老師歧視他們，周老師又費了好一番口舌才把他們說服。我們到禮堂一看，那通鋪是用體操墊在木板上鋪成，比在教室睡光板桌、椅舒服多了，而且禮堂高大涼快，男生們在禮堂睡了一中午後，打死也不回教室睡了。

6月10日毛澤東接見華東局書記處的同志時談到：「……什麼曹操、趙子龍、張飛，帝王將相在台上亂跑，勞動人民在台上只能打旗幟跑龍套。現在可要改一改，讓勞動人民當主角在台上跑。讓舊戲裡的帝王將相根本一風吹，這樣才符合我們的現實情況。」這個拐點似乎不太平滑，文藝界從百花齊放，推陳出新到一錘定音，廢陳獨新。也許毛澤東並不太在意現代戲一定要完全取代古裝戲，使他氣憤的是說了這麼長時間，就是有人陽奉陰違和他對著幹！這預示著一場拿文藝界開刀的運動將降臨。鄧小平在3月2日說的「革命派」實則是掌握話語權的文痞們開始探頭探腦磨刀霍霍了，此時上海的文痞寫作班子已經組成。

6月26日毛澤東提出了著名的：「要把醫療衛生工作的重點放到農村去」六‧二六指示。不是擠兌各位古今高層人物，敢提出這個口號並且能辦到的，在中國歷史上的高層人物中除了毛澤東至今恐怕還沒有第二人！從那以後到「改開」前，解放軍的軍醫和城市各大醫院的主治大夫們輪流跟隨醫療隊到偏遠農村為農民治療疾

病，培訓醫護人員，有些像二十世紀二、三十年代宴陽初在河北定縣推行的平民教育。可以說毛澤東的這一舉措是功蓋千秋的，一方面給缺醫少藥的農民治了病，另一方面培帶出一批村、鎮、縣衛生院的醫療骨幹，如長期不懈搞下去，將會對改造農村提高全民體質起到用革命化等說教難以起到的作用。這才算是醫改，才算是業績，業績是什麼？不是浮躁虛誇的GDP，不是看你蓋了多少豪華飯店或培養了多少腐敗分子，而是看你做了多少有利於人民的好事，可惜的是中國高層和文痞們太難容忍這類改革了，宴陽初的教改功虧一簣，毛澤東的醫改在「改開」後也半途而廢。

65年繼大慶後，相繼建成勝利、大港等油田，原油年產量已達千萬噸，有了油，化工生產也逐步發達起來，這年我國自製第一座維尼綸廠建成投產，緩解了人們對紡織品需求的壓力，第一套年產4萬噸尿素的設備在上海吳涇化工廠試車成功，製造出第一批高效化肥。

在1964年的中央工作會議上，毛澤東根據國際形勢的發展，提出了把全國劃分為一、二、三線的戰略佈局。下決心搞三線建設。1965年，開始了以成昆、湘黔鐵路及攀枝花、酒泉鋼鐵廠和重慶工業基地為主的鐵路、冶金和國防工業建設。計畫至1971年初步建成一批國民經濟骨幹企業，以改善我國西部經濟發展落後的佈局，提高我國綜合國力。這時彭德懷元帥被委任為三線副總指揮。63至64年企事業單位的職工的工資也得到增長，在這以後的七年中職工的工資一直未動，因此有了「五八二」之說（58年參加工作一直是二級工的工資）。

7月我國的第一條地鐵在北京破土動工。毛澤東在1965年2月4日審查了地鐵網路規劃，並作了「精心設計，精心施工，在建設

過程中一定會有不少錯誤失敗，隨時注意改正」的批示。這條23.6公里的地鐵全程採用開膛挖掘式，以致於使北京城南沿線的古城牆幾乎全部被拆毀。當時的工農業的發展的確算是比較平和的，在一定程度上克服了先吹後幹，邊吹邊幹，吹得響幹得差的作風。

▼1965年7月1日朱德、彭真等為北京地鐵一期工程奠基

那年夏天很熱，下午放學後我和趙同學、許同學、王同學等常到西便門的護城河的水閘附近游泳。那是個永定河引水渠和外城護城河交匯的地方，有座橋，橋下是天然更衣室，每次我們都盡興地遊到日西墜時才回家。這事不知怎的讓周老師知道了，一天晚上周老師挨個到這幾個同學家裡家訪，到我們家時已是晚上10點了。當然我們這些不諳世事的孩子對周老師的「告狀」是不滿意的，我和陳設密謀由我執筆給北京晚報體育部寫了一封信，數落了一番老師不重視學生的德智體全面發展，並給校領導扣了頂：「不支持我們響應毛主席的號召到江河湖海，大風大浪中去鍛鍊」的帽子，信署了我們倆的實名。一週後晚報給我們回信答覆：反映情況悉知，來信已轉交「北京市體委游泳辦公室」，請與他們聯繫。這封回信使我和陳設得意了好一陣子。

毛澤東一直對教改是比較關心的，7月3日他看了《北京師範學院一個班學生生活過度緊張，健康狀況下降》的材料後，給中宣部長陸定一寫信說：學生負擔太重，影響健康，學了也無用。建議從一切活動總量中，砍掉三分之一。毛澤東的確對中國的科舉式的應試教育感到不滿，他甚至主張：學生可以上課看小說、睡覺。他有

那種啟發式教育的概念，不贊成讀死書，主張發揮學生的想像力，從他的詩詞中也可以看出他自信人生，不願沽名，傲視群雄而獨樹一幟的氣魄。但他此時卻無暇組織得力人員探討啟發式教育的奧妙和實施，倒是組織了一幫文痞在批判上頗費了一番心血。

十八、第一次聽說了「插隊落戶」

1965年8月鐵道部組織幹部到一些部直屬工廠搞四清，我父親也被派到「山海關橋樑廠」參加四清工作組。這次「四清」由農村擴展到企業、高校大概是根據：1964年9月11日中央根據王光美的桃園經驗而發出《關於一個大隊的社會主義教育運動的經驗總結》而升級的。桃園經驗是王光美在1963年11月至64年4月帶領工作隊在河北省撫甯縣盧王宕公社桃園大隊蹲點開展四清運動後總結出來的經驗：先搞扎根串戶，訪貧問苦，從小到大逐步組織階級隊伍；然後開展背靠背的揭發鬥爭，搞「四清」；再集中和系統地進行階級教育，開展對敵鬥爭；最後進行組織建設。以「社教」為內容的「四清」此時已經不止是清工、清帳、清財、清庫，而是要解決政治、經濟、思想和組織上的「四不清」了。社教運動被升級了，這次拐點非同一般，有高層夫人身影的定格，這也許為江青走向政治舞台打下了鋪墊。高層夫人們以為搞階級鬥爭比搞她們的專業更體面，人前一呼百應，會場居高臨下，指示直傳下達真是何等的威風，也許還能載入共和國的史冊，以她們的智商不難琢磨出一些連毛澤東都難以想出的使運動升級的高招。

階級鬥爭該不該講？這好像個慣例，歷史上中外的老祖宗都講，而且刀光劍影殺得血流成河，六親不認。但怎麼講？則其奧妙無窮，社會主義國家雖自詡是根據馬克思理論來指導建設的，但對馬克思理論的研究和應用似乎遠不及歐美等國的理論家和政客深刻，我們對解放全人類倍感興趣而搞武裝鬥爭之時，他們卻承認馬克思理論的正確性但也不乏其理論間的漏洞，他們不等無產階級砸碎鎖鏈，就主動放鬆或解開鎖鏈，從二戰以後，對無產階級平民的殘酷剝削、武裝鎮壓激化矛盾，改為通過提高社會福利、民主人權、增補和修正法律等措施進行政治、經濟改革，逐步緩和、化解無產階級和資產階級之間的矛盾。資產階級對無產階級的鬥爭形式的改變可能使赫魯雪夫領悟到他的冷戰方式也要作相應的調整。因此他在六十年代初提出了三和一少，即：「和平共處，和平競賽，和平過渡，少搞武裝鬥爭」。這也許是為馬克思主義理論的漏洞在「打補丁」，但在中國他卻鬧下了個「修正主義」的惡名。而中國的階級鬥爭卻不知道被哪位順杆爬的文人從「年年講，月月講」升級到「天天講」。

也是在8月毛澤東審定了以江青為首，由姚文元主筆的上海幫花了半年多的時間寫的批判稿《評新編歷史劇〈海瑞罷官〉》的第十稿，並批准在晚些時候發表。此文直到三個月後在《文匯報》上發表之時，中共政治局常委、北京市委書記彭真都一直被蒙在鼓裡。毛澤東說他自己只搞「陽謀」，可這次大概算不上很「陽謀」了吧！

前面說過：技術含量較高的行業比工、農、文化界受亂指揮、浮誇風的影響相對來說要小得多。同樣這時中國的科技界還未受到「四清」升級的干擾。中科院生化研究所、中科院有機化學研究所

及北大化學系，從1958年開始由鈕經義、龔岳亭、鄒承魯、杜雨花、季愛雪、邢其毅、汪猷、徐杰誠等人在前人對胰島素結構和肽鏈合成方法研究的基礎上，開始探索用化學方法合成胰島素。經過七年的努力於1965年9月獲得了用人工方法合成的、有生物活性的結晶牛胰島素，這是世界上第一個在實驗室中用人工方法合成的蛋白質，完成了結晶牛胰島素的全合成。牛胰島素是牛胰臟中胰島 β-細胞所分泌的一種調節糖代謝的蛋白質激素。

第二年，瑞典皇家科學院諾貝爾獎評審委員會化學組主席專程來到中國，研究評選有關人工合成牛胰島素的中國科學家獲獎事宜，並獲1979年諾貝爾化學獎的提名。這是中國科學家的光榮，也是建國六十年中，中國的科學家在國內為世界科學界作出的兩項貢獻之一，另一次是10年後的陳景潤。他們和世界上獲獎的科學家一樣，從開始研究課題那天起，就抱定了為科學的發展為人類的進步而探索大自然的奧秘，從未考慮過與諾貝爾獎的緣份。

最可笑的是，如今中國的經濟學混混們卻屢次抱怨國際經濟學界不把諾貝爾獎施捨給中國的經濟學文痞，最後這幫混混大概是實在耐不住了，湊上幫奸商大款之流的烏合之眾贊助了幾個「山寨諾貝爾」經濟獎。既然咱的「國經混混」腦太潮，那咱就發揚回「山寨版的自力更生精神」自己給自己發獎。你有一個諾貝爾，我也能湊它十個、八個名目的經濟獎，你生一個西施，俺能養十個東施，咱來個：東施效顰，混混頂。咱這獎叫：名氣不夠，數來湊。你們發明了「自助餐」，我們就照葫蘆畫瓢來他個「自助獎」。於是2009年歲末又一個「山寨諾貝爾」經濟獎現眼了，給個北大的「經濟混混」發了五十萬元人民幣獎金。想不到當年阮籍哀歎的：時無英雄，使豎子成名！竟然經久不衰！

那時學校在放暑假期間都有兩個返校日，返校日學生都到學校來，老師要檢查學生的假期作業完成的情況。這年的返校日學校組織我們在禮堂參加了一個隆重的歡送會，歡送幾個六五屆畢業的校友去山西曲沃插隊落戶。那天，那幾個自願報名去插隊的校友帶著大紅花站在主席台上，每個人都被突擊批准入了團。鼓號隊在台下奏樂，好像區教育局的領導也來了，並講了些「農村是個廣闊的天地，在那裡是大有作為的」之類鼓勵的話，那些校友也情緒激昂地表了決心。從那時我們知道了「插隊」這個新詞，據說該方式為老鄧所創。

初三時我們又換了個班主任，是個叫孫宏年的男老師，孫老師是物理老師34歲個頭不高，走路時腰板挺得很直，顯得很精幹，還有一門生理衛生課也由孫老師教。初三還開了一門化學課是個叫董式萍的女老師教。董老師短髮，身材勻稱，面似觀音，有副像評書演員劉蘭芳似的嗓子，較隨和，說話也較幽默。我們班的男生是買柿子撿軟的捏，上課時常有意無意地逗董老師生氣。我們的教室由於比較舊，頂棚上有些蟲子，一次一隻大蠍子從房頂上掉下來。陳設用鉛筆盒把蠍子逮住，上化學課時，陳設扒課桌上不時地把鉛筆盒開一條縫逗蠍子著玩，董老師見他不認真聽課就說他，見是隻蠍子也嚇得夠嗆，讓陳設下課趕緊把蠍子扔了。等回到講台，董老師說：你們淨氣老師，剛才講哪兒了？我都忘了。這時石良在底下小聲地嘀咕了幾句。董老師聽力還挺好，聽見後指著石良生氣地說：聽聽他怎麼說老師呢……！我們也沒聽清石良剛才說了什麼，就七嘴八舌地問：這小子說什麼了？董老師提高嗓門生氣地說：他說老師「記性不大，忘性不小」！全班同學「轟」的一聲全樂了……。

下課後董老師回到教研室把蠍子的事與其他老師一說，把教生

物的張瑞芬老師高興壞了，她忙跑到我們班找到陳設把蠍子要走。要說張老師膽也夠大的，她回生物陳列室，一個人用福馬林把個活蠍子泡了起來做成標本。後來上生物課時她表揚陳設逮了一隻少見的大蠍子，並把製作標本的過程給我們講了一遍。

十九、生活水準提高

　　儘管階級鬥爭理念正在逐步向平民日常生活中蔓延，但那幾年全國老百姓的生活和消費水準的確也有不少提高。其原因之一是63年後全國大多數職工得到長級，那時是八級工資制，非技術工種按工齡升級、長工資，技術工種按其掌握技術情況升級、長工資，這也是鼓勵青年人學習技術的一種方法，如技術考核達到更高的技術級別，則可跳級增長工資，當然這樣的青年工人在當時也是少數。由於國內經濟情況持續好轉，63-64年多數工人的工資增長約20-30%，知識分子工資增長20%左右，知識分子工資基數高，長一級相當工人長二到三級的工資。其二抗日戰爭勝利前後出生的一批人有不少也參加了工作，這樣的家庭總收入增加得更多。當時在職職工工資加獎金人均月收入達60多元，比50年代末增漲約25%。那時漲工資不漲物價，比改開後期物價漲得比工資快的情況要好得多，老百姓真正得到實惠。

　　那時日用商品價格低廉而工業品價格相對較高，如：自行車每輛150元相當於人均月收入兩個半月的工資，六電子管三波段收音機每台近100元，相當人均月收入的一個半月工資。此時市場上

已經有由濟南出產的「輕騎」牌兩用輕便摩托車，售價大約在608元左右，相當人均收入10個月的工資，這也是中國民用機動車的起步，如果中國工業和經濟按此軌跡發展下去，中國的經濟狀況和工、農業及科技發展恐怕會比「改開」的今天要好得多。

當時北京有許多無線電愛好者都在自己動手攢收音機、電視機，還有一本月刊《無線電》在青年人中很受歡迎。北京少年宮也有無線電小組對青少年普及無線電知識，還經常在野外搞無線電測向活動，無線電測向儀也是學生們在輔導員老師的指導下自己動手攢的。

屆時正品電子元件較貴，像功放管6P1、6P14等約4元左右，雙三極管6N1約兩元左右，可在西四電子物資處理商店這些電子管才0.1-0.15元一個，自攢收音機能節約三分之二的資金。那時的晶體管收音機已開始在民間推廣，但由於國產電晶體還處於初級階段，所以國內還未形成自己的電晶體完整的序列編號，而是沿用蘇聯的電晶體序號。當時我們這樣的學生受經濟條件所限一般都從自攢單管晶體管收音機起步，一隻蘇製Π401高頻電晶體大約三元左右，攢一個單管來復再生式收音機成本大約需10元左右，有時調偏流時一不留神還容易把管子燒了，那樣成本就更高了。那年陳設的父母調到南昌鐵路局景德鎮去了，陳設一人在北京上學，家裡每月給他20元生活費，每月除了一日三餐及生活費用外還能結餘幾塊錢，所以他是我們班第一個玩晶體管收音機的。

國慶前後中國的外交方面在國際上頗顯亮點，9月29日外交部長陳毅在中外記者招待會上發表講話說：……我們等候美帝國主義打進來，已經等了16年。我的頭髮都等白了。……如果美帝國主義打進中國大陸，我們將採取一切必要的手段來打敗它。那時，戰爭

就沒有界線了……。外長的這次講話被日本NHK稱為「相當轟動了世界」美聯社稱之為「熱情奔放的接見」。

1965年9月30日晚11點由印尼總統警衛團的翁東·山蘇里中校發動政變，扣押了總統蘇加諾，並處死了幾名軍隊將領。不久軍方少將蘇哈托控制了政權，並指控9·30政變是由印尼共產黨發動的，由中國支援的。於是在印尼國內發動了一場對華僑的屠殺和驅除，並對中國駐印尼大使館進行了多次騷擾。中國不久派船接回大批印尼華僑，安置在兩廣。這似乎是建國以來，中國在外交上遇到最大的挫折。

1959年4月毛澤東針對幹部中不敢講真話的問題，提倡學習海瑞「剛正不阿，直言敢諫」的精神。八屆七中全會後，中宣部副部長胡喬木請北京市副市長吳晗給人民日報寫一篇介紹海瑞的文章，吳晗用劉勉之的筆名於6月16日在人民日報上發表了《海瑞罵皇帝》一文，不久又寫出《論海瑞》和《海瑞罷官》等文章和劇本，速度之快也算是發揚了歷代文人的一些附勢之傳統，但這次的附勢是他有意想不到的福兮禍所伏。1961年初吳晗的新編歷史劇《海瑞罷官》發表並公演，毛澤東當時還是很滿意的，他在家裡請主演海瑞的馬連良吃飯時說：「戲好，海瑞是好人。《海瑞罷官》的文字寫得也不錯，吳晗頭一回寫京戲，就寫成功了」。可變遷的六十年中的這次卻是「一聲寒雁叫，喚起未惺人」。1962年7月6日，江青在北京看了北京京劇團演出的《海瑞罷官》，她立刻向毛澤東彙報說：「……這個戲有嚴重的政治錯誤，應該停止公演。」毛澤東當時卻不在意地對她說：你還是多讀點書吧！其實毛澤東明白，就是借給吳晗這樣的文人幾個膽子，他也不敢和毛澤東作對！

拿吳晗開刀不過醉翁之意不在酒。挨刀的人選定了，敲山震虎

的行動也就開始了。1965年11月10日上海的《文匯報》發表了以姚文元執筆的批判文章《評新編歷史劇〈海瑞罷官〉》。一直被蒙在鼓裡的北京市委第一書記兼市長彭真，在電話裡得知姚文元發表的文章，氣憤地拍著桌子說：批判一個副市長，竟然不和市委打個招呼，真是豈有此理，這不是對同志搞突然襲擊嗎？並指令北京各報不轉載姚的文章。《人民日報》社長吳冷西認為，這是把學術問題硬拉到政治問題上，也不予轉載。

有人把彭真的言行報告到上海，江青及時向毛澤東彙報。毛告訴江青：這個時候才是出左派的好時機，你告訴張春橋、姚文元，不要害怕。右派要跳，就讓他們先表演表演嘛。北京的報紙不發表文章，就讓上海先出單行本，向全國徵訂。讓上海的同志下決心，一定要把這把火點起來！有毛澤東撐腰，江青當然心壯膽大，她火上添油地說：北京市委現在成了老虎屁股，沒人敢摸！毛澤東氣憤地說：我偏要摸！結果夫妻倆揭開了「史無前例」的序幕。

要說姚文元的批判稿雖洋洋萬餘字，但不過是牽強附會、無中生有、偷換概念、亂扣帽子的四段組合，雖其歷史學識底蘊豐厚也不過是些熟讀經書搬弄是非的文痞而已。四十年後這類文痞又胡贊了一次「改開」運動，其關於腐敗、醫、教、企、房改及GDP的謬調基本也是世襲老四段的手法。

軍方高層這時的鬥爭似乎也激烈起來，林彪及一些老帥對羅瑞卿一些行為表示不滿並對他進行了「背靠背」的揭發。毛澤東於1965年12月8日至15日在上海主持召開中共中央政治局常委擴大會議，以「反對突出政治」「篡軍反黨」等罪名，決定對羅瑞卿進行「隔離審查」。會後，羅瑞卿被調離軍事方面的領導崗位。由楊成武代總參謀長。此時已是「山雨欲來風滿樓」。

二十、上海幫初露鋒芒

　　這年的下半年解放軍海軍部隊和台灣國軍海軍部隊進行了兩次海戰，即「八六」海戰和「11.13烏丘」海戰。國軍在「八六」海戰中被擊沉小型獵潛艦「章江」號和大型獵潛艦「劍門」號；在烏丘海戰中被擊沉護航炮艦「永昌」號，擊傷大型獵潛艦「永泰」號。自此解放軍海軍基本掌握了沿海一帶的制海權，這也使1962年10月以來蔣介石反攻大陸的希望徹底破滅。「八六」海戰出了個戰鬥英雄「麥賢德」，在腦部受到重創的情況下，還堅守崗位直到戰鬥結束。繼雷鋒、王杰、歐陽海之後，為全國人民大學解放軍活動中又添了一位人物。

　　那時學校對英雄人物事蹟的宣傳和學習還是很有熱情的，尤其是解放軍中的人物，學習英雄人物的目的還是鼓勵學生們遵守紀律，好好學習。因此學校的教學秩序並沒有因為社會上的批判風潮而受影響，大家每天還是上課、鍛鍊、自習，每天上下午集體做兩次眼保健操。因為我們是畢業班，大家都在努力學習準備考高中，所以顯得學習比前兩年略緊張一些。

　　不知是學校學習克格勃，還是什麼新的教學方案，老師把班裡的幾個團員和班幹都安插在幾個比較淘氣的男孩座位旁。我身邊安插了兩個女團員：郭同學和二付。起初我們沒有意識到老師的用意，直至幾年後到幹校時我和二付家成了臨時鄰居，她小弟發現了二付的一個筆記本裡記錄了不少我當初在課堂上的一舉一動，顯然不是關心我，而是直接彙報到老師那兒，給老師批評我提供旁證。又過了些年，一次同學聚會時我問她：上學時為什麼整我的黑材

料？她倒理直氣壯地說：你怎麼老記著那些陳芝麻，爛穀子的事？我在《在河南息縣鐵道部五七幹校的知青》16中詳細介紹過此事，這裡就不累述了。那時還算幸運的是老師並未依據她提供的「黑材料」批評我。班主任孫老師還是很關心我們的，他曾送我一本《中國共產主義青年團團章》，並贈言：希望我努力學習，早日加入共青團組織。

這時上海派出不少人到北京各機關徵集對姚文元文章的看法，在張春橋的攛掇下戚本禹火上添油於65年12月8日在《紅旗》雜誌上採取不點名的方式發表批判翦伯贊的文章《為革命而研究歷史》。

後來有些刊物透露毛澤東說他自己當時實際上已被架空，在北京不能發表文章，不得已才出此下策在上海發小冊子。毛澤東在1967年2月對阿爾巴尼亞勞動黨中央政治局委員卡博和巴盧庫說：「文章發表以後，各省都轉載，北京不轉載。我那個時候在上海，後來，我說印小冊子。各省都答應發行，就是北京的發行機關不答應。因為有些人靠不住嘛，北京市委就是針插不進、水潑不進的市委。」可當彭真聽到周總理說：此文是毛澤東的意思時，雖不情願但還是於11月29日在《北京日報》轉載。《解放軍報》也在29日轉載，並附加編者按上綱說：「1961年吳晗同志寫了一本《海瑞罷官》。這個戲，是一株反黨、反社會主義、反毛澤東思想的大毒草，必須進行批判。……《海瑞罷官》這個戲的出現，正是階級鬥爭在意識形態領域裡的反映」。此事羅總長曾在11月25日給彭真打招呼說：我已要《解放軍報》轉載，請你也考慮……。拐點這時被加劇了，連續性似乎被破壞了。雖軍報表現更左，但毛澤東似乎並不欣賞，兩周後羅總長被隔離審查。接著《人民日報》30日轉載；

12月1日《光明日報》等其他報紙也跟著轉載。就此來看即使是在當時，也並非毛澤東不能在北京發表文章，而是被毛澤東暗中支持的上海幫的文章受到北京市委的抵制，這在當時也屬正常範疇，你上海不打招呼胡上綱亂上線的文章我憑啥一定要轉載？

中媒的台妞台仔最喜歡幹的三件事是其一：念批判稿；其二：念訃告；其三：說假話蒙老百姓。12月電台一遍又一遍不厭其煩地播著姚文元的文章，播音員聲韻抑揚頓挫，語調氣勢洶洶，倒好像這些台妞台仔們與吳晗有不共戴天之仇似的，開始時還有「吳晗同志」之稱，不久「同志」二字就被省略了，很快他就被加上「反黨」的帽子。當然不能用做人的底線來要求這些台妞台仔，他們的代表倪萍不是說了句實話：「我從不添亂，從來都投贊成票，不投反對票……」。當然要允許人家混吃混喝！也許他們比那些政、經混混要好些，不過替那些混混代言，說他們是「替人添亂」也不為過。再說他們哪有添亂的膽量啊！自從中國有電台以來不論日偽也好，民國也好，六十年來也好，還沒聽說過哪個國內電台的台妞台仔中出過抗日英雄、反蔣播音或對六十年來的錯誤決策有過隻言片語的不滿，哪怕是語氣上的！

有人把人的政治思維傾向分為：左、中、右派系，並論證了應該是中間派占大多數，可中國的文、史圈裡卻是一頭倒，要不極左，要不極右，中庸者倒是極少。這也難怪毛澤東對中國文人的作為及教育制度不滿，總產生「文化革命」的想法，從四十年代在延安的文藝座談會到1964年7月成立以彭真為首的「文化革命五人小組」毛澤東一直在號召知識分子要與工農相結合，文學作品要寫工農兵。其實這也是當時的歷史趨向，美、歐、蘇等國的作家和記者都在深入民間，甚至戰場最前線。許多珍貴的現場照片的抓拍和真

實的小說、影視的情節不長期深入生活是得不到的。可中國的記者絕大多數只會事後擺拍，作家也是胡編亂造的占大多數，還有些媚外、御用或只會歌功頌德的文痞就更別提了。

毛澤東希望改變目前的教育制度使之能培養出不缺乏實踐經驗的知識分子。65年12月21日毛澤東在杭州的一次會議上發表關於教育制度的講話時說：現在這種教育制度，我很懷疑。從小學到大學，一共十六、七年，20多年不見稻、粱、菽、麥、黍、稷，看不見工人怎樣做工，看不見農民怎樣種田，看不見商品是怎樣交換的，身體也搞壞了，真是害死人。要改造文科大學，要學生下去搞工業、農業、商業。至於工科、理科，情況不同，他們有實習工廠，有實驗室，在實習工廠做工，在實驗室做試驗，但也要接觸實際。高中畢業後，就要先做點實際工作。但光下農村還不行，還要下工廠、下商店、下連隊。這樣搞他幾年，然後讀兩年書就行了。從理論上說毛澤東的想法是符合國情的，在當時一些西歐國家如德、法等國也正在這樣做，但歷史的經驗表明任何好東西一旦經過中國官僚的手就變味了！

當然，那些表面順從，喜歡閉門造車的文人對毛澤東也是不滿的，他們也希望按自己的思路和為使自己或自己的階層獲得最大利益的目標在明裡或暗裡來和毛澤東鬥法，毛澤東肯定視這股力量為心腹之患，在「何以解患」和用「何人解患」的問題上，使他思慮良久。

1966年的春節是文革前最後一個春節，可能也是幾年來物資供應最好的一年。這年冬天氣候較暖，1月24日，正月初四下午我和許同學、甄同學一起去玉淵潭後湖滑冰。滑野冰的人很多，看樣子多是中學生，我們換好冰鞋就在岸邊附近滑。後湖的湖心有一個大

約三十多平米的冰窟窿，淡淡的水氣在冰窟窿上浮蕩著。有一個戴棉帽子的孩子在冰面上練騎自行車，好像還騎得挺快。那孩子可能技術不佳，當他騎到冰窟窿附近時大概拐不過彎了，我看見他直奔冰窟窿去了，悲劇在暫態發生，他連人帶車栽進了冰窟窿，自行車立刻就看不見了，那孩子撲騰了幾下趴在冰沿上，掙扎了幾次想爬上冰面都失敗了。有人喊道：快救人……！

　　一個穿跑刀帶眼鏡的高個學生立刻向冰窟窿飛快地滑去，可冰窟窿邊緣的冰太薄，他剛在冰窟窿邊停住，冰面就塌了，小夥子也不幸落水。小夥子一定是常參加體育鍛鍊，而且心理素質好臨陣不慌，只見他雙手按住冰面，稍向上一縱，右腿抬出水面，用跑刀的後刃磕住冰面，左腿在水下向後一擺借水的反作用力側身一滾就滾到冰面上來。小夥子在冰面上爬了好幾次才爬起來，此時他已是自顧不暇，只好急忙往回滑，滑過我身邊時我見他把凍得通紅的雙手抱著空心拳放在嘴邊哈氣，渾身上下透濕。

二十一、李新仁玉淵潭捨身救人

　　我也趕快滑到岸邊換下冰鞋準備參加救人。就在換鞋這功夫，一個身材不高的孩子匍匐著爬到冰窟窿邊，他趴在冰面上解下圍巾甩向冰窟窿裡的孩子，甩了幾次，那孩子才抓住圍巾，救人的孩子用力一拉，水裡的孩子沒上來，倒把救人的給拖下水了。此時他倆都趴在冰沿上，水面上只露出兩個頂著棉帽子的腦袋。

　　我換好鞋也向冰窟窿跑去，這時冰窟窿東側的冰面上已有七、

八個人向冰窟窿靠攏，靠近冰窟窿時，腳下的冰面響著炸裂的聲音，大家都趴在冰面上向前爬去。一個約三十多歲的中年人穿著內衣，腳下穿著襪子，拿著一根粗繩，向冰窟窿跑去，嘴裡還喊著：大家快！快！時間一長人就完了。他把繩的一端交給冰面上的人，他抓住繩的一端跳進了冰窟窿。他抱住那個先落水的孩子，把繩子繫在他的腰上，他把孩子往冰上推，大家奮力往上拉，可是冰太薄了經不住穿著濕棉襖孩子的重量，冰面一塊一塊地塌陷著，他在水裡奮力托著孩子，大家隨著冰面的塌陷往後退著，眼看中年人體力不支了。中年人喊道：有會水的沒有？再下來幾個！立刻有好幾個人開始脫衣服，我也把衣褲脫下來扔到冰面上。這時有兩個脫光了衣褲的小夥子穿著褲頭跳進了冰窟窿，一個小夥子游到救人的孩子身邊伸手抓他，可卻只抓到一頂帽子，人已經不見了。小夥子踩著水舉著帽子說：人沒了！

　　這時玉淵潭的工作人員抬來一隻木船，幾個小夥子把船放在水裡一邊砸冰，一邊向冰窟窿撐船，只是船撐到離岸不遠處就漏水沉了下去，船上的人一個個落湯雞似的又游回了岸邊。

　　冰面上這時又來了一些增援人員並拿來一個長竹梯子。由於我脫掉了衣褲只穿著條褲頭，就一馬當先來到冰窟窿邊，想幫著水裡的人撈那孩子，雖說我已有下水的準備，但說實話大冷天的不到關鍵時刻還真不願意下水，我扶著梯子往水下插，這時冰面又塌了一塊，一下連我也掉進水裡，就聽見後面有人喊：又下去一個！小心點！那冰水的滋味可不太好受，還好我就在梯子邊，抓住梯子一翻身就上來了。我們把梯子插在救人者和被救者的身下，大家齊心協力拉梯子，不一會兒就把溺水者和下水救人的全部撈上來。那個最先下水救人的中年人已經凍得走不了路了，大家抬著他和溺水者向

岸邊走去。這時的冰窟窿已經超過一百平米了。

由於救人時水漫上冰面，我放在冰面上的衣褲也都浸濕了，我只好穿著褲頭抱著濕衣褲向岸邊走去，一邊走一邊想，衣服都濕了，怎麼辦？這麼冷的天難道穿著褲頭回家？這時一位五十多歲的大爺拿著一件皮猴走過來說：小夥子先穿上，別凍著！當時我並不覺得冷，可是當我想說「謝謝」時嘴卻哆嗦得說不出一句整話來，穿上皮猴才覺得好了一些。

我走到岸邊，一個小夥子朝我走來，他對我笑著說皮猴是他的。我正準備脫下來還給他，他忙擋住我說：沒事！你穿著吧，你把地址告訴我，我明天到你家去取。說著他從皮猴兜裡把他的錢包取出來放進他的夾衣兜裡，我哆嗦著把家裡的地址告訴他，他記完後說了幾句關心的話就走了。這時幾個玉淵潭的工作人員把我帶進他們的辦公室烤衣服，並買來二鍋頭讓這些下水的人喝。

後來獲悉，被救的溺水者和那個用圍巾救人的都壯烈了，那個騎車落水的是北京四十四中初二的學生，救人者是北京八中高三的學生叫李新仁。4月《北京日報》為他的事蹟印了一版專刊，發至北京各中學作為學習資料，可報紙上對救人情況的描述卻和實際大相徑庭。

據我在現場觀察，參加救援的幾十名男女老幼中雖然可能都互不相識，也沒人組織指揮，但大家都團結一致，精力全部集中在冰窟窿的落水者身上，真正下水救人的雖只有三人，第一個中年人是在「快救人」的喊聲中跳下冰窟窿的，後兩個是在中年人體力不支的情況下喊了一句「有會水的沒有？再下來幾個！」後跳下冰窟窿的。但冰面上的人也都冒著冰面隨時會塌落而落水的危險在奮力援救。是什麼思想支配他們這樣做？我想如果沒有文人想當然的胡

亂加工的話，他們大概當時只有「盡我的能力救人！」的想法，包括那第一個穿著冰鞋去救人的帶眼鏡的學生，別的想法應該說都是多餘的，不管當時援救人員在平時生活中的想法如何，那些在現場普通人的行為也反映出那個時代多數人的道德水準，如今「偽商品化」時代不給錢恐怕很難有人冒險去救人了，湖北荊州見死不救勒索錢財的見聞恐怕只是管中窺豹之一例。至於說當時有那些「光輝」想法的文人即使在現場，恐怕也是站在岸邊的人群中編戲吧。

事後除了中年人因在冰水中時間過長，身體關節部位還在恢復中而留在玉淵潭的辦公室裡外，其他救人者在烤乾衣服後都默默離去。

玉淵潭的遊人忙著救人之時，禍害百姓的人似乎也挺忙乎，姚文元這一石激起了中國文痞的千層浪，1966年開始中國的文痞們恨不能每人都找上一部小說或影劇來挑上些毛病批判，此風沿襲著一百多年前鴉片傳播的途徑，由南向北擴散開來。國媒（中國媒體）總誇南方的文痞有政、經頭腦，的確六十年來一直表現的很突出，見老姚歪批《海瑞》實批彭德懷，他們當然個個心領神會不甘落後，他們得知毛澤東說老姚的文章沒有打中要害，要害是「罷官」。嘉靖皇帝罷了海瑞的官，五九年我們罷了彭德懷的官，彭德懷也是「海瑞」。廣州的文痞則另闢文徑，66年1月《羊城晚報》《南方日報》開始批判康濯的歷史小說《柳宗元被貶》並把柳宗元也和彭德懷掛靠上了，他們可能指望毛澤東改口說：彭德懷也是「柳宗元」。電影《怒潮》《林家鋪子》等幾十部電影也遭到莫須有的批判。

為了保護吳晗2月3日在北京召開了「文化革命五人小組」擴大會議，出席會議的有五人小組成員彭真、陸定一、康生、吳冷

西，以及許立群、胡繩、姚溱、王力、范若愚、劉仁、鄭天翔，共11人。會議由彭真主持，討論了學術批判中出現的問題。會後將討論的結果，整理成為《文化革命五人小組關於當前學術討論的彙報提綱》（後來被稱為「二月提綱」）。「提綱」試圖對學術討論中「左」的偏向加以限制，但為了讓上海幫看著舒坦，還是沒少違心地往「綱線」上靠，其實人家想整你，即使是鵪鶉蛋裡也能給你挑出幾根骨頭。2月5日，劉少奇主持中央政治局在京常委討論並通過了這個「提綱」。2月8日，彭真、陸定一、許立群等去武漢向毛澤東彙報。

2月7日，中央台播出長篇通訊《縣委書記的榜樣——焦裕祿》，此文是由穆青組織寫的，這是六十年來由新華社發佈的，難得的兩篇好文章之一，另一篇是12年後的2月17日發表在《人民日報》上由徐遲寫的報告文學《哥德巴赫猜想》。

二十二、天災的警示

這一年的3月8日5點29分14秒在邢台地區隆堯縣發生里氏6.8級地震，這次地震給北京居民造成恐慌，當天晚上住宅區裡有許多居民一直到深夜還在院子裡坐著聊天。有傳聞還要發生更大的地震，許多人把家裡值錢的罈罈罐罐都放在桌子下方或乾脆搬到屋外。

3月22日那天，天氣晴朗，下午聽完對中學生時事廣播，孫老師正在給我們講話，突然我覺得後面的任同學在踹我的椅子，我剛要回頭就感到身體不由自主地晃動起來，這時孫老師一個箭步竄到

門口向我們一擺手大聲說：大家快出來，地震了！就聽見一陣撞桌子碰椅子的聲響，同學們都爭先恐後地朝西北角的教室門口擠去，我和任同學坐的位置在教室的東南角，離門最遠，房要是真塌，不等我們跑到門口就得被捂底下。我趕快鑽到課桌下面，等了會兒覺得不晃了才鑽出來，抬頭看看房頂沒塌，就是四個日光燈在房頂上來回擺動著。

後來獲悉1966年3月22日16時19分46秒，河北省邢台地區寧晉縣（北緯37度32分，東經115度03分）發生里氏7.2級的大地震，震中烈度10度。兩次地震共死亡8064人，傷38000人，經濟損失10億元。這是一次久旱之後的大震。地震發生後，邢台地區漫天飄雪。

不知是巧合還是什麼別的原因，從3月8日邢台地震到5月16日，即多數人認為文革啟始之時是兩個月零八天。十年後震驚中外的7月28日唐山地震，距10月6日，即四人幫的被逮捕，文革實際結束之日，也正好是兩個月零八天。其河北地區大地震的週期竟然與文革的週期一樣長，以地震啟始又以地震收場，真是人算不如天算。

周恩來總理曾於3月9日、3月10日、4月1日先後三次冒著餘震親臨地震災區，踏著瓦礫、進窩棚、下地窖、噓寒問暖、慰問傷病

▼左：寧晉縣紀昌莊鎮的一個磚結構碑亭東西裂為兩半
　中：邢台地震遺跡
　右：周總理三臨災區視察

員，站在木箱子上給父老鄉親講話，百姓的苦難使他落淚，他指示中國一定要有自己的地震預報系統。

我們初三時，代數老師換成了梁老師，幾何老師是周百怡老師，梁老師個不高，嗓音渾厚屬於女中音的嗓子，長相有些像那個最早提出：熱只是物質微粒運動結果及品質守恆和能量守恆觀點的俄國科學家羅蒙諾索夫，我們背地裡都叫她羅老師。周百怡老師曾是付作義部隊的炮兵連長，後隨付作義起義參加解放軍。那時學校的老師執教水準都是較高的，對學生也很負責，特別是初三準備考高中的學生，幾位教主課的老師常加班給學生上輔導課，不知道當時學校是否發給老師加班費，反正學生沒額外交過輔導費。

石良常說我的紀實忽略男歡女愛間細膩的情趣，我說：你是不是想讓我成全一下你和小N的情趣？石良不置可否，這裡就略表一二石良和小N的情緣。前面表過四十多年後小季解密時說：一不留神小N被石良搶走了。事情的經過是這樣，初三時石良當了數學課代表，有時小N有些數學題不會做，石良見後就主動上前幫著講解，小季對此倒也並未在意，還以為是同學間的互相幫助。四十多年後石良解密時承認：當時屬於雖自己有心但N同學卻無意的狀況。後來老師在分配座位時無意中助了石良一臂之力，把石良和小N分到了同桌。石良心裡美得那勁就別提了，成天就跟打了雞血似的歡實，課間休息時也不出教室活動了，成天膩在小N的旁邊偽裝講題。小季這時還傻呵呵地沒看出人家在明講數學，暗搶小N。不過石良心中有數，即使小季看出來，就憑著當時的學校紀律小季也不敢公開說什麼，何況小季當時說話還有點磕巴又是班裡最矮的一個小男生，文的、武的都不是石良的對手。石良權衡利弊制定出了攻心為上的步驟，初中的女孩天真單純，哪抵擋得住石良的糖衣泡

彈，不久小N就改轍易幟了。等小季看出迷端時，人家小N已是棄季投石了。

石良給小N輔導大多在放學後，同學們作完作業後都回家了，此時就剩下二位，石良倒坐在課桌上，在垂直能看到小N作業本的方位，一對一地給小N輔導。石良有較重的鼻竇炎，平時還能控制鼻涕下流，這時不知是讓小N的異味給熏的還是心猿意馬沒留神，兩股就像冬天房檐下掛著的晶瑩剔透的冰溜子似的鼻涕，以重力加速度墜落在小N的腦囪門上。小N覺得有東西落到頭上，想起那回房頂上掉下的蠍子，嚇得她尖叫著撥浪鼓似的晃著腦袋。石良邊用袖子抹著鼻子邊說：別怕是我的……！小N說：是你的什麼？我還以為是蠍子呢！石良說：我在你上面，蠍子掉下來也先掉在我頭上！等小N明白了落頭上的雖非蠍子但也不比蠍子好多少的尤物時，氣得她粉面通紅一邊掄著王八拳捶石良，一邊罵道：討厭，真噁心！你給我洗頭去！石良卻並不躲閃，他接住小N的拳，輕輕地撫摸著說：別生氣，我這就給你打水去。小N說：要熱水！石良豈敢怠慢，提著壺屁顛著朝鍋爐房跑去。石良邊接水邊偷著樂，心說：甭說洗頭，我那鼻涕要能流進她後脖頸子裡，她還不得讓我給她洗澡？哈哈！那該多美！

毛澤東在3月28日－30日在杭州3次同康生、江青等人談話，嚴厲指責北京市委、中央宣傳部包庇壞人，不支持左派。北京市針插不進，水潑不進，要解散市委；中宣部是「閻王殿」，要「打倒閻王，解放小鬼」；說吳晗、翦伯贊是學閥，上面還有包庇他們的大黨閥；並點名批評鄧拓、吳晗、廖沫沙三人撰寫的《三家村劄記》和鄧拓寫的《燕山夜話》是反黨反社會主義的。還號召地方造反，向中央進攻，說各地應多出一些孫悟空，大鬧天宮。

4月10日中央批發《林彪同志委託江青同志召開的部隊文藝工作座談會紀要》。該《紀要》在2-3月間毛澤東曾3次審閱、修改。4月16日－20日毛澤東主持政治局常委擴大會議，會議決定撤銷《二月提綱》，撤銷原來的「文化革命五人小組」，重新建立文革小組。毛澤東這次是真的發怒了！使出了全套戰略、戰術，步步為營，逼敵就範，圍而殲之。這恐怕是八屆十中全會以來最大的拐點，這個拐點不久就導致了文革的大潮。

二十三、最後的寧靜

中國的資深文人就是機靈而且政治嗅覺靈敏，當然也不排除有人事先給他打招呼，4月14日勘稱中國文豪的郭老在全國人大常委會第三十次（擴大）會議上即席做了自我檢討，他宣佈要「焚書」，他說：「在一般的朋友、同志們看來，我是一個文化人，甚至於好些人都說我是一個作家，還是一個詩人，又是一個什麼歷史家。幾十年來，一直拿著筆桿子在寫東西，也翻譯了一些東西。按字數來講，恐怕有好幾百萬字了。但是，拿今天的標準來講，我以前所寫的東西，嚴格地講，應該全部把它燒掉，沒有一點價值」。即使在當時來看他這話也屬隨潮跟風的，不知道郭老寫文章一直是按什麼標準寫，但「今天的標準」把郭老嚇壞了，這更驗證了魯迅的一句名言的正確性：中國的知識分子缺鈣。

4月28日，《光明日報》發表了郭老的這篇檢討。5月5日《人民日報》全文轉載，全國各報也都相繼轉載。郭老的檢討一經公開

發表，國內知識分子一片譁然，投機心理健全的趕緊跟著「呼贊」隨風逐流，認真做學問良知尚存的瞠目結舌，他們深知擒賊先擒王，實事求是的底線瞬間土崩瓦解。國外輿論更是軒然大波：中國要「焚書坑儒」？中國第一文豪郭老支援焚書坑儒？這在國外同行看來中國文史哲的文痞們根本就沒達到做人應有的底線。

4月29日中午11點50分，在東華門附近的友誼商店發生了一起刀劈外國人事件，馬里的新聞代表團團長和德意志民主共和國駐華使館秘書的夫人分別被人用刀砍傷。持刀行兇者叫楊國慶，據說楊國慶的父親解放前是地主，並且還做過國民黨還鄉團團長，解放後被槍斃。當然就憑此出身，楊國慶在那個年代肯定從小就受到歧視。一般青年人爭強好勝，一旦政治上抬不起頭來，對前途失去期望，就會產生巨大的心理壓力，心理承受力強的尚能苟且偷生，心理脆弱的極易產生精神障礙或導致精神崩潰。從楊國慶被逮捕後表示：「就是想給國家捅個大婁子，破壞中國的國際威望。」的精神狀況來看，是屬於受到不公正待遇的刺激而產生報復的心態。這種不計後果孤注一擲的做法可以看出他的精神狀態是極不正常的，包括2010年3・23福建南平砍殺兒童事件。就其原因來說，只有當社會出現某些極端變異，過多不正常因素導致社會發展軌跡出現突變和混亂時才會導致這類事件增多，用行為人多反動或多殘忍來解釋敷衍，只會掩蓋社會的弊端，使之弊端氾濫，也許會引起更多的事件。

中國一向對涉外事件極其重視，中國大陸一直都在與台灣爭奪國家被承認權，出了這樣的事件，當然會造成極壞的國際影響，楊不久就被槍決。那時有句話「涉外無小事」，對國外元首級人物來訪都要舉城夾道歡迎，歡迎儀式非常隆重，長安街的燈杆上都插著兩國國旗，並拉上寫有中外文字的歡迎橫幅。歡迎隊伍在道路兩側

▲當年歡迎外賓的場面

各排成四路縱隊手持彩旗花環，從建國門一直排到釣魚台賓館，歡迎隊伍中很大一部分是中學生。尤其是五一、十一前夕外賓來訪密度大，有時一天需歡迎兩、三次，我們學校的歡迎地點基本定在民族宮附近，同學們經常能看見周總理與外賓站在敞篷轎車車廂裡從我們面前緩緩駛過，並微笑著頻頻地向歡迎人群揮手，當時用的禮賓轎車已是五八年研製成功的國產「紅旗」牌轎車。

　　五月上旬，學校仍按計劃組織我們去南大荒參加勞動，半年的時間南大荒農場變化不小，蓋起了幾排新的灰色磚瓦房，這次我們都住在新房裡。這次勞動是給葡萄施化肥，而且是男女搭配，男生用鐵鍬在葡萄根附近挖一鍬土，女生用手抓一把化肥撒在坑裡，男生再用土把化肥蓋上。男女搭配，幹活不累，農場給我們定的三天工作量，我們兩天就完成了。

　　這次勞動學校組織同學們進行了兩次參觀，一次是參觀首鋼（那時叫石景山鋼鐵廠）的機械化製磚廠，另一次是首鋼的轉爐煉鋼車間、軋鋼車間和煉焦爐。製磚廠的廠長向我們介紹說：磚廠設備是五八年從蘇聯進口的，可以用首鋼煉鋼後的廢料煤渣、焦渣生產建築用磚，這樣可以廢物利用節約土地。當設備剛準備安裝時，中蘇關係惡化，蘇聯專家撤走並帶走了大部分圖紙。中國的技術員和工人在缺少圖紙的情況下，經過兩年的艱苦努力安裝調製了全部流水線設備，生產出合格的產品，有一名技術員因為勞累過度而獻出了自己的生命。我廠的工人和技術人員還對設備不合理處進行了改進，比如，蘇聯的磚個頭大，要生產適合我國的建築用磚就需要

對設備改裝，這可不像做月餅，把模子改小就行了，這需要對設備結構動手術。經過全廠職工的努力，我們現在的產品品質和產量都已經超過了設計標準。

1966年5月4日至26日在京召開了中央政治局擴大會議，會議揭發出所謂「彭真、羅瑞卿、陸定一、楊尚昆陰謀反黨集團」問題，停止彭陸羅中央書記處書記職務，停止楊中央書記處候補書記職務，撤銷彭真北京市委第一書記和市長職務；撤銷陸定一中宣部部長職務。同時成立專案審查委員會，審查彭、羅、陸、楊「陰謀反黨集團」問題。並於5月16日通過《中國共產黨中央委員會通知》即《五一六通知》。《五一六通知》列舉了《二月提綱》的十大罪狀。批駁了《二月提綱》中提出的有破有立、在真理面前人人平等等觀點，指責《二月提綱》及作者「反對把社會主義革命進行到底，反對以毛主席為首的黨中央的文化革命路線，打擊無產階級左派，包庇資產階級右派，為資產階級復辟作輿論準備」。

5月28日成立以陳伯達、江青為首的「中央文化革命小組」，隸屬於中央政治局常委會，簡稱中央文革小組。設立它的初衷是領導文化大革命。在八屆十一中全會以前，它主管五界（學術界、教育界、新聞界、文藝界、出版界）事務。中共八屆十一中全會之後，它有了十六條賦予的權力，小組全體成員列席參加中共中央政治局會議，逐步取代中央書記處，成為文革中的實際指揮機構。對於是否是搞運動的重要標準之一，可從是否授權文痞組建權力極大的機構及濫用媒體進行邪惡蠱惑，扭曲人們正常的思維概念來判斷，文革小組的文痞之權力曾凌駕於當時所有部委之上並壟斷話語權。十幾年後成立的「體改委」與「文革小組」有太多的異曲同工之處，因此可以說「改開」基本上也是以搞運動的形式開展的。

二十四、小亂開始

　　五月下旬雖然媒體在不斷煽惑，可我們學校還是在正常上課，當時社會上有這樣一句話：鐵一土；鐵二洋；鐵三出流氓。說明鐵一中的學生都比較老實，學生素質高於社會道德的平均線，在文革中折騰、造反的人也相對較少。就我們班來說，真正動手打過老師的只有兩個人，在外隨其他學校紅衛兵抄過所謂「地富反壞右」家的約15人，不足班裡總人數的42%。有些中學可不像鐵一中的學生這樣老實，5月29日清華附中預科651班的張同學用「紅衛兵」的落款貼出了大字報，不久又在一些中學以「紅衛兵」的名稱成立了以「血統基因」為基礎的小團體，這些小團體成立之時並未得到大多數同學的支持，他們就到各中學散發油印傳單以爭取校外出身紅五類同學的同情。從七千人大會以來一系列的拐點終於逐漸發展到從黨內到全民的被指導下的突變，北大又一次充當了揚塵布煙的首魁！5月25日北大哲學系黨總支書記聶元梓等7名黨員貼出一張大字報：《宋碩、陸平、彭珮雲在文化革命中究竟幹些什麼？》。據聶元梓說是根據「516精神」寫的，但在6月之前基本上屬於小亂。

　　小亂始於1966年6月2日。6月1日中午，毛澤東看到了聶元梓等7人寫的大字報。他給康生打電話說：「5月25日聶元梓的大字報是20世紀60年代中國北京公社的宣言書，意義超過巴黎公社。這種大字報我們是寫不出來的。但是左派們寫出來了，我看好得很！」又說：「對聶元梓的大字報，我決定立即廣播。請你通知陳伯達，要在明天的《人民日報》上發表，同時要配社論，給左派們以最大的

▼《人民日報》為大字報呼讚的文章

支持。」在5月31日晚，陳伯達已率工作組接管了人民日報社。

6月2日《人民日報》以通欄標題《北京大學七同志一張大字報揭穿一個大陰謀》，副題《「三家村」黑幫分子宋碩、陸平、彭珮雲負隅頑抗妄想堅守反動堡壘》，全文刊登了北大七人大字報和評論員文章《歡呼北大的一張大字報》及社論《觸及人們靈魂的大革命》等文章，號召人民「永遠高舉毛澤東思想的偉大紅旗，橫掃一切牛鬼蛇神，把無產階級文化大革命進行到底。」並於6月1日晚8點在中央台「各地人民廣播電台聯播節目」中全文廣播。6月2日北京市的學校亂了。

6月2日上午我們學校還在上課，大約快到中午了外校的一些學生來校串聯，見我們還在上課，他們似乎不可理解，折騰了一陣他們走了，我們學校亂了。記得中午吃完飯，我們在教室醞釀寫大字報，孫宏年老師來到教室讓我們睡午覺。大家都不聽他的，還拿著毛筆在紙上亂畫。孫老師大概也預感到了些什麼，說了句：大家現在主要的任務是為革命學習，要業餘時間寫大字報。後就走了。

6月3日北京也亂了，中央宣佈，對北京市委進行改組，華北局第一書記李雪峰兼任北京市委第一書記，吳德任北京市委第二書記，北京市的「文化大革命」工作，由新市委直接領導。彭真、劉仁等一干人被罷官了。

隨後幾天，媒體生怕老百姓亂不起來，《人民日報》又先後發表了《奪取資產階級霸佔的史學陣地》、《毛澤東思想的新勝利》、《撕掉資產階級「自由、平等、博愛」的遮羞布》、《做無

產階級革命派，還是做資產階級保皇派？》以及《我們是舊世界的批判者》等社論，使造反之火燒得更旺。

同時媒體還大造輿論，大量刊登和廣播批判文章和革命群眾來信。這些文章雖文理水準不高但卻相當激進和具有煽動性，如：《再接再厲乘勝追擊》、《誰要反黨就堅決打垮他》、《向資產階級「權威」開火》、《誰反對毛澤東思想我們就打倒他》……，傳媒的大力宣傳，把造反的泡沫越吹越大。

教學程序已完全癱瘓，學生們都不上課了，大家把教室的課桌靠著牆擺成一圈，趴著桌上比賽寫大字報，學校的牆壁上被學生們貼滿了大字報，校長胡光也寫了一張大字報，從字體上看校長的書法相當不錯。他的大字報貼出不久，就遭到一些學生寫的大字報的批判。大家還寫聲援信，騎著車送往外校，學校的一些同學也在校門口敲鑼打鼓歡迎前來送聲援信的外校同學。我和同學到北大參觀，北大那時比王府井逛街的人都多，道路兩邊用蘆席搭起的圍牆上貼滿了大字報。在一個大水坑裡有十幾個光著腳挽著褲腿的男女在拔草，據說都是「黑幫」，幾個戴眼鏡的大學生在樹蔭下監督，一個約五十歲的男「黑幫」要上廁所，他低著頭走到一個戴眼鏡的同學面前，像軍人那樣立正報告，被批准後才穿上鞋離開。

美國總統佛蘭克林·羅斯福1941年在美國國會大廈發表演說時提出的「言論自由、信仰自由、免於貧困及免於恐懼的自由」為美國的四大自由。在中國也有四大自由：大鳴、大放、大辯論、大字報，1957年被提出，1975年寫入憲法。大字報在當時作為沒

▼當年同學們就是這麼停課鬧革命的

有話語權的老百姓來說也許是唯一公開發表見解和言論的一種方式，但如運用不當，尤其是在一窩風的國策下也會造成混亂，白紙黑字弄不好讓人家抓個現行更是吃不了兜著走，並浪費紙張和其他原材料。在中國幾乎一切好東西漸進到一定程度就會中斷向高階段發展而拐向極端，也許中國人對一種事物的思路只限於跟潮、與時俱進而不善於探索事物的內在曲直，更不善於改進提高，這裡不和牛頓或愛因斯坦比，就與一衣帶水的日本人比也有一個明顯的區別，中國人對外來東西不問原理拿來就用或照貓畫貓知其然不知所以然地模仿，日本人對外來東西雖是崇洋但不媚外，他們對國外技術總要仔細分析其結構上的優劣，去粗取精為己所用，而且不斷有技術更新，算是自力更生的精神吧？改開後的國人誰還敢說他繼承了「自力更生」的優良傳統？這也是近百年來日本的輕重工業總能不斷創新，社會制度不斷完善，也是對中國屢戰屢勝的原因之一。也許前十七年發展的方式更能啟動中國人的內在潛力，但經歷了一系列的拐點之後，中國人好像人人都成了喪失了個性的政治家，大多數「政治家」們都爭先恐後地投身到文痞的行列中去了。

二十五、欲擒故縱

由於媒體對「北大事件」無節制的吹捧和讚頌，給北京乃至全國造成了嚴重的混亂局面，劉少奇於6月3日主持中共中央政治局常委擴大會議，聽取中共北京市委關於「文化大革命」情況的彙報，同意北京市委在彙報中提出的關於運動的八條要求。劉少奇認為：

社會主義文化革命已是高潮，因此，要使北京市大中學校有良好秩序，要把學生很快地組織起來，走上軌道。鄧小平也說：中央的八條傳達要快，開個10萬人大會，一杆子插到底！鑒於北京市委領導提出：「有的學校領導癱瘓了，領導不起來，就派工作組進去領導，希望團中央、中組部組織人力說明。」會議同意這個建議，決定向北京市的各大、中學校派出工作組。

6月10-12日，劉少奇、周恩來等前往杭州，兩次參加毛澤東主持討論「文革」運動的會議。毛澤東在議論過程中說：派工作組太快了並不好沒有準備，不如讓它亂一下，混戰一場，情況清楚了再派。過早地派工作組對於文化革命並不利。可見，毛澤東對派工作組表示了異議，但也沒有要求把北京已進校的工作組都撤回來。6月13日在劉少奇、鄧小平主持下，中共中央、國務院聯合發出通知，宣佈1966年高等學校推遲半年招生。聽到通知後，當時我們還挺高興，可以無憂無慮地玩上半年了，誰知這一推竟是十年！

我們學校大約在6月10日前後由北京鐵路局派遣的工作組進駐，工作組好像是六個人組成，組長叫高狄秋。工作組進校幾天後的一個早晨大約9點多的樣子，一個同學跑進教室氣喘吁吁地說：傳達室的李老頭上吊自殺了！大家扔下手中的毛筆跑向傳達室。跑到傳達室時見李老頭正從傳達室裡走出來，與跑在前面的張同學來了個臉對臉，張同學這下可嚇得不輕以為遇上鬼了，他盯著李老頭，恐懼地側歪著身子向後退了幾步，小黑臉頓時變得煞白，轉身就往回跑，一邊跑一邊喊：「李老頭詐屍了……」！

不一會兒大家很快弄清了，是總務室主任強洪喬在學校禮堂裡舞台旁的小屋裡上吊自殺。大家又湧進禮堂，工作組已經派了幾個老師和學生把禮堂裡的小屋圍了起來，一個初二學生唐同學抱著

已經斷氣的強洪喬從繩子上解下來並放在禮堂舞台上，禮堂的條桌上還放著一張強洪喬剛寫了個題目的大字報：「趙維貞你想幹什麼……」。從此教導處副主任趙維貞就成了工作組重點審查和批判的目標！

四十年多後，我找到當時學校的團總支書記朱鳳雲瞭解到強洪喬自殺的大致原因是：強洪喬膽子小，他在49年前當過幾天員警，頭天在學習「橫掃一切牛鬼蛇神」社論時就表現得精神很緊張……。朱老師說：強洪喬只當過幾天偽員警。其實他什麼事都沒有，又不是「走資派」，那點歷史問題，別人還沒提出來，他自己倒先害怕了。我問：他是在日軍侵華時期當的偽員警嗎？朱老師說：不是，是在解放前國民黨時期。我說：在共產黨未解放北京以前，當時國民黨政權是得到世界承認的中國正式合法政府，當時的員警不應該叫偽員警，應該叫當時的國家公務員。朱老師說：是的，可那是文革期間啊！據資料顯示，我校強洪喬也許是文革運動開始後北京市自殺第一人。

在6月1日《人民日報》社論「橫掃一切牛鬼蛇神」的煽動下，6月18日北大又一次把自己顛至到領銜的浪尖上。他們設置了「鬥鬼台」、「牛棚」，將校內的40多名幹部和教授、學生揪上去批鬥，將其掛牌子、抹黑臉、戴高帽、搞「噴氣式」。駐北大的工作組聞訊趕到現場，予以制止。當天下午和晚上，工作組召開全校師生大會，工作組組長張承先認為學生避開工作組亂打亂鬥的做法是有害於革命運動的行為，將「6‧18」事件定性為一場複雜的階級鬥爭。這當然引起了那些激進分子的不滿，他們以極左的論調鼓噪學生們和工作組在政治上對立，一些學生寫出驅趕工作組的標語和大字報。

6月20日，劉少奇同北師大一附中部分工作組成員談話。主張發動多數師生支持工作組。要把討論反工作組大字報這一仗打好，隊伍才放心，先打好這一仗。6月21日，劉少奇提出：特殊情況下，工作組可以代行黨委職權，有的學校出現趕工作組、向工作組奪權，要奪檔案、槍支、廣播這些權，這不能允許，不准隨便提出奪權。不好的工作組也可以撤走，但是不要黨的領導、中斷黨的領導是不好的。6月22日，劉、鄧致信毛澤東：「為了更好地推進全國文化大革命運動，幫助各級黨委和幹部貫徹執行黨的民主集中制，發揚民主，改進工作」，準備在「七一」黨的45周年紀念日公開發表毛澤東1962年1月《在擴大的中央工作會議上的講話》，並請毛澤東批示。毛澤東閱後說：在黨內發表就行了，暫不公開發表，再等一年。

　　市委召也開工作會議，市委第一書記李雪峰6月23日說：「對右派趕工作組一定要清理。在這緊要關頭，共產黨員一定要站起來保衛黨，不站起來，納吉就要上台了。」隨後各高校都進行「反干擾」。在近一個月的「反干擾」運動中，北京高校有近萬名學生被打成右派，假左派，真右派和反革命分子。在這一段時間裡大概是沿襲了五七年的「反右」套路，對學生的一些過激行為採用了擴大化打擊手法。劉少奇並不完全贊同這樣做，7月11日，劉少奇聽取了進駐北師大一附中工作組的彙報後指出：對於犯錯誤的青年學生，只要改正錯誤，交待清楚。改正錯誤，我們還歡迎嘛，如果有錯誤不改，就跟他辯論，擺事實，講道理嘛。你們要注意，不要打人，不要罵人，對於老師，批評一下，改一些，還可以用。

　　在這一段時間裡我們學校的活動基本是在工作組的指導下進行的，雖然不上課了，但還是天天來校學習社論、文件、寫大字報

等，還組織了「護校隊」天天晝夜在校值班。7月下旬北京組織中學生到外地軍訓，我們班的嚴同學、陳設、張同學、王同學、甄同學、趙同學、逯同學、任同學和我及幾個女生被批准去邢台進行為期一個月的軍訓，這些同學被編成一個班，嚴同學是副班長。7月21日下午發槍，每三個人一支蘇式7·62步槍，還有兩支蘇式53衝鋒槍。7月21日大約晚9點約一千餘名中學生在永定門火車站乘專列直發邢台，在車上大家一邊玩槍，一邊聊天，幾乎一宿沒睡。到邢台天剛亮，邢台車站的月台上列隊站著不少解放軍戰士，我們下車後也排好隊，由幾個軍官給我們每個班配了一名軍人任班長，我們班的班長叫康鳳珊，河北人23歲，身高約1.7米，黑黑瘦瘦的，看樣子挺機警，班長也是個性格開朗喜歡說笑的人，軍訓期間與我們的關係很融洽。

好像是向東行軍約5公里到了軍營，是個坦克兵部隊，用紅磚牆圍起的營區很大，營區內有禮堂、操場、坦克車庫等，大概是個師級單位，原住在營房宿舍的軍人們為了給軍訓的學生騰地方都搬到坦克車庫裡去住了。營房宿舍很乾淨，都是雙層床，由於一整夜幾乎沒睡，大家鋪上褥子就躺床上了，剛躺下，康班長就進屋命令我們起來集合，並告訴我們：白天不許躺在床上。

同學們在宿舍門前的空地上按軍人標準列隊，由連長訓話，連長除了向我們問候和強調紀律性外，還向我們公佈這一個月的訓練安排，連長還告訴我們：大家的伙食標準是陸軍一等灶，每人每天是四毛二分九（0.429元），飯菜管夠，聽到軍號聲後，以連為單位整隊去食堂吃飯，回民同學到班長那兒登記。我們學校和北京外國語學校編在一個連。

二十六、夭折的軍訓

從7月23日開始，學生們進入了正式的軍事訓練階段，走步、跑步、持槍臥倒、預備用槍……，還真夠累的，大約是25日中午報紙來了（部隊還給軍訓學生每班訂了一份報紙），我拿著報紙一看，頭條新聞是毛主席於7月16日在武漢暢遊長江，並配有大幅照片。我跑回屋裡似乎有些激動地向大家宣佈，大家也爭先恐後地來搶報紙觀看。我覺得那時大家對毛澤東還只是處於熱愛的範疇，雖比以前的熱愛程度有所升級，但似乎還未與崇拜接軌。但就在十天後這軌卻被媒體忽悠上了。

一天上午北京軍區政治部主任給我們作關於文化大革命的時事報告，我對冗長的報告一般不太感興趣，根本也沒認真聽，我的幾個同學聽的倒是認真，並挑出了毛病。休息時趙同學和張同學找我問：他剛才說「要打倒一切權威」。難道也包括無產階級權威？我說：他大概少念兩個字，應該是「要打倒一切反動權威」。他們大概嫌我階級觀念模糊又找嚴同學爭論無產階級是否有權威的命題去了。

第二天部隊請呂玉蘭給我們作報告。呂玉蘭當時是邢台臨西縣下堡寺公社東留善固村的黨支書，高小畢業後回鄉務農，1966年曾發表了聞名海內外的「十個為什麼」的文章。報告中間休息時許多人拿著筆記本圍著呂玉蘭請她簽名留念，我們班的女生左同學和徐同學也擠到前面請呂玉蘭簽了字，她把筆記本拿給我們看並讓我們也去，我看了看主席台上被學生們層層包圍呂玉蘭說：要是毛主席簽字還差不多。左同學說：呸！想什麼呢？美得你！軍訓期間還組織我們在附近的一個生產隊參加了一次農業勞動，好像是給紅薯鋤草翻秧。

7月31日部隊組織我們去邢台市參觀「邢台地區抗震展覽」我們剛走到邢台市區，突然從後面來了一輛三輪跨斗摩托，車開到營長面前停下，一個士兵跳下車向營長敬了個禮，從挎包裡掏出一張紙遞給營長，營長看完後馬上把軍人班、排、連長都召集到一起說了幾句話，各連連長回來後立即命令我們向後轉，後隊變前隊跑步回營房。

　　回到營房見學生們已在大禮堂前列隊站好，部隊首長也已經站在台上，看到我們進入會場後他馬上開始宣讀北京市的一個文件，文件說：鑒於時下革命形勢的發展和變化，參加軍訓、集訓的同學馬上回各校參加無產階級文化大革命。宣讀完文件他又告訴我們乘明天下午2點的專列回京，並讓我們回營房馬上把槍繳到一個庫房裡。

　　第二天是「八一建軍節」，這幾天大家還排練了一些節目，準備和駐軍一起慶祝「建軍節」，這一下都泡湯了。後來瞭解到我們提前結束軍訓的原因：7月28日晚在北展電影廳開全海澱區左派學生與海澱中學文革領導小組組長周捷辯論會。江青、陳伯達、康生、王任重等出席了此會。清華附中紅衛兵最後讀了三篇「造反精神萬歲」的文章。江青發了言，表示支持並同意這些激進學生提出的撤走一切工作組，立即召回軍訓同學的要求。清華附一個姓酈的學生把論造反的大字報底稿遞交江青，還寫了張給毛澤東的紙條。大意是請毛看一看這些大字報是不是反動的。毛澤東於7月31日回信說：「對反動派造反有理」，對他們「表示熱烈的支持」，同時要求他們「注意團結一切可以團結的人們」。此信作為中共八屆十一中全會的文件在黨內高層發表。

　　8月1日晚將近9點專列到達永定門火車站，學校的一個工友張學增帶著幾個同學到車站接我們，一輛卡車把我們拉回了學校。剛進校門就見石良跑出教學樓顯得很親切地和我們班男生挨個擁抱，

並不斷地嘮叨著：你們可回來了，想死我們了，等會兒到我們組織開個座談會。我們驚愕地問：你還有組織？不是反動的吧？石良急了，他大聲說：你們出去軍訓十天，都把你們訓傻了吧？你們知道這幾天北京的革命形勢發展得有多快嗎？全北京的學校都成立了紅衛兵組織，出身不是紅五類的還不要呢！我們的紅衛兵組織現在是最、最革命的……！我們無限忠於毛主席，……永遠捍衛毛主席的最高指示……！要是想革命你就站過來，要是不革命就滾他媽的蛋！我的天啊！那時就是借誰八個膽，他恐怕也不敢說他不革命。看樣子想不參加他們的座談會都不行了。

石良、小季、郭同學和我們學校的幾個「紅五類」男女組織了一個「7‧29紅衛兵」，並佔領了學校的教導處作為他們組織的辦公室。大概搞得太左，學校裡支持他們的人不多，石良看軍訓的同學回來，想拉攏幾個擴充隊伍。我們來到教導處，石良開始給我們介紹這幾天北京發生的情況。

他說：毛主席7月18日從武漢回到北京，7月24-26日召集中央常委和中央文革小組成員開會，指出工作組「起壞作用，阻礙運動，應當統統驅逐之」。毛澤東認為全國90%的工作組犯了方向路線錯誤，並下令撤銷工作組。28日中共北京市委發出了《關於撤銷各大專學校工作組的決定》。7月28日以清華附、北大附等學校的紅衛兵在中山公園開了一天的辯論會，晚上又在北展電影廳接著開。中央文革小組的陳伯達、江青都出席了辯論會，江青同志還發表了支持紅衛兵小將的講話……。說到這兒石良似乎有些激動，他站起來立正雙手正了正軍帽，然後雙手叉腰接著說：江青同志的話就是代表毛主席的，我們的革命行動得到了毛主席的支持，為捍衛偉大的毛澤東思想，我們……！

這時有個同學說：別激動，慢慢說，後來又怎麼啦？石良倒了口氣，拿起杯子喝了水接著說：7月29日北京市委召開大專院校和中學師生文化大革命積極分子大會。毛主席曾到會，劉少奇、周恩來、鄧小平在會上講了話，肯定了工作組的「絕大多數同志是好同志」。但也有不少工作組阻礙學生搞文化革命，造走資派反的行為。這次會議上，宣佈撤銷所有的工作組。石良說：我們的紅衛兵組織就是在這個具有歷史意義的7月29日成立的，所以叫「7．29紅衛兵」，歡迎出身紅五類的革命戰友們積極報名加入我們的紅衛兵，一起造資產階級教育路線的反，打倒一切牛鬼蛇神；紅五類的革命戰友們一定要支持我們的革命造反行動，把資產階級在咱們學校的殘渣餘孽揪出來，打倒、砸爛；為奪取文化大革命的勝利，永遠跟著毛主席幹革命……！

石良說得吐沫星子亂飛，我是越聽越彆扭，這叫革命嗎？周總理還說過：出身是沒法選擇的……；毛主席也說過：要團結一切可以團結的人。你可倒好，這不是典型的封建幫派殘餘思想嗎？反正我出身也不是紅五類，沒那耐性聽廢話，我假裝上廁所回教室休息去了。

二十七、中亂開始

小亂於校、中亂於市、大亂於國，從六月初到七月底基本上是大、中學校亂，機關、廠礦絕大部分還是在正常運行中。由於工作組的介入，各校之間的聲援也在逐漸減溫。大約是七月初，我在護

校隊期間接待過一男一女，男的好像是三十一中還是三十三中紅衛兵組織的，女的是另一學校的，他們請求我們學校去聲援他們學校的紅衛兵組織。男的戴眼鏡，嘴挺能說，他說：他們學校的紅衛兵是紅五類的革命組織，是保衛毛主席、黨中央的紅色衛兵，現在受到工作組的壓制和打擊，希望廣大的革命師生支持他們。他們給了我一封求援信，讓我在學校張貼。他們走後我把信交給幾個愛寫大字報的同學給貼出去了，但沒引起什麼反響。

在文革初期小亂之際我們的熱情還是真高，小學同學李、秦、陳等同學找到我，說是準備到小學母校造反，給小學老師貼大字報。我們在李同學家策劃了一下午，寫了一張大字報，準備第二天下午貼到象鼻子中坑小學去。可巧第二天下午我們學校要開會，我沒去成。過後他們給我述說：那幫學弟、學妹們一個個的也不是善荏，早把學校鬧得雞犬不寧了，而且還有幾個我們這屆的學生早於我們回學校貼過大字報了。

中亂應該始於66年7月的最後幾天。軍訓回來的當晚我們就住在教室，第二天早晨我和趙、張同學去吃早飯時才發現北京這些天變化真是天翻地覆，我們學校東面約一百多米是南鬧市口，那兒有兩個小飯館，在走過這段小馬路時，我們還以為是鬼子進村了。馬路上有許多穿軍裝、腰繫皮帶、左臂戴紅衛兵箍的男女中學生。女生更囂張，一隊約十幾個大概是女八中的女紅衛兵排著隊，排頭女生還舉著一面印有紅衛兵的紅旗，她們一邊揮舞著毛主席語錄，一邊唱著歌「拿起筆做刀槍，集中火力打黑幫。誰要敢說黨不好，馬上叫他見閻王！殺！殺！殺！嘿！……要想革命你就跟我走，要是不革命就滾他媽的蛋！滾他媽的蛋！」唱完歌又齊聲念口號：老子英雄兒好漢，老子反動兒混蛋。基本如此！路上的行人都誠惶誠恐

地躲閃著她們。

我們吃早點時看看周圍沒人就小聲議論著：咱才外出十天，這人怎麼都「失其本心」了？挺水靈的小姑娘，看著也不像神經病啊！怎麼就敢在大街上集體撒潑？連「滾他媽的蛋、好漢、混蛋」這類罵街的話都張嘴就來？這算什麼「文化革命」？倒像是土匪進城了！還是女土匪！

吃完早點回到學校更使我們開眼了，只見校長、書記還有幾個老師在幾個初二男生虎視眈眈的監督下站在校門口，對著毛主席的掛像低著頭正在唱一隻曲調很怪的歌，歌詞大意是：我是牛鬼蛇神，我是牛鬼蛇神，我有罪，我有罪，我對人民有罪……，只許老老實實，不許亂說亂動，如果我不老實，就把我砸爛砸碎！據說此歌的詞曲是中央音樂學院馬某所作，在文革初期流行甚廣。從昨天下火車到現在還不到十二個小時，其耳聞目睹之變化已使我們瞠目結舌，此時我雖看不慣這種亂糟糟「新生事物」的突起和一些同學的與時俱進，但嘴上卻不敢再多說一句表示不滿的話了，只是暗中思考，難道他們這是聽毛主席的話？按毛主席的指示辦事？

8月5日中央正式發下（1966）395號文件：中央1966年6月20日批發北京大學文化革命簡報（第九號）是錯誤的，現在中央決定撤銷這個文件。那是劉少奇簽發的關於北京大學制止亂鬥、反干擾的文件。毛澤東這天的心情大概是特別好，他揮毫潑墨寫了「炮打司令部──我的一張大字報」。劉少奇的沮喪就不光是心情上的了，他有些不明白了，自己時時按共產黨員要「委曲求全」的標準辦事，處處維護和樹立毛澤東的偉大形象，為國富民強嘔心瀝血。為何總是出錯？難道我反右反得還不徹底？不會吧！五七年反右、五九年批彭，我都是很堅決的，這次真的把「左」派當右派反了？真

的跟不上形勢，不能與時俱進了嗎？與主席的爭論都是工作上的，我向來沒敢想組織一個資產階級司令部啊！真是冤枉啊！想到此，他似乎幡然醒悟，難道當年彭德懷的「反黨軍事俱樂部」也是冤枉的……？唇亡齒寒……！大概我也難逃此劫……！也許就在劉少奇百思不得其解之時，北京的中學生已是大開殺戒了。

正是這天1966年8月5日，北京師大女附中的副校長卞仲耘被她的學生——一群女紅衛兵在批鬥中給打死了。據不完全統計，僅在北京1966年八、九月間被紅衛兵打死的教職員工還有：女三中校長沙坪，女四中語文老師齊惠芹，女十五中校長梁光琪，女十中學教師孫迪，101中陳葆昆老師，北京外國語學校語文教師張輔仁和總務處工作人員張福臻，北京八中負責人華錦，師大二附中教師靳正宇和學校負責人姜培良，西城區寬街小學校長郭文玉和教師呂貞先，北京六中校工徐霈田，師範附中生物教師喻瑞芬，景山中學工友李錦坡，138中書記張冰潔，二十五中語文老師陳沅芷和一名工友，人大附中的楊俊老師，北京吉祥胡同小學校長邱慶玉，北京大學西語系教授吳興華等，這還不包括那些因受辱而自殺的老師。

大約是8月8日前後，街上出現一些「海報」，內容是：各校紅衛兵下午在中央音樂學院禮堂開辯論會，辯論那個「老子英雄兒好漢，老子反動兒混蛋」的對聯。由於我們學校離音樂學院很近，下午大約三、四點鐘我和趙、張同學一起往音樂學院走去，不寬的鮑家街上有不少男女紅衛兵的隊伍，他們高唱「造反歌」，高呼著那個對聯也奔向音樂學院。

二十八、如此辯論

　　這個對聯據說最早是由一些紅衛兵所編，7月29日被北工大學生譚某以對聯的形式貼出，並加上「基本如此」的橫批和「鬼見愁」的署名，後來被更左的紅衛兵們升級為「絕對如此」。此對聯很快就風靡全國，成為全國許多無辜者被打被殺的一條以血統取決人生命的野蠻依據，當時甚至到醫院看病都要先報出身，那時沒個好出身有病您就得扛著，三十年後沒錢有病您還得扛著。媒體、廣播在文革中讚頌「紅衛兵、無產者、文革小組」片語出現的頻率，與後來改開時期，還是那些媒體、廣播所讚頌「白領、資產者、體改委」片語的頻率差不多。正是「前有文革，後有改開」，重複輪回。

　　我們來到中央音樂學院的禮堂，辯論會正在進行，我們溜邊坐下。音院的舞台算是個比較豪華的舞台，舞台靠後一些擺著一張條桌，桌子後面坐著幾個大會主持人。舞台兩側貼著「老子英雄兒好漢，老子反動兒混蛋」對聯，舞台的橫眉上貼著「基本如此」的橫批。舞台上靠前放著一個擺有麥克風的講台，一個戴著綠軍帽穿著肥大軍衣的苗條女紅衛兵正在念稿，是讚頌對聯的，我數了一下，大約十來分鐘的發言中「他媽的」、「混蛋」、「狗崽子」等「革罵」（文革一些紅衛兵的口語）有23處之多，念完後搏得了台下的一陣掌聲。接下來是個男生發言，這男生站在話筒前剛說一句話，台下就傳來幾個粗嗓門的吼叫聲：什麼出身？發言者似乎有些不那麼理直氣壯地說：「職員」。台下傳出幾聲陰陽怪氣的奸笑，他抬頭望了一眼台下，又接著讀他的發言稿。他的觀點是既不否認，也

不擁護「對聯」，只是講出身不能選擇，出身不好的同志要堅持世界觀改造。

接下來的發言多是擁護對聯的，表示反對的態度也不太鮮明，還遭到台下一些人的起鬨，只有一個出身革幹沒戴紅衛兵籍的女同學明確反對這副對聯的發言，她旁邊還站著一個女生，大概是在給她保駕。這些人發完言後，會場主持人走到話筒旁說：下一位由劉詩昆同志發言。從台下走上一個戴眼鏡穿白襯衫的高個青年，他來到話筒旁也不用發言稿，嗓音洪亮地開始發言，他是堅決反對那副對聯的，台下又開始問他的出身，劉詩昆毫不理睬，用他雄辯的口才繼續宣講，台下有幾個男紅衛兵見劉詩昆不理他們，似乎有些惱羞成怒，他們從座位上站起來衝到台下繼續大聲質問劉詩昆的出身，這時會場女主持人走過來對著話筒說：劉詩昆同志是民族資產階級出身，他的家庭為革命作出過貢獻，請大家回到座位上繼續開會。

劉詩昆似乎急著把自己的觀點說出來，他繼續滔滔不絕慷慨激昂地說著，他引經據典廣摘博論對這副對聯的批駁很有理論上的說服力。他的發言激怒了一些紅衛兵「好漢」，台下「狗崽子」、「他媽的」、「滾下去」的叫罵聲不絕。一群「好漢」爬上舞台，對他連推帶打，一眨眼他的襯衣被扯開、袖子被撕破，眼鏡被打掉，鼻孔也流出了鮮血……。主席台上坐的幾個主持人（大概是音院的教師或學生）趕忙上前攔住打人的紅衛兵，並把劉詩昆護送到後台。

會場呈現一言堂的趨勢，已經沒人敢就對聯提出哪怕是溫和的反對。幾個人發言後，穿著被撕掉半截袖子並沾著一些血跡的白襯衣，戴著少了一條腿眼鏡的劉詩昆又出現在講台上。他用手把住

話筒，仍然是嗓音洪亮地說：剛才有些人打了我，但我不記恨他們……，我要繼續闡明我對那副對聯的觀點……。更多兇神惡煞的「好漢」們衝上台來，劉詩昆被推打得講不成了就高喊著：毛主席萬歲！那些惡棍們可不管你是否熱愛毛主席，只要你不熱愛這副對聯他們就敢打你，不單用拳頭，還用武裝帶抽。我對趙說：太不像話，既然是辯論會，怎麼不讓人家說話！咱們上去勸勸！趙瞪了我一眼說：現在上去不得連你一塊兒打！那天估計劉詩昆第二次被打得不輕。這種敢於在公開場合堅持真理並面對暴力威脅不屈不撓的人，在文革中我親眼見的僅有劉詩昆一人。

8月1日－12日中共召開八屆十一中全會，8月8日全會通過了《關於無產階級文化大革命的決定》即《十六條》，12日根據毛澤東的提議，對中央領導機構作了調整。劉少奇在中央領導人的排名從第二位降到第八位，林彪則上升到第二位。

8月10日晚7時15分毛澤東帶著幾個衛士來到中南海西門，當時中央在此設立了群眾接待站，這是一次事先沒有安排的行動，當毛澤東突然出現在前來慶賀《十六條》的人群面前時，群眾歡呼雀躍不顧警衛人員的阻攔衝向毛澤東的身邊，毛澤東在幾個衛士的圍護下與一些群眾握手並用他特有的湖南口音向大家問好，他還向歡呼的人群說：「你們要關心國家大事，要把無產階級文化大革命進行到底」。

毛澤東大概是想親身體驗一下群眾對文化革命的熱度有多高，所以他臨時決定讓司機把車開到西門，這下可忙壞了警衛部隊，還愁煞了沒有得到通知的記者，惹得大多數記者都來不及拍下這次會見的照片和攝像。媒體在第二天及12日的《人民日報》都把這次會見當作喜訊來渲染。

隨後的幾天中紅衛兵整老師嫌不過癮，開始到社會實行所謂「破四舊」，他們燒書、砸毀文物、打小偷、打流氓、打「牛鬼蛇神」，在這方面一些女校比其他學校更瘋狂。如師大女附中附近一家飯館的女服務員，一個18歲的女孩。她被紅衛兵抓到學校裡綁在化學實驗室裡的柱子上，罪名是「流氓」，幾個女紅衛兵用武裝帶抽打她，女孩的慘叫聲傳到校外，來往行人都能聽到，最後女孩被活活抽死。中國的一些孩子在血統邪說的忽悠下居然在幾天之內都瘋了！這是中國文化、道德教育的失敗，還是政治思想教育的成果？

我和班裡的幾個男同學當時都是反對紅衛兵的，石良想拉攏趙同學等加入「7.29紅衛兵」的企圖也沒能實現，我和趙、逯等同學還是常在一起逍遙，那時我們每天也不回家了，教室成了我們的宿舍，看到紅衛兵的胡作非為我們感到很氣憤，我們曾私下議論：毛主席肯定不知道紅衛兵這樣瞎折騰，等毛主席瞭解情況後一定會解散他們……！直到8.18之後我們才明白，原來是我們錯了！

8月17日晚學校的「文化革命領導小組」通知：明天到天安門集會。8月18日凌晨大約3點多，學校的廣播喇叭就一遍又一遍地廣播著馬上到操場集合的通知。我強睜著睡意正濃的雙眼來到操場，見操場上幾個紅衛兵在指揮大家排隊，我看了看覺得天還沒亮，開什麼會，就又回到教室睡覺去了。剛睡了一會兒，趙同學跑進來，一看我還在睡覺就嚷起來：我說到處找不著你，怎麼又睡上了！我閉著眼說：太早了，我不去了，我再睡會兒。他過來連拉帶拽把迷迷糊糊的我拖起來，我們來到操場，隊伍已經出校門了。

到天安門時太陽剛升起，那天是個大晴天，天空清澈，彩霞飛渡。我們的位置就在離旗杆不遠的西側，大約8點，聽見許多人在高呼「毛主席萬歲」！「中國共產黨萬歲」！我看見有一些穿軍裝

的人影在天安門城樓上晃動，趙同學的視力比我好，他單手遮擋住斜射的陽光定睛看了一會兒，對我們說：真是毛主席！毛主席來了！

　　這天由師大女附中等校的紅衛兵代表給毛澤東一行高層人物戴上了紅衛兵袖標，這預示著紅衛兵的組織得到了毛澤東的認可。另有一男紅衛兵準備給毛澤東戴「毛澤東主義紅衛兵」袖標時，毛澤東看了看上面的字，用右手把剛套過手腕的袖標拔拉下去，可能是表示不接受「毛澤東主義」的提法。劉少奇站在離毛澤東較遠的東面，神情顯得有些鬱悶，紅衛兵給他戴紅衛兵袖標時，他沒說話，也用右手向下拔拉，那個紅衛兵只好作罷。在這次大會上林彪講了話，並首創對毛澤東運用了「四個偉大」的片語，對紅衛兵也加以「小將」的冠冕，以示支持。

　　8.18之前的媒體廣播中雖是把「文化革命」炒得火熱，但對「紅衛兵」組織卻隻字未提，似乎黨中央並不支持它。從8.18下午開始「革命小將、紅衛兵」的稱呼成為媒體熱炒的節目！就連「央電」都把傳統的「對少年兒童廣播節目」改為「紅衛兵節目」，「對學齡前兒童廣播」改成「紅小兵節目」直到十年後方得恢復。

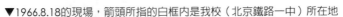
▼1966.8.18的現場，箭頭所指的白框內是我校（北京鐵路一中）所在地

後來這一天成為：「毛主席首次接見紅衛兵和非紅衛兵（我們班的一些人始終未參加紅衛兵組織）」的日子，此後至1966年11月26日毛澤東先後共八次接見全國「紅衛兵」。

二十九、大亂開始

8.18的拐點在中國歷史上可是舉足輕重，那天絕大多數人對毛澤東的真摯熱愛轉變成了崇拜，並在媒體的鼓噪下達到了一個盲目瘋狂的高潮，曾幻想靠毛澤東發話來制止混亂局面的人們徹底失望了。一些八小時之前對紅衛兵還不屑一顧的同學也扯旗易幟了，國人的「解放思想，轉變觀念」比汽車調頭還快，居然在幾個小時之內就與時俱進了。那天下午幾乎所有老師的辦公室都被新成立的紅衛兵組織佔據，教室裡就剩下我和許、嚴等幾個出身職員的同學。

從那以後，取得毛澤東支援的紅衛兵更是有恃無恐地殺向社會，並開始了名曰「煽風點火」的全國大串聯，從此天下大亂！開始了建國以來第二輪的「砸爛」浪潮。十幾年後還有第三次「砸爛」的浪潮，此乃後話。全國的媒體在8.18之後也統一了聲音，報紙除名稱還用自己的外，內容全部抄襲《人民日報》。廣播全部轉播中央台的節目，那時可以說只要有一台最簡單的礦石收音機，就可以收聽到全國廣播電台的節目。

雖然「中央文革小組」的組長陳伯達在8月2日曾指出：譚某貼出的對聯是封建社會血統論的翻版，但大多數紅衛兵仍然固持己見。我們學校的學生也開始打老師了，我們班有兩個同學手較黑，

初二的學弟手更黑，他們掄著板帶真下得去手，把初三二班的班主任潘玉珊老師、初二三班的班主任史倫山等一些老師抽打得滿操場跑。體育老師房庭華因為曾經說過解放軍是挖地道解放天津的，紅衛兵就策劃批鬥他。那天大約下午五點鐘，房老師穿著一身白色運動服從天津回校，還未進學校大門，就從學校竄出幾個初二的學弟，掄著皮帶就把他暴打一頓。他們還給黨支部書記康其籛（女）剃了個陰陽頭，並往她頭上澆墨汁、漿糊，她的肋骨也被打斷了兩根。

還有些同學與外校紅衛兵合作，根據「街道積極分子」提供的名單到處抄家，其中有不少屬於挾私報復的，鄰里不和就有人暗裡攛掇紅衛兵借刀殺人。街道的小腳積極分子對這類事最感興趣，她們常主動到附近的學校找紅衛兵組織告密，給紅衛兵帶路，一邊走一邊數落：這家是地主出身，那家是右派。到了門口她躲一邊，紅衛兵進去連砸帶抄，被抄人家的男女老幼們大多低頭龜縮在一旁，聽任自家被紅衛兵翻箱倒櫃，財物被砸得叮咣亂響。

也有個別人反抗，我們班的任同學在參加一次與外校聯合行動時就遭到一次被抄家的事主奮起反抗，那家的老爺子據說在國軍29軍當過兵，當年跟日本鬼子拼過大刀。紅衛兵聽街道老娘們說他當過國民黨軍官，進門就開打，老爺子被打急了，不知道從哪兒抄出一把菜刀，顫顫微微地掄著菜刀，心裡高唱著「大刀向鬼子們的頭上砍去」衝到院裡朝任同學的脖子就是一刀，怎奈事主年老體弱、氣衰血虧，當年馳騁疆場令日寇聞風喪膽的雄風早已不復存在，且刀鋒鈍滯，只在任同學的後脖頸子劃破點皮連血都沒出。但老人卻遭到一群紅衛兵的暴打，當即在砸爛砸碎、死有餘辜的口號聲中被打得命歸黃泉，也算是替當年死在他刀下的日本鬼子報了仇。此事

被說成是階級敵人瘋狂反撲的事例還印成傳單到處散發，任同學雖是北京市紅衛兵因抄家的第一負傷者而受了點皮肉之痛，但卻因禍得福，得到了一系列令其他紅衛兵垂涎的露臉機會。

算上六月強洪喬自殺，北京鐵一中兩個月中已兩次創下北京市文革傷亡之冠的記錄。據有關資料顯示1966年8月下旬西城區被紅衛兵打死的約333人，從8月20日到9月底北京約有1772人被打死。這還不包括像平民文豪老舍這樣不堪受辱而自殺的人數。

老舍先生8月23日在北京文聯被造反派和紅衛兵批鬥凌辱後，8月24日就在新街口豁口附近的太平湖投水自盡。老舍先生曾說過：「我是文藝界中的一名小卒，十幾年來日日操練在書桌上與小凳之間，筆是槍，把熱血灑在紙上。可以自傲的地方，只是我的勤苦；小卒心中沒有大將的韜略，可是小卒該作的一切，我卻做到了。以前如是，現在如是，希望將來也如是。在我入墓的那一天，我願有人贈給我一塊短碑，上刻：文藝界盡責的小卒，睡在這裡。」老舍先生是個不想當將軍的士兵，可又有誰不讚頌他是個比將軍更有貢獻好小卒！想想現在的文藝界出了多少想當將軍的戲員，也許並不一定是好戲員！

紅衛兵當時改革的權利有多大呢？大概能與當時的「文革小組」及十餘年後「改開」中的「體改委」媲美，可以說幾乎大於人大常委會，稱之為毛澤東之下，億萬人之上也並不過分。從馬路、胡同、醫院、商店的改名到員警服裝、國家憲法，他們想

▼當年太平湖的遺跡，有道是：萬枝垂冠悼老卒，殘湖披孝長臥守！

改就改，就連國際通用的紅綠信號燈都在他們的改革預謀內，只是因為周總理出面據理力爭才使之這種荒唐的改革企圖破產。許多現在五、六十歲的人都有過曾用名如：要武、衛東、東彪、紅衛、紅兵等，多是那時為追隨潮流，與時俱進而改的，文革結束後有一些人又來了一次與時俱進，恢復了父母所賜原名。

對於這種一窩風式的激烈革命和改革我是極其反感的，我在這以後的日子裡就很少去學校了，和幾個不喜歡湊熱鬧的同學採取「你革你的，我玩我的」的措施，到玉淵潭游泳，去郊區逮蛐蛐，學習無線電理論，到無線電商店買半導體零件組裝晶體管收音機，雖然那時全國的電台都是一個聲音，但我攢的單管來復再生式收音機靈敏度極高，晚上在中波段550KHZ附近能用耳機清晰地收聽到莫斯科廣播電台的華語廣播節目，這也算是那個時代在國內唯一能聽到的不同聲音吧！當然是祕密地收聽，這個祕密就連我的父母當時都不知道，如果此事當時被洩漏，後果將是很嚴重的。

這種狀況一直持續到九月中旬，學校「文革領導小組」組織我們這些還沒有外出串聯的同學與那些被批鬥的老師和批鬥別人的老師去大興縣的後高米店參加秋收勞動，這才結束了這段消遙自在的日子。

三十、農村也折騰

中國的媒體還是繼續著添亂的蠱惑，他們還嫌社會上的血腥味不夠濃，居然把這種無法無天的行為稱為「紅八月」！是對資產

階級的「紅色風暴、紅色恐怖」。這些掌握話語權的知識界的所謂「精英」們發表的文章和口號是一篇比一篇左，就像當年大躍進時互相攀比著放衛星。文革結束後幾乎所有的知識分子都說自己遭到了迫害，其實也並非如此。當初三十五歲以上受過高等教育的知識分子出身大多屬於非無產階級，是紅衛兵的革命對象。

　　解放前的教育制度與「改開」後的教育制度差不多，也可以說「改開」不過是一些人的復辟行為。把國民教育市場化，有才沒錢進不來，改開的「教改」倒退之步伐甚至倒超了六十多年前教育制度，六十多年前師範學院就學免費並發生活費，「改開」的教改是「一刀切」拋向市場，不論大學、師範，不掏錢誰也甭想進，當然改開後期，高層也發現了這點，並作了一些修正。由於血統論的原因，知識分子中的一些出身剝削階級家庭的人在文革初始非常恐慌，有些海歸科學家為了避免麻煩甚至把自家的美元都成捆地燒掉，他們在文革期間，的確在精神和身體上受到了非人道的待遇，另一些工農家庭出身的知識分子多成了造反派。

　　知識分子在文革中大致分三類，一類是迫害別人，這些人以研究文、史、政、經類的多，歷史由他們忽悠，朱德的扁擔能忽悠成林彪的，他們最不安分，大躍進、文革、改開就數他們折騰得歡。一類是被別人迫害，大多是理工科的研究人員，這些知識分子不缺鈣，科學邏輯思維的頭腦使他們不願與時俱進地說瞎話，被稱為歷屆政治運動的「運動員」，是中國真正的精英人物。還有一類是涉政的「文痞」，古有秦檜、忠賢、和珅，如今「文革」期間有春橋、文元，及「改開」期間的以寧、維迎、于軾等人，他們積極參與運動並搜腸刮肚地賣弄文采寫一些贊改貶昔、歌功頌德的吹捧文章，也參與打擊、迫害別人，有時一不留神拍錯了地方，跟錯了人，則由桌上

客瞬間變為階下囚，又被別人所迫害。其實他們不過像妻妾成群的闊佬之後幾房弄姿爭寵獻媚吃醋的姨太，個個烏眼雞似的恨不能你吃了我，我吃了你。但為搏得高層青睞的唯一手段就是把真理極端化為謬論，在這個一致性的政治目標凝聚下，雖是同床異夢，但也使他們能在一段時間內各獻其藝，極力在人民中忽悠出一種近乎於迷信的盲目崇拜。中媒（中國媒體）的台妞台仔們，常對著麥克，用激動的語調傳播所謂「發自肺腑的時代之音」從「萬歲－萬壽無疆－身體健康－總設計師－xP你好」等，幾乎都是這類知識分子為搞全民「崇拜」而忽悠出來的，他們希望自己的行為被領袖相中，一旦那樣就有飛黃騰達的期望，一步登天不說還能帶上雞犬。所以說知識分子受迫害的性質是不同的，不能一概而論，有的是真正被他人誣陷迫害，像老舍、黃萬里等，這樣的知識分子名垂千古。有些知識分子受迫害則是因果報應！是上帝這隻「看不見的手」對他們的懲罰！

地鐵工程已經開挖到城牆邊，開始只是沿著護城河的河道挖，護城河在64年被改成暗河，那暗河河道約3米高、寬的樣子，在還沒放水時我們曾從長椿街附近鑽下去玩，一直走到宣武門上來。地鐵那時是開膛挖掘，一公里造價約200萬，打樁機不分晝夜把工字鋼往地下砸，響聲兩公里外都能聽見。地鐵沿復興門護城河道挖了不遠就開始拆城牆了。梁思成夫婦是堅決反對拆城牆的，二人曾與「拆派」副市長就「拆」還是「保」北京古建及明城牆有過激烈的衝突，在這個問題上「拆派」背靠大樹底氣足，論點有來頭，鋒芒畢露，梁思成夫婦雖勢單力孤，但「不缺鈣」！不過「拆派」副市長一不留神沒迎合好，也頂了雷。想想也對，一個研究歷史的學家，不憑自己的良知堅持真理為保護歷史文物盡力，卻違心地迎合高層，頂上雷也是遲早的事！

這次下鄉勞動是我們第一次接觸真正的農民並睡上農村的土炕。我們以為京郊農村比市區要好一些，雖然村裡也有貧下中農的群眾造反組織，但人家明白咱是靠工分吃飯，光造反那糧食能從天上掉下來？而且鄉里鄉親的全村好幾百人就兩三個姓，不沾近親就靠遠親，低頭不見，抬頭見，所以一定不會像城裡造反派那樣打砸搶抄的折騰。

　　有資料顯示當時的工人和農民對紅衛兵運動是持反對態度的。毛澤東在9月7日寫信給林彪、陳伯達、江青等人說：「……組織工農反對學生，這樣下去是不能解決問題的。似宜中央發一指示，不准各地這樣做，然後再寫一篇社論，勸工農不要干預學生運動。」也許毛澤東此時還不想把工人、農民攪合進文化大革命，畢竟他們是國民經濟發展的主力軍，讓青年學生折騰幾個月全國也亂不了哪兒去，而且青年得到了鍛鍊，那些不走正道的幹部也得到了教訓，到時候我一聲令下他們還不得乖乖回學校上課去？但這是第二次「人算不如天算」！

　　我們班幾個男生許、馬、甄、嚴、張、王、陳同學住在一個姓王的農民家裡，他家有兩個男孩，小全15歲和小才13歲。我們管小全叫「小拳頭」，管小才叫「小財迷」。京郊的農村比較富，農民住的都是磚房，村裡騾馬成群，每個工約1.5元。後來我們與小全、小才混熟了，他們告訴我們：從8月27日到31日大興縣內有13個公社發生了對「黑五類」全家滿門抄斬事件，殺死了二、三百人，都是本隊的幹部帶著貧下中農造反派幹的，用鍘刀鍘、鐵棍打、鐵鍬拍、繩子勒，男女老幼一個活口不留，被打死的最大的七、八十歲，最小的剛滿月。這消息使我們聽的目瞪口呆，這麼殘忍？都趕上南京大屠殺了！沒想到農民更能折騰！

三十一、秋收後的「串聯」

　　高米店大隊在永定門以南大約13公里，分前高和後高大隊，我們在後高大隊勞動，後高大隊比較平靜，老鄉們都是日出而作，日落而息，我們去時正趕上收玉米、白薯和花生，在用鐮刀砍玉米稈時一不留神還把我自己的小腿砍了一個口子血灑後高，至今傷疤猶存。

　　學校紅衛兵組織的頭目們大概是想顯示思想境界高於我們，不想與我們這些逍遙分子同流合污，隔了好幾天他們才下到村裡，他們一來也帶來造反派的氣息。一天吃完晚飯，石良把教導處副主任趙維貞揪到我們宿舍批鬥，其實就是尋開心，趙老師站在炕邊的地上，我們坐在炕上、板凳上圍著她，大家輪番提問題讓她回答。石良嘴快提問最多，趙老師回答時忙中出錯，石良說：你到現在還在頑抗！說著他抬腳照著趙老師的腳狠狠地跺了一下，趙老師疼得「唉呦」一聲慘叫，身子一歪靠在了炕沿上。石良樂著問趙老師，剛才誰跺的你？趙老師也暈了，她頭也不敢抬地說：「好像是張同學」！坐在一旁的張同學氣得大叫起來：你他媽的瞎啦？我坐這兒壓根就沒動窩，你血口噴人，真不是個「絡子」！石良倒是好漢做事好漢當，他嬉皮笑臉地對趙老師說：看清了！是老子跺的！說著他抬起腳要跺趙老師的另一隻腳，嚇得四十多歲的趙老師像孩子似的抱著一條腿在地上亂蹦。

　　由於我的腿被割傷，生產隊長怕再出事就派我們班幾個男生跟車裝卸去了，車把式在農村可是讓村民羨慕的活，尤其外出拉活中午來不及回村，每天還能補助午餐費0.3元（相當於現在20多元）。我和陳同學跟一個大約有50歲的車把式，我們叫他「縣太

爺」，他挺能侃，我們到盧溝橋拉沙子或到城裡拉土豆，早晨4點就出發，一路上縣太爺就像說書一樣給我們侃大山，天南海北沒他不知道的。

「縣太爺」心眼不錯，那時隊裡收完花生，組織社員撿兩遍後，就允許社員私人在早晨上工前撿。清晨5點隊長就跑到廣播室抱著麥克風喊：社員們現在可以下地撿花生了！大家早就穿好衣服拿著手電筒提著口袋坐在門口等著隊長這一聲招呼，縣太爺也帶著孩子拿著個面口袋一溜小跑奔地裡去了。第二天晚上「縣太爺」把我們幾個叫到他屋裡，他拿出一笸籮剛炒好的五香花生米。他說：來！嘗嘗大爺的手藝怎麼樣！我抓了一把一嘗，呵！真蓋了帽啦！此後四十多年就沒吃過那麼香的花生米。「縣太爺」說：撿了兩口袋花生，新買的兩節電池也用得沒電了。他又給我們講這花生米的做法，記得他說好像是用火炕烘乾的。

我們班的馬同學是回民，我們都叫他馬老弟，他幹活不惜力吃苦耐勞，他是九月底生日。我們幾個琢磨送他點禮物給他過生日，正好那天許同學在門口的草堆裡逮著一條小草蛇，大家一商量乾脆就把這條蛇送給馬老弟過生日吧，要萬一是條「美女蛇」，馬老弟這便宜可就賺大了。馬老弟得到那條蛇還挺高興，沒想到的是當我們十月下旬離開村子幫馬老弟收拾東西時，發現那條「美女蛇」居然還在馬老弟的枕頭下壓著呢！

這次秋收在村裡幹了一個多月，臨走的前兩天，隊長說：大家這一個多月來和貧下中農並肩戰鬥辛苦了！隊裡決定慰勞大家，明天晚飯吃豬肉餡的大包子，大家敞開吃，管夠！這隊長可不是省油燈，想多吃？門也沒有！那包子好像是麵沒發起來，倒是個大餡多，不過大概是一斤餡、半斤鹽，鹹得嘗不出肉味，就這樣我們班

的甄同學還連吃了八個，至少有兩斤！到晚上房東家水缸裡的涼水又被他喝下去半缸。

　　10月24日毛澤東在中央政治工作彙報會議上講話：文革是中間大，兩頭小，「敢」字當頭的只有河南省，「怕」字的是多數，「反」字的還是少數，文革最少得5年才得出經驗。同日，他對陳伯達送審的，在10月16日作的題為《無產階級文化大革命中的兩條路線——在中央工作會議上的講話》上作了批示：「很好，抓革命，促生產，兩句是否在什麼地方加進去，請考慮，印成小本，大量發行，每個支部，每個紅衛兵小隊，至少有一本。」可見毛澤東對前一天劉鄧深刻檢討後並不準備結束文革，還有比劉鄧更隱蔽的團體需要肅清，可是對文革怎麼搞，預期前景如何他自己也是心中無數，準備「摸著石頭過河」，先搞5年再說。但他對文革將會出現因為亂而影響生產的現象也是有所顧忌的，既不能給工農高漲的激進情緒潑冷水，又不能耽誤生產。陳伯達10月16日的報告雖然對了他的思路。但對兩者間的取捨他還是把天平壓向「抓革命」一邊。敵已定，友未明，不抓革命難以引友批敵，不自出力。林彪雖在文革初期就位升副統帥，但在72年公開的毛澤東在66年7月給江青的信中亦流露出對副統帥的猜疑，也算是「未明」之友吧。既要用，又需疑，讓他們「戴疑立功」！要達到此目的只有不斷「抓革命」！

　　第二天他對時下革命形勢進展讚頌說：「我也沒有料到，一張大字報一廣播，就全國轟動了。」其實他應該料到，沒有他的支持，那張大字報是不可能被廣播的，沒有那幫文痞的忽悠，全國也不會轟動。只能說他未預料全，他沒有預料到國民的「一窩蜂效應」的「水準」是如此之高，不管真心的還是違心的，沒一個人敢

說個「不」字，要不是劉鄧被列入打倒的行列，他倆不也得跟風與時俱進？前幾天有位朋友送我本勒龐寫的《烏合之眾》，也許勒龐在一百餘年前就感觸到了這點：「在群體中，具備強大的個性，足以抵制那種暗示的個人寥寥無幾，因此根本無法逆流而動。他們充其量只能因不同的暗示而改弦易轍。」六十年來「一窩蜂效應」在中國屢戰屢勝，「大躍進」全民煉鋼；「文革」全民造反；「改開」後的全民經商、全民炒股、全民造假、全官貪腐……！今後我們是否還會出現什麼樣的一窩蜂全民運動還不好說，有受高層青睞的文痞忽悠，有媒體的傳播，我想出現的概率一定不會低，走著瞧吧！

那時各地紅衛兵都來北京串聯，由於接待的場所有限，就把一部分人分散到居民家去住，我回家後發現，家裡也住進了三個瀋陽鐵中的女孩。我一想，外地的來北京，那咱就去外地。正好趙、張同學也找我商量外出串聯，張同學這會兒被學校紅衛兵推薦到西糾（西城區紅衛兵糾察隊）當了一名西糾隊員，每天帶著一個多半截袖子寬的「西糾」紅箍好不神氣。

大約也是10月24日傍晚，我們來到北京站。那時外出串聯需要用某造反派組織的介紹信領取車票才能進站上車，趙同學是我們學校「北京紅衛兵」的頭頭，拿了幾張他們組織的介紹信，但憑這種介紹信在北京是領不到車票的。張同學說：「西糾」控制了幾個北京站的出入口。他帶著我們轉了幾個彎就來到月台。月台上的列車都被紅衛兵們擠的滿滿的，連行李架上都坐、躺滿了人，月台上也是摩肩接踵的紅衛兵。就在這時一列空車進站了，我們三人跑到剛停穩的列車門邊，也不管車是到哪兒的，上去再說。上去一看，這節車廂是軟座車廂，太棒了！我們趕緊在離廁所最近的那排靠車窗的沙發上坐下。

三十二、「串聯」也辛苦

這趟車是開往西安的,一路上車上的人不算多,只是在過道裡坐了些人,行李架上都沒坐人,車上廣播不停地播放著文革以來音樂工作者們創作的毛主席語錄歌,那時除了部分歌頌毛澤東的歌曲和語錄歌外其他歌都一律禁唱。我想這肯定不是毛澤東的主意,大概是那些根據高層的某句話而推論出「親眼見公雞會下蛋」的狂熱分子們「深化」改革的創舉!

我們周圍坐的許多外地紅衛兵對張同學的那個「西糾」的紅箍極感興趣,幾乎把張同學當成紅衛兵的精英看待,大家談吐中無不充滿敬佩讚美的話語和羨慕的目光,把張同學高興得那小臉就像朵黑牡丹含苞璀璨。一路上常看見對面開來的客車車頂上都有穿著棉大衣的紅衛兵,有時還能見到一節老式車廂車門外的兩節踏板上也坐著幾個戴棉帽雙手對插在袖筒裡的紅衛兵,大概是怕掉下去,車廂外的兩個門扶手之間還橫繫著一條圍巾,可以說客車裡裡外外的每一個空間都被充分地利用了。多年後在看電視台播放的記錄日寇侵華時國人逃難場面的影片中也見到過相似的鏡頭。

路上還有一些舉旗排隊沿著鐵路步行北上的紅衛兵。10月22日中央台廣播了「大連海運工程學院」的15位紅衛兵徒步到北京串聯的消息後,在火車運力緊張的情況下,全國有不少學生組織了「紅衛兵長征隊」背著被褥徒步奔北京去了。

第二天大約晚8點左右我們到了西安,車站有卡車把我們拉到一所學校。學校的教室都改成了宿舍,教室地上用草簾鋪著地鋪,被褥看樣子都還挺新,我們用學生證領了三天的飯票,每天0.4

元，算是記帳，後來把帳單都寄到學校。吃的是兩樣面的饅頭，菜是蘿蔔白菜。到西安的第二天早晨有車把我們送到西安交大參觀大字報，有些紅衛兵還是很虔誠的，拿著筆記本抄寫大字報，我們在校園轉了一圈就到西安城裡玩去了。

那時西安大街上到處都是賣羊肉泡饃和小吃的攤點，羊肉泡饃二兩糧票三毛錢一大碗，松花蛋七、八分錢一個。

西安雖是歷史古城，可那時我們對古蹟和文化珍品還沒有昇華到感興趣的境界，在西安逛了兩天覺得沒什麼趣味，滿大街都是標語、大字報亂糟糟的，伙食也不好，天天白菜蘿蔔兩面饃，況且天氣也越來越冷了，不如到南方城市去。我們到市委接待站去找車票，工作人員告訴我們車票沒有，如果徒步去延安可以借給我們每人四塊錢。我問：到延安有多遠？需要走幾天？工作人員說：600里，大莫要走十天，沿途有接待站可免費住宿，這四塊錢是沿途十天的伙食費。我們一琢磨再沒有比給錢更好的事了，當時就掏出學生證每人領了四塊錢，當然領錢後沒去延安而是奔飯館改善生活去了。

在西安「串聯」了三天後的傍晚我們又來到西安火車站，準備找車接著「串聯」去。西安火車站比北京站還亂，西安站過路車多，始發車少，東去西往的車剛進站，月台上數不清的紅衛兵們就像蒼蠅見了垃圾似的「嗡」的一聲就湧向車廂，列車員剛把車門打開，還沒等到站的人下車，車下的人就湧上車，把想下車的人又擠回車廂，車裡的人喊著、罵著一點用都沒有，想打架？您要是能抬起手，那才算您武功蓋世！這時甭管「君子」還是「小人」也都只有動嘴的份了。直把人壓縮到連車門都關不上，就這樣車門下圍的一群人還喊著一、二、三的號子拼命用肩膀抵著前排的腰眼往上

推。到站該下車的人沒轍，只好從車窗下，車窗剛一打開，車窗下也圍上一群紅衛兵，等人下完後，這些紅衛兵們就從車窗往裡鑽，車上的人想關窗，車下好幾隻手力舉千斤閘拼命托著車窗，只要上去一個，轉過身就把他的同夥一個接一個地拽上車，那場面也算得上是驚心動魄了。

我們一看這陣式，甭說上不去車，就算上去，到地方成不了相片也得成肉餅，得另想轍。在車站溜達的時候，我們發現車站的北面隔一堵牆是客車車庫，我們來到車庫，發現有幾列客車停在那兒，我們找到一列「京局京段」的車廂，車廂裡雖坐著不少紅衛兵，但比月台上的列車好多了，我們三人居然還找到一個座位。我們一想也別再「串聯」受罪了，往回竄吧。外出五天，也算是過了一次「串聯」的癮。唯一的收穫是：熟悉了西安火車站的地形，以致於三年後插隊時扒車回家探親，在西安火車站東路口出站被阻時不致於束手被擒去補票，而是進入車庫後翻牆而出得以成功地逃離車站。

我們回到北京的時候，電台播報了中國在10月27日成功地進行了一次導彈核武器試驗，彈頭精確地命中目標，實現了核爆炸。這是中國第二炮兵7月1日成立以來一次成功的實彈試驗，也是1965年中央批准第七機械工業部制訂的1965至1972年運載火箭發展規劃的一個重要里程，這方面的研製即使在文革期間也未中斷過，而且迅速向國際先進水準靠攏。毛澤東曾說過：正確路線確定之後，幹部就是決定的因素。事實的確如此，在中國科技隊伍中，確有一批堅持實事求是的幹部。還有一句話也許毛澤東體會到了，但不願說出，這就是：錯誤路線確定之後，幹部就是禍害的因素。中國研究社科的文痞和重用這些文痞的高層都是這樣的幹部，如：大躍進的

吳之圃；文革的四人幫、梁效寫作組；改開的厲、張、茅、周之流。古有：將在外，君命有所不受。古代幹部有這素質，敢抵制君王的錯誤路線，而我們這六十年中與時俱進，起鬨架秧子的幹部怕是絕非少數！要不「一窩蜂效應」為何六十年來經久不衰呢？國幹講究裙帶和靠山，有個好靠山什麼壞事都敢幹。要不帝王喜歡講究滿門抄斬，也有一定的道理，他得勢時全家跟著享福，他倒楣時全家也跟著殉葬吧。現在的官、富二代和封建時代並無多少差別，如繼續缺乏自知之明的話也許有一天因果報應會輪到他們頭上。

大約是11月16日，中共中央、中央軍委、國務院和中央文革領導小組發出通知：因天氣漸冷，暫停全國紅衛兵的革命串聯活動。等明年四月再繼續串聯……。我們回京後每天也是無所事事，大街上到處都是外地來京串聯的紅衛兵，他們除了食宿免費外，還給他們發了免費乘車證，逛公園也免費，那時外地紅衛兵來北京連吃帶玩可以不用花一分錢。當然北京的學生們跟著沾光，弄張乘車證連月票錢也省了。

大約是11月20日，趙同學來找我，他拿了一份紅衛兵小報給我看。報上有一篇關於「紅衛兵農墾戰鬥團」宣告成立的報導，趙說他已報名加入，問我是否想去，地點有兩個，一是：海南島西部遙望北部灣的東方（黎族語，可能相當於古代商朝周邊的「方國」，是部落的意思）縣的新龍鎮，到那兒去種橡膠。二是：廣東斗門縣平沙農場的大林島（即現在的珠海市一帶）搞圍海造田。

三十三、南下廣州

　　第二天趙帶著我到八中附近的學院胡同33號去諮詢，33號院是個很不錯的三進四合院，是「紅衛兵農墾戰鬥團」籌備處，一個師大女附中的馬同學接待了我們，拿出簡章和報名表來讓我看。我問：都有哪些學校的學生報名？她說：有北京男六中、八中、女八中、二十四中、二十八中、三十四中、鐵一中、四十一中、月壇中學、音院附中、師大女附中、花園村中學等十來所學校三十多人報名。我說：我出身不是紅五類，我父親是工程師，是職員出身。她說：我們講成份論，但不唯成份論……。何況工程師也是勞動者，是腦力勞動者。我聽她說的話挺順耳，都沒回家商量，當即就填寫了報名表。她告訴我們大約是這月底或下月初從北京出發去廣州。

　　11月26日下午4點，郵遞員送來一份農墾戰鬥團的通知，通知我26日晚9點到西直門火車站集合，乘晚10點的15次列車去廣州。一看郵票上的郵戳是25日上午10點的，25、26日連續兩天是毛澤東第八次接見紅衛兵，大概是道路戒嚴給耽誤了。只剩下不到四個小時的準備時間了，根本來不及。我馬上去找趙，那天是毛澤東乘敞

▼毛澤東第八次接見紅衛兵

蓬吉普接見紅衛兵，這時接見還未結束，道路戒嚴沒有公共汽車，我只好從鐵三區跑步去羊坊店，跑到二七劇場南口時，正趕上毛澤東的車隊也到路口，算是遠遠地又見了一次毛澤東，見劉少奇也在後幾輛車上，那時劉少

奇已經是處於臨界危機了。跑到趙家時天已經快黑了，趙昨天晚上就接到通知了，他的行裝已收拾好。

我跟他說：接到通知時間太晚，我可能去不了。他又和我一起去給籌備處打電話，那個負責人說：那就明天走吧，這兩天情況特殊，主席接見到處戒嚴，還有一個同學也來電話說走不了，明天你們一起走吧。趙於26晚隨紅衛兵農墾戰鬥團的先遣排一起去了廣州。

第二天11月27日，我和47中的熊再平一起乘15次列車去廣州，這趟車雖是憑票坐車（票價37.8元）但人也不少，那時好像已停止出售臥鋪票了，硬座、臥鋪誰搶著誰坐，臥鋪車廂裡下鋪坐四個人，中鋪和上鋪都各躺著兩人，我們背著背包行動較慢，沒搶到中鋪，只在下鋪擠到兩個座位。這是趟特快列車，途中停站較少，但到武漢還是誤點近五個小時，車進入廣東境內後，在一個兩邊都是石頭山的地方突然緊急剎車。車停穩後我向前走了兩節車廂，看見車的前進方向的左側有幾個孩子在鐵路邊又蹦又跳地說著鳥語，鐵路邊的坡道上趴著一個渾身是血的孩子，原來是撞人了。這時火車司機和乘警也趕了過來，司機從路邊拔了幾把草撒在那個孩子的身上，乘警又用鳥語和另幾個孩子說了幾句話後就上車了。車開動後乘警說：那幾個孩子在火車到來時比賽竄越鐵道玩，看誰竄得快，一個孩子動作稍慢結果跟火車親密了一下……。

29日大約下午三點到了廣州，在車站沒見到來接我們的人，我和熊同學背著包自己找到省第一招待所。先遣排的人都住在這兒，有男女共四十人左右。先於我一天到達的趙給我介紹了先遣排的人員情況，除了北京的還有西安和武漢的紅衛兵，有一個西安衛校的任同學在這兒擔任衛生員的工作。招待所在越秀山南面，後窗能看

見越秀山上200米高的廣州電視塔。使我們感到新鮮的是：廣州民居一樓的窗戶就像監獄一樣，都安有拇指粗的鋼筋柵欄，大概那時廣州的小偷多而採取的防賊裝置。這道風景線我們除了在電影中看過的牢房外，在北京還沒見過。想不到這道風景線發展到八十年代以後，在北京連三、四樓的窗戶都安上了鋼筋鐵網的柵欄，社會治安是進步？倒退？

廣州當年有「紅海洋」之稱，所有的臨街牆、柱、公車及路邊豎立的木牌上都用紅油漆寫上毛主席語錄，但街道上還是顯得較清潔，許多地方聚集著數百人群交頭接耳地在換毛澤東像章。廣州街頭貼著許多廣東法院的佈告，內容是沿海漁民協助內地所謂「黑五類」偷渡去香港的，偷渡收費每人也就100-200元人民幣，但漁民卻要被判刑好幾年。據說這就是當年的祕密通道，小提琴家馬思聰等人在文革中就是通過這樣的途徑出國的。

我們到廣州後，頭兩天組織我們參觀了一些第一次國民革命戰爭時期的故址，如廣州農民運動講習所等地，還準備辦通行證到深圳參觀，說是要讓大家看一下香港資本主義社會制度軍警的醜陋形象。也有到虎門參觀的計畫，但後來均未實現。先遣排的排長董同學還給我們宣讀了當時中央文革小組的顧問陶鑄給趙紫陽的一封信，內容大意是：請紫陽同志給響應毛主席號召，走與工農相結合道路的革命小將們找一個鍛鍊實踐的地方。

幾天後，農墾團全體成員打起背包到廣東番禺農場參觀學習。坐了一晚上的船到了番禺農場，場長是個北方人，對我們很熱情。原計劃在農場住三天，包括參觀、和農工一同勞動、請農場的農工作憶苦報告，吃一頓憶苦飯。那憶苦飯可真難吃，好像是用芭蕉梗、甘蔗根做的，嚼不爛且又苦又澀，比陝北的黑糜子饃可難吃多了。

場長盡主人之宜每頓飯菜都精心烹調，對我們好吃好喝地招待，不想卻惹起了幾個紅衛兵的造反精神，說場長想用糖衣炮彈腐蝕拉攏紅衛兵，對場長造了一頓反，把場長搞得十分尷尬不知所措，他兩手攤開呆呆地站在門旁的形象給我的印象極深。原定三天的行程兩天就結束了，大家打起背包匆匆回到廣州。

　　回到廣州後農墾團決定徒步行軍去湛江然後渡海去海南島，大約12月8日前後從廣州出發繼續南下準備經佛山、恩平、電白到湛江。廣東12月份的氣候大概是最好的，天氣不冷不熱，風景也不錯，遠山近水，路邊灌木鬱鬱蔥蔥。沙石公路上還有不少被過往汽車軋死的各種蛇，每條蛇都有40-60mm粗，一兩米長，軋死的還有些是毒性較大的蛇如銀環蛇等。廣東是個多河流的省份，一路上有許多渡口，大多沒橋，人、車均靠機動船擺渡。廣東城鎮做小買賣的很多，多是賣水果，如楊桃、甘蔗、香蕉、芭蕉及糖果、玩具等，價格都很便宜，芭蕉才0.11元一斤，還有賣皮手槍套的，就不知是否有賣手槍的。做買賣的多是老年人，看上去廣東的老婆婆面目慈祥，精瘦的身材渾身上下收拾得乾淨利索，一路上沒見到政府管理人員或紅衛兵對這些商販進行騷擾。

　　廣東農村的住房多是磚木結構，也有像吊角樓那樣，房底下支撐著木棍的竹木房子，許多人家的房檐下掛著些一尺見方的灰黑色的乾獸皮，我問老鄉：這兒還能打獵？這是什麼皮？老鄉說：這係老鼠皮啊。我大驚問道：你們這兒的老鼠這麼大，比貓都大！老鄉說：大才好妻（吃）呀！我更驚奇了：老鼠是四害！會傳染病的，怎麼吃啊？老鄉大笑：不會傳染病滴，老鼠肉很好妻滴，和雞肉一樣的味道，清蒸、煲湯都可以啊！我想：到廣東可不敢隨便喝湯，搞不好您覺得是雞味的湯，沒準兒就是耗子肉煲出來的……！

我們每天大約走30公里左右，幾天後我們走到開平縣的單水口，從北京趕來農墾戰鬥團的領導，七級部的董、八中的陳同學和新加入農墾團的三位三十四中同學也乘車一同到達這裡。陳同學的到來給我們帶來了家信和匯款，也使我們改變了原定去海南島的路線。

三十四、渡海上島

他們帶來北京的指令，第二天一早，我們調頭朝東北方向的新會進發，改去斗門縣的大林島。新會縣城在單水口東北方向32公里，大家一路上滿腹狐疑，猜測著為何不去海南島了？到新會後隊伍修整，領導開了三天會，主要是討論去向的問題。新會縣城是個很不錯的小城市，街道、房建規劃整齊，路面寬敞，行人車輛不多。最有意思的是下水道的井蓋，每個井蓋上都鑄有文字「倒買倒賣，各罰百元。舉報有功，賞洋一半」，井蓋的鑄造日期像是四、五十年代。看來四、五十年代廣東就有偷井蓋的了，此風後來傳播甚廣。三十多年後的九十年代到二十一世紀初北京曾屢次發生街上下水井蓋被盜事件，也許就是學習這個樣板的結果。

新會的北面十公里是江門市，領導們開會，我們也不閑著，我和趙坐公車去江門市玩。廣東的小城市真令我佩服，江門市的市貌可勘稱是一流的，城市沿西江所建，有不少西歐式建築，據說在廣東有小廣州之稱。

第四天早晨5點出發，準備今天行軍75公里到平沙農場，也就是我們的目的地。由於這幾天一直在斷斷續續地下小雨，新會南下

的路不十分好走，走不遠又開始飄下牛毛細絲般的雨花，排隊行走十分不便，於是隊伍解散，自由結合繼續前進，我和趙、熊及八中的劉明德等人一起邊走邊觀景，廣東的晨景真是妙不可言，被薄霧籠罩經冬雨洗涮的稻田裡還留著收穫後一撮撮金黃色的稻根，那排列朦朧中看上去倒似故宮大門上的金疙瘩，一片片的甘蔗林像北方青紗帳似的密麻麻地立在路邊，農民們戴著斗笠披著蓑衣掄著砍刀在砍甘蔗，路旁水溝中還有些鴨子戲水白鵝捕魚，和諧之景象沒有什麼文革的氣息。

　　大約兩個小時後我們走到一條河邊，河邊有些濕滑，沿岸有條小船，河心有個被綠樹覆蓋的小島，這就是新會天馬村著名的「小鳥天堂」。1933年「巴金」曾遊覽過此處，並寫下《鳥的天堂》的散文。據說300多年前當地人背水耕耘，但總是多災多難，後來經高人指點在河心人工堆砌了一個土墩，為的是擋金存銀發財平安，土墩建好後怕河水沖毀，有人就在土墩上栽了棵榕樹，意在於「溶災納福」。後來這棵榕樹的樹枝垂地生根，發展到現在的一片綠蔭，野生鳥雀們發現這棲身的好去處，就把這兒變成真正原生態的「鳥巢」。每天清晨白色鳥回巢，黑色鳥出窩，晚上黑色鳥回窩，白色鳥出巢。每到此刻眼前的天空如黑、白流雲蔽日，耳邊百鳥爭呵如山泉落澗、雷鳴貫耳。楊同學和幾個男生划著小船去小島，想抓幾隻鳥。回來後滿腳滿身都是泥，問他們：

▼經四縣（高鶴、開平、新會、斗門）一市（佛山），行軍229公里。當年大林島的方位，現在已和陸地相連

逮著鳥了嗎？他們說：島上除了樹根就是泥，分不清哪是主幹，哪是枝幹，都差不多粗，進去越走越黑，抬頭連天都看不見，更甭說鳥了。晚上8點多才趕到平沙農場，近17個小時行程75公里。從廣州出發到平沙農場9天（其中有3天在新會整休）經四縣（高鶴、開平、新會、斗門）一市（佛山），行軍229公里。

到農場後的幾天中，正趕上收甘蔗，我們也下田用廣式砍刀收了一次甘蔗，大家一邊砍一邊吃，收工後那片田裡滿地是甘蔗皮和嚼碎的甘蔗渣子。農場領導安排我們參觀了農場的糖廠，甘蔗從樓下的傳送帶進去，經過壓榨、蒸餾、過濾、乾燥等工序，從紅糖水到古巴砂糖到白沙糖一直到三樓變成喝咖啡用的方塊糖。廠技術員告訴我們這個糖廠在全國是屬於一流的現代化糖廠，生產的方塊糖大部分供廣交會出口換匯。

農場還為我們安排了一次隨魚船出海打魚，出海那天是個陰天，我們分別上了兩條機帆船，船開出一個多小時後開始捕魚了。他們的這種捕魚法我們還是第一次見到，船舷邊鑲有許多凸出的短粗木棍，只見漁民們兩個人一組從船邊把一根四、五米長，一頭有九個鐵齒的耙子卡在木棍的一邊豎著伸向海底，機帆船還在緩慢地行駛著，大約十分鐘就聽見一聲哨響，漁民們把釘耙推離船舷的木棍，釘耙順水飄出海面，船上隔一段距離就有一個大筐，漁民把木杆靠在船舷邊短木棍的另一端利用槓杆原理把釘耙壓到筐裡，就見鐵耙縫裡有不少大蛇一樣的鰻魚還有一些大海蟹，廣東的海蟹比北戴河的可大多了，只是體大腿細，根本就不可能在陸地上爬行。

大約一周後我們登島了，大林島距岸邊800米，當時島的南部屬平沙農場管轄。島上有一支部隊在島的北部圍海造田，還建立了一個利用海水潮汐發電的發電站。這裡離澳門30海浬，天氣晴朗

時，白天肉眼可以看見澳門的旗幟，晚上可觀看澳門的燈火闌珊。可是我們住的地方還沒有電，晚上點煤油燈。此島的南方1500米是三灶島，三灶島向大林島一面是一座高山，山的南面是一個軍用機場，即現在的珠海機場。

農墾團領導也給我們描述了前景，我們也要圍海造田，把這裡建成一個為國家提供大批商品糧的基地……。在大林島呆了幾天後，農墾團內部發生意見分歧。第一批大約8人於12月31日乘船離開大林島取道中山縣回到廣州，在廣州沙面的一個歐式小樓裡睡了幾天地鋪，1967年1月7日乘16次列車離穗返京。約兩個月後紅衛兵農墾戰鬥團被解散，人員全部回京。

「紅衛兵農墾戰鬥團」也許是文革開始後第一批自願到農村去的中學生，他們許多人都是懷有響應毛主席的號召，走與工農相結合道路的志向，工人和幹部出身的子弟占絕大多數，其中不乏一些當時國家黨政軍高層領導人的子女。也許正是因為如此，引起了中央文革小組的注意……。在以後的四十多年中，紅衛兵農墾戰鬥團在人們的視野中幾乎雲散湮滅，不過作為歷史的回顧來說，我僅在此書上一筆。

1966年是個在中國歷程上不同尋常的一年，這一年，尤其是後半年，人們的心理狀態發生了異乎尋常的突變，「一窩蜂效應」使人們尤其是一些青年學生們變成了一半是魔鬼，一半是盲目崇拜的教徒的雙面人。國家的經濟發展受到了影響，但軍工方面仍取得了成績，從1966年1月28日導彈核武器試驗成功到10月27日彈頭精確地命中目標，實現了核爆炸及12月26日中程火箭首次飛行基本成功。當然這裡有許多鮮為人知的政治因素，但國防力量的確是加強了。

三十五、避亂學工

　　1967年1月1日，兩報一刊共同發表題為《把無產階級文化大革命進行到底》的元旦社論，提出「一九六七年，將是無產階級聯合其他革命群眾，向黨內一小撮走資本主義道路的當權派和社會上的牛鬼蛇神，展開總攻擊的一年」。這個拐點導致了更激烈的「一窩蜂效應」。這個高層的鼓動立刻就有無數的跟進者，從上海的「一月風暴」造反派奪權到當時的公安部長謝富治提出：砸爛「公檢法」。全國很快就陷入武鬥的風潮，武鬥雙方都說自己是捍衛毛澤東思想，雙方動用了除戰鬥機外所有能在國內找得到的武器，就連我們後來去插隊的延安地區都發生過搶軍火倉庫，用輕重武器互相廝殺事件，一時間殺得天昏地暗、血流成河。

　　我們回到學校，學校也挺熱鬧，一個嚴寒的早晨我和許同學一同去學校，我們走進小二樓的樓道，見「7.29紅衛兵」的房門大開，我們信步進屋，屋裡一個人影也沒有，桌上、地下一片狼藉到處散落著報紙、書籍、碎玻璃，房頂上還垂下幾根舊電線。難道他們組織被人抄了？我們在屋裡轉了一圈看了看現場就回教室去了。一個多小時後，我們準備回家，路過小二樓時聽見裡面有人在大聲吵吵，我們進去一看，屋裡有十幾個人在看熱鬧，學校裡另一紅衛兵組織的頭目鄭天雄拎著小季的脖領子，把他拽到一根從屋頂垂下的和電線絞在一起的細鐵絲旁，兇神惡煞地嚷著：說，是誰通的電？小季本來就有點結巴，這會兒更是哆嗦得說不清話：我……我……我……，真……真……的不……不知……知……知……道……道！我走過去問：真有電？鄭天雄用胳膊擋住我說：別碰，

小心電著！我掏出試電筆遞給鄭說：你試試看。鄭把試電筆觸到鐵絲上，試電筆的氖泡果然亮了。鄭天雄指著試電筆對小季說：你還有什麼可說的？小季當然什麼也說不出來了，他像隻鴨子似的被人攮著細脖子給提走了。

此事的起因是「7.29紅衛兵」加入了聯動。聯動是1966年11月27日海澱區一些中學紅衛兵負責人在北大附中策劃的一個紅衛兵組織（即：首都中學紅衛兵聯合行動委員會），12月5日公開宣佈成立，滿處散發「成立宣言」，並在西直門城樓上貼出標語「中央文革把我們逼上梁山，我們不得不反」。當然中央文革也不是好惹的，12月16日在北京市中學紅衛兵聯合召開「批判資產階級反動路線誓師大會」上，江青對聯動進行了攻擊，她輕蔑地說「血統高貴？是什麼東西！」會後公安部對紅衛兵糾察隊的頭頭進行了突襲。沒想到這次行動導致了事態進一步擴大，促成聯動在12月26日至1967年1月11日六次衝擊公安部，要求釋放被捕人員。直到1967年1月17日公安部長謝富治宣佈聯動是反動組織，並在1月21日以首都中學紅衛兵為主，在北京召開了「徹底批判聯動大會」，查抄了聯動的窩點，在全國逮捕了大批聯動成員後，事態才在表面平息，我們農墾戰鬥團的排長董同學也被召回北京自首。

我們學校「7.29紅衛兵」的頭頭石良雖不屬高幹出身，但不知怎麼和聯動的一些人掛靠上了，並參加了些一般性的活動，屬於光沒沾上，這次跟著倒楣的主，組織被抄，組織中一名據說是接電線的陳同學被西城分局銬走拘了十天。

1月13日經毛澤東批准，中共中央、國務院下發《關於在無產階級文化大革命中加強公安工作的若干規定》，簡稱《公安六條》，旨在保衛文化大革命。它特別規定「攻擊污蔑偉大領袖毛主

席和他的親密戰友林彪同志的，
都是現行反革命行為，應當依法
懲辦。」從那以後有不少用印有
毛澤東、林彪頭像的報紙包東
西、寫大字報的人都被打成反革
命，就連念錯了毛主席語錄的人
都懸。一時間把造神運動推向高
峰，這不知是否是毛澤東希望看
到的？

▼1967年1月18日的《中學文革報》及
遇羅克的遺像

　　不過也有敢往槍口上撞的。1月18日遇羅克撰寫的《出身論》
在《中學文革報》第1期上發表，這篇文章在當時可謂是一枚反潮
流的重磅炸彈，從理論上對血統論的反動性進行了有力的批駁，
在社會上引起的震動不小。4月14日戚本禹代表中央文革表態：
《出身論》是大毒草，惡意歪曲黨的階級路線，挑動出身不好的青
年向黨進攻。後來又找到幾本他的日記，導致遇羅克在1970年3月5
日被判處死刑，遭到槍殺。這也是文革中以國家的名義製造的悲劇
之一！

　　遇羅克臨刑前在獄中曾留有給家人和朋友的遺作：

　　　　七絕　贈友人
　　攻讀健泳手足情，遺業艱難賴眾英。
　　未必清明牲壯鬼，乾坤特重我頭輕。

　　當時中央有個文件，鼓勵學生到工廠去勞動鍛鍊，為避開亂
世，我們幾個同學商量去工廠體驗一段時間。嚴同學經多處聯繫，

終於聯繫到了一個工廠，我和嚴、趙、逯、許等同學在一月下旬離校去右安門的「北京汽修四廠」參加學工勞動。汽修四廠是用長春第一汽車製造廠的發動機組裝「BK640」型公共汽車的一個中等規模的工廠，那時廠裡的工人都還在正常生產，該廠每月大約生產五、六十輛「BK640」公車。

我們的工作是給轎車的兩個側面釘鐵板，我的師父姓沙，他的同事都叫他「沙貝兒」。沙貝兒當年二十五、六歲，身材不高，但幹活挺賣力。我們這個車間的南面是鈑金車間，當時「BK640」車頂兩側帶圓弧狀的鐵板都是這個車間的工人手工敲出來的，最長的構件長近六米，工人們在八小時內用木錘、橡皮錘一絲不苟地敲著鐵皮，車間裡每天噪音震耳，看樣子工人階級也不是那麼好當的。春節前該廠在北京展覽館劇場開了一次慶功會，會上演出了一些「忠字舞」之類的文藝節目。誰知廠裡的一些工人第二天下班後就這次的文藝演出自發地開了一次辯論會，我們原本是想看熱鬧，不想嚴同學也跟人家辯論開了。嚴同學是我們班的學習委員，口才較好，性格略急，他大概覺得那幾個工人表達得不清楚，一著急他就連吵吵帶比劃的跟人辯論開了，結果弄得全廠都知道鐵一中的學生有造反精神。

大約是二月底，學校來通知，根據中共中央、國務院的1966年12月31日發出的《關於對大中學校師生進行短期軍政訓練的通知》學生要回校參加軍訓。通知還附上了毛主席說的一段話：派軍隊幹部訓練革命師生的方法很好，訓練一下和不訓練大不一樣。這樣做，可以向解放軍學政治，學軍事，學四個第一，學三八作風，學三大紀律八項注意，加強組織紀律性。我們只好告別了工人師父們回到學校。

三十六、二次軍訓

從毛澤東1月20日給林彪寫信：「應該派解放軍支持左派廣大群眾」。到1月23日軍隊根據中央決定：介入地方「文化大革命」，進行「三支兩軍（支左、支工、支農、軍管、軍訓）」。到1月28日由毛澤東所批示：「所定八條，很好，照發」的中央軍委《八條命令》。很快一些重點企事業單位都被軍管了，各單位革委會的一把手無一例外都是軍人。那時的軍人的確素質較高，對軍民關係比較珍惜，絕少有軍車像現在這樣在大街上亂闖不遵守交通規則。當時中國老百姓對解放軍是從心裡充滿無限信任和熱愛的，普通老百姓如果有幸得到一身軍裝或軍大衣的話，那比現在能得到一件貂皮大氅還要更興奮些。

這次軍訓和半年前我們到邢台軍訓不一樣，是軍隊進駐學校管理學生，那時學校的正常秩序早已被破壞，文革初期一些紅衛兵暴打老師的行徑，使老師們對一些學生產生了畏懼感，到此時還心有餘悸，就更別說管學生了。派軍隊接管學校恐怕也是無奈之舉，再膽大的紅衛兵也不敢動手打解放軍啊！

這一年的2月中旬，周恩來在中南海的懷仁堂主持召開了中央政治局碰頭會議，當時社會上「懷疑一切，打倒一切，一窩蜂、一刀切」的風潮已在全國蔓延到很嚴重的程度，不少地方已處於癱瘓狀態。這次會議上譚震林、陳毅、葉帥、徐帥、聶帥、李先念、李富春、余秋里、谷木等老帥們對中央文革小組的陳伯達、江青、康生等搞一刀切打倒老幹部表示強烈不滿，並與之發生了激烈的衝突。

「一窩蜂、一刀切」是中國六十年來發展過程中兩個致命的死穴，「一窩蜂」可解釋為「全民不分青紅皂白，就像老鼠聽到魔笛使者皮特的笛聲，盲目無序地與時俱進」；「一刀切」可解釋為「高層用臆幻、簡單固化的手段處理解決複雜多變的社會問題」。兩者相輔相成，有「一刀切」思路的高層，就必有「一窩蜂」的民眾。從六十年的歷程揭示，只要國內經濟狀況一有好轉，這「兩個一，或稱其『雙一效應』（一窩蜂、一刀切）」的魔影就開始侵蝕到從高層到基層國人的意識中來。1956年第一個五年計劃剛有起色「兩個一」便促使高層決策農村一刀切合作化，城市一刀切公私合營；1958年也是「兩個一」的思潮在全國掀起了大躍進、人民公社的潮流；1966年又是「兩個一」推動了「文革」的深化及知青的上山下鄉；八十年代以後「兩個一」在「改開」中再一次被祭起，先是國人一窩蜂地全民經商、全民造假、全官貪腐，接著就是一窩蜂賤賣全民資產，一刀切職工下崗失業，浮蕩著呼風喚雨、大刀闊斧的激情摸著石頭瞎闖，像當年搞「臆幻計劃經濟」的思路一樣搞「臆幻偽市場化」。

秀才們搞「兩個一」糊弄老百姓還行，草民無話語權！挨刀挨宰大不了也就是「於無聲處聽驚雷」。這次搞到老帥頭上，自然是太歲頭上動土，老帥們豈是好惹的？老帥們就文革中的「兩個一」拍桌子瞪眼地對文革小組的秀才們提出了質問：運動要不要黨的領導？應不應該一刀切將老幹部都打倒？要不要穩定軍隊？這是個扭轉偏離軌跡拐點的行動，只是忠良難抵奸佞。2月16日秀才們惡人先告狀，向毛澤東彙報了會議情況並得到他的支援。毛澤東對老部下們不能理解自己搞文化大革命的深遠意義表示不滿，他說：中央文革小組執行中共八屆十一中全會精神，錯誤是百分之一、二、

三，百分之九十七都是正確的，誰反對中央文革，我就堅決反對誰！你們要否定文化大革命，辦不到！此拐點不但未被修正，反而導致了此後中央文革小組的權勢增強，達到凌駕於中央各部委甚至政治局之上的地步了。老帥們遭到了嚴厲的批判並被扣上「二月逆流」的帽子。毛澤東還在28日陳伯達送去的一個材料上批示：從上至下都有這種反革命復辟的現象，值得注意！看樣子有些老帥當年也被「兩個一」「切」成反革命了。直到1971年林彪事件後毛澤東才給這幫老帥平反。

大概是一、二月的時候，北京的大街小巷貼出過這樣內容的一份傳單並在媒體中廣播過，內容是說：經北京醫學界的檢查，毛澤東的健康狀況可長壽到140-150歲以上，林彪可長壽到120歲以上。如果此消息真的來源於醫學界，則說明中國一些醫學界的人士從那時起就已經開始墮落了。聯想到「改開」中的一些醫生為多得醫藥代表的回扣，不是依病用藥而是看錢下藥，給病人亂開高價藥，治療普通感冒居然要一千多元來看，那時醫學界就存在一批喪失醫德的醫生也不是不可能的。

給我們軍訓的部隊是北京軍區南口鎮的坦克兵部隊，一個姓楚的營長帶著20多個兵來到我們學校。每個教學班算一個排，一個在部隊任班長的軍士擔任教學班的排長，我們的排長叫齊慶年，據他自己說，與中央電台的廣播員齊岳是一個村的同鄉。班裡36名同學經過半年的離散又重新坐在一個教室裡，軍代表指定了一個男生武同學和一個女生趙軍擔任排副分別協助齊慶年管理班裡的男女生。英語老師任錫純和我們班的班主任孫宏年老師也分到我們排每天和我們一起學習討論。

回校不久，上級大概是參照1967年2月12日國務院、中央軍委

下發的《關於軍隊參加地方文化大革命工作組回學校機關檢討的規定》把去年六月鐵路局派到我們學校的工作組叫回（那時稱「揪回」）學校檢討自己執行的資產階級反動路線的錯誤。工作組的高組長在大會上檢討完後，又被一些當時挨整的老師和老師的子女圍住厲聲責問，弄得工作組的成員一個個低頭耷腦的好生狼狽。

3月7日毛澤東對《天津延安中學以教學班為基礎實現全校大聯合和整頓鞏固紅衛兵的體會》作了批示「軍隊應分期分批對大學、中學和小學高年級實行軍訓，並參與開學、整頓組織、建立『三結合』領導機關和『鬥、批、改』的工作。先作試點，取得經驗，逐步推廣。在軍訓時不要排斥犯錯誤的教師和幹部。」此批示被稱為《三・七指示》。不久我們學校也宣佈大聯合，成立了「三七兵團」，每人發了個像「八路」臂章那樣大小，上書「三七兵團」的紅布胸牌。我們班有幾個同學被懷疑是「聯動」成員沒被聯合，一個是「首都紅衛兵」的頭頭，也就是和我一起參加紅衛兵農墾戰鬥團去廣東的趙同學；一個是「7.29紅衛兵」頭目石良；還有「7.29紅衛兵」被抄後接電線電人的陳同學等。

上海造反派奪取市委大權後定名「上海公社」，此稱呼引起多數高層的不滿，認為這是要改變國家的體制，毛澤東也對張春橋等人提出質詢。3月10日《紅旗》1967年第5期發表《論革命的「三結合」》公佈了毛澤東的又一指示：「在需要奪權的那些地方和單位，必須實行革命的『三結合』的方針，建立一個革命的、有代表性的、有無產階級權威的臨時權力機構，這個機構的名稱叫革命委員會好。」此後十年從國家高層機構到到農村的生產小隊統統被「兩個一」「切」成「革命委員會」之名。其實權力機構叫什麼名倒是無關緊要，只是這種方式為以後的各種派別都想掌權的群眾組

織的武鬥埋下了伏筆，在此之前新疆和四川等地已經發生了武鬥事件，特別是四川真可謂是：天下未亂，蜀先亂。天下已定，蜀未定！

三十七、多事之春

　　軍訓以後班裡大多數男生都搬到學校去住了，我們教室對面有一間獨立的教室，文革前是放體育器械的地方，文革開始後，體育器械大多被學生拿去另作他用，壘球棒拿去打老師，體操墊拿去當褥墊……。我們把屋子打掃了一下又從禮堂抬來幾張長餐桌並在一起搭了個足夠四、五個人睡的通鋪，人多時不夠睡，又在餐桌腿襯上搭了幾塊板變成了雙層通鋪。軍訓初期社會上顯得比66年安穩一些，但到了三月下旬一些老紅衛兵又耐不住寂寞開始折騰。

　　3月26日周日，我們班的趙同學和王同學跟一百多名男女老兵（老紅衛兵）去八寶山掃墓，掃完墓他們騎著車沿昆玉河來到頤和園南門，收門票的一看這幫穿軍衣的小少爺們呼嘯而至，嚇得腿肚子都轉筋了哪顧得上收門票，只是呆呆地看著這幫人推著車魚貫入園。他們進到頤和園慢慢地騎著車沿昆明湖遛達，走到銅牛附近見到一男一女坐在湖邊談戀愛，不知誰喊了一聲「打流氓」！哥幾個一擁而上把這對情人揍一頓不說，還讓人家向鴛鴦學習，喊著一二三的號子把這對情侶扔昆明湖裡去了。在頤和園折騰夠了，他們從頤和園東門出來後就各奔東西了，趙、王同學這撥還有十幾個人，這些人沿白頤路往回走，走到農科院附近時又不知跟誰打起來，這回把員警給招惹來了。員警見他們身帶血跡就說：跟我們回派出所

說說經過。他們倒是滿不在乎：說就說，老子還怕你是怎麼著？推上車一路上還跟員警神侃著：我大爺也是公安部的……！員警心想：嘿嘿！這次，就算你大爺是國務院的也不靈嘍！他們就這樣跟在員警後面，屁顛顛地自投羅網去了。結果到派出所二話不說就把他們全部摁住，送進了海澱分局的拘留所。

也是3月下旬在中央工作會議和中央軍委擴大會議上定性：劉少奇是「黨內最大的走資本主義道路的當權派」。《論共產黨員修養》是欺人之談，是唯心論，是反馬列主義的。不講現實的階級鬥爭，不講奪取政權的鬥爭，只講個人修養……，講的是孔孟之道……。而在1月13日夜，毛澤東還在人民大會堂召見劉少奇，劉少奇曾向毛澤東提出：1.廣大幹部是好的，特別是許多老幹部是黨的寶貴財富。主要責任由自己承擔，儘快把廣大幹部解放出來，使黨少受損失。2.辭去國家主席、中央常委等職務，全家回延安或老家種地，以便儘早結束文化大革命，使國家少受損失。毛澤東沒有接受這兩項要求，他建議劉少奇認真讀幾本書，還特別介紹了德國動物學家海戈爾寫的《機械唯物主義》、法國哲學家狄德羅寫的《機器人》及《淮南子》，不過前兩本書當時可能還未翻譯過來，據說劉少奇一直未找到。從毛澤東特別介紹的書的書名來看，毛澤東似乎認為劉少奇只不過思維過於僵化，不能與時俱進適應文革動盪的變態思潮。但到3月中旬情況似乎發生了質的轉變，在他3月19日給章士釗的覆信中可以看出一些端倪：「惠書敬悉。為大局計，彼此心同。個別人情況複雜，一時尚難肯定，尊計似宜緩行」。3月初章士釗曾致信毛澤東，提出：毛、劉團結乃共產黨領導核心堅強的保證。假如劉少奇確實犯了錯誤，望毛、劉兩位領導赤誠相待，劉可做檢討，但切不可打倒劉少奇。一個國家主席的命運在兩

個多月的時間裡就被定成鐵案，這似乎也太唐突了！

1967年的4月是多事之春，4月1日《紅旗》雜誌1967年第5期發表戚本禹的文章《愛國主義還是賣國主義？——評反動影片「清宮秘史」》公佈了毛澤東的指示：「《清宮秘史》是部賣國主義影片，應該進行批判。《清宮秘史》有人說是愛國主義的，我看是賣國主義的，徹底的賣國主義。」這篇文章經毛澤東審閱並批准發表。四月的頭幾天，全國的機關、工廠、農村、學校都數次上街遊行以示支援，並組織全民觀看了電影《清宮秘史》。和當年打倒彭德懷相似，中央高層包括劉少奇的親密戰友們也在「兩個一」效應的渲染下，一窩蜂地揭發、批判起了劉少奇，直到中共八屆十二中全會上表決「把劉少奇永遠開除出黨」時只有曾任中華全國總工會副主席的陳少敏一人敢說「不」！也許一部分人會說：我是與時俱進，身不由己，不得不那樣幹。一位哲士曾說過：如果一個人對自己身邊發生的罪過未加制止，那麼他就是罪惡的同謀。也許只是些違心的同謀，但也並不比那幫文痞好到哪兒去。

4月3日晚，周恩來、陳伯達、康生、江青、謝富治等接見北京大專院校和中學造反派。4月4日王力、關鋒、戚本禹接見中學生代表。以這兩次接見的日期為限，促使北京的中學生分成「四三」派和「四四」派，加上老兵自成一派，當時北京的中學生大致分三派。「四三」派認為軍訓的解放軍沒有支持左派，中學紅代會（紅衛兵代表大會）沒有以左派為核心，必須徹底改組……。「四四」派的觀點則相反。「四三」派雖屬少數派，但思維更激進些，能量也較大，並得到某些中央領導人和清華井岡山、北航紅旗等大專院校造反派的支持。由於軍訓的解放軍與支持軍訓的「四四」派觀點一致，所以無形中也被捲入學生的派系糾纏中。

4月6日毛澤東批准由林彪口授的《中央軍委命令》即《軍委十條》。一些文痞在4月中旬的中央軍委擴大會議期間提出：批判「帶槍的劉、鄧路線」開了拿老帥問罪的先河。「十條」和在一月份所訂「八條」有不少矛盾的地方。不久毛澤東也認為不妥，就提出要「擁軍愛民」。……「八條」叫擁軍，「十條」叫愛民，「八條」與「十條」要結合。真是高人！

4月10日，清華井岡山兵團在清華園召開批鬥王光美和彭真、陸定一、羅瑞卿、薄一波等人的大會。由於幾天前清華井岡山為造聲勢在北京到處張貼有關批鬥會的「海報」，所以我和班裡幾個男生也一起去了，進到清華園就見一溜紅旗轎車停在路邊，清華園的南樓前站滿了人，據說那天參加批鬥會的有30萬人。這些清華的造反派們對王光美進行了人身污辱，當王光美被幾個清華的學生倒撅雙臂出場時，只見她套著緊箍著身子的旗袍，頭戴一頂洋草帽，脖頸掛著一串乒乓球製的「項鍊」。我遠遠看見王光美作了些掙扎和反抗，但都是無效的。王光美被批鬥時穿的旗袍據說是清華井岡山的潘某受中央文革小組指使，從王光美家中抄來的，是王光美於1963年訪問印尼時穿的原裝。

4月22日晚，被海澱分局拘了近一個月的趙、王同學和其他各個看守所被提出的一百多人分批被押上大轎車，此時他們還是一臉茫然，以為又要去挨鬥，一些人在車上唱起了「七十五天」。他們沒想到被拉進了人大會堂參與了周總理、江青、康生、陳伯達、戚本禹等人的接見，周總理在接見時說：這次在這裡見

▼1967年4月10日的清華園

到大家，是毛主席的意思。我送外賓到廣州，發現抓了許多人，都是些孩子，這怎麼行呢？不能不教而誅嘛！回京後向毛主席作了彙報，毛主席說：不要抓嘛，放回去嘛。⋯⋯江青在一旁插話：你們不要把自己劃成小團體，會引起誤會，你們自己考慮。接見結束後，當晚他們直接從人大會堂被當堂釋放回家。

▼1967年4月23日在頤和園

　　雖然當時大家都心中裝有個紅太陽跟著黨鬧革命，但在我這個逍遙派的鼓動下我們班的幾個男生還是參與了文革中的一次春遊，就在趙、王同學被釋放的第二天是周日，我們結伴去頤和園遊玩，那時的頤和園即使是星期天人也不算多，那天陽光和煦我們六人租了條船划了四個小時，還游了泳，興致不錯。玩夠了在十七孔橋附近把船轉讓給幾個小夥子，他們為感謝我們，還給我們照了張合影，幾天以後還給我們寄到學校，雖在文革期間但那時的人還是比較講誠信的。

三十八、文革被深化

　　1967年5月底，北京鋼鐵學院的張建奇為首成立了「北京鋼鐵學院五一六兵團」，6月2日，張建奇就貼出給周總理的一封「公開信」的大字報，提出23個問題責問周總理。6月中旬，北京外國語學院的頭頭劉令楷與張建奇等人，在北京外國語學院籌劃成立了

「首都紅衛兵五一六兵團」。老帥們被折騰得差不多了，高層有人開始借助學生把下一個批鬥目標指向了周恩來，他們在6-8月間散發了不少攻擊周總理的傳單。這次企圖製造拐點的人失算了，他們的想法超越了毛澤東的底線，他不想使文革朝這方面深化下去，儘管毛澤東對周恩來所謂「保守、溫柔和謹慎」的思維及做法感到不十分滿意，但他知道，他手下此時還沒有一個人的治國能力和在國際上的影響能超過周恩來。毛澤東在1967年9月8日《人民日報》發表的姚文元的《評陶鑄的兩本書》一文中加了段他的語錄：「五一六」的組織者和操縱者，是一個搞陰謀的反革命集團，應予徹底揭露。不久中央成立清查「五一六」專案領導小組，陳伯達任組長，謝富治、吳法憲為領導小組成員，在全國開展了清查「五一六」集團運動，又是一次在「兩個一」效應中走向極端的運動，在運動中牽連了不少積極參加各種派別「革命組織」的百姓，這些「革命組織」都互相指責對方是「五一六」集團，甚至達到了動武的地步。北京也抓了不少「五一六」分子，直到毛澤東有一天用朱筆批道：「『五一六』是極少數，早抓起來了，是不是沒有注意政策……？」這才沒有使事態進一步擴大化，只是中央文革小組裡的幾個倒楣蛋精英秀才頂了這個雷，被逮捕入獄，算是丟卒保車吧。

我們的英語老師任錫純以前是黃埔軍校14期的學員，受過嚴格的軍事訓練，這次軍訓當起了我們班的軍事教官，每天早晨帶領我們男生出操，稍息、立正、正步走，他還給我們作標準的軍人操練示範。那時我們班的男生不知是誰興起的，都愛佔便宜，只要說到「爸」字的諧音如：「八、吧、拔……」等字音時，都大聲答應「哎」，就好像當了一回別人的爸爸似的，後來我們把凡是帶8的字音都改念「欻」（chuā）。

早晨出操時，任老師發出口令：稍息，立正！向右看齊！我們班16個男生排成兩排，正好八人一排，前排從小季開始到大個甄。任老師看看大家都站齊了就發口令：前排向前一步走，報數！1……7、欻。任老師不知其中之奧妙以為自己沒聽清楚就命令：重報！1……7、欻！這回他聽清楚了，他嚴肅地說：「欻」？怎麼亂報？重報！這次甄同學用蚊子似的音量說了一聲8，站在他身邊的嚴同學一隻手捂著半個嘴輕輕應道：哎！任老師是認真的，這麼點音量報數他當然不滿意，又命令：甄同學，報數時要挺胸昂首目光平視，用爆破聲把數字報出來，不要軟綿綿的，這是軍訓，不是說悄悄話。重報！這次甄同學聲稍大了些，結果惹得全班男生齊聲「哎」！把甄氣得漲紅了臉，把一旁的女生笑彎了腰，把Teacher任搞得一頭霧水。

　　那時中國是自行車王國，當時的紅衛兵都以有輛自行車而感到自豪，尤其是能有輛永久PA13型自行車，騎上它就像現在開上賓士、寶馬一樣興奮。據說該車的車架、前叉、車輪圈和鏈條等主要部位零件都是用製造坦克履帶的高強度合金錳鋼所製，整車重量較輕，28型的車只有26型車的份量，是上海自行車廠以英國蘭苓牌自行車為樣本，在1964年試製成功的產品，當年售價178元比一般28型全鏈套車貴約22元。那時像天津飛鴿，上海永久、鳳凰自行車由於品質好，信譽高，多作為出口產品，國內供貨不足，買車需要每天晚上到自行車商店點名排號等很長時間。

　　由於當時我父親還未被列入受審查的對象，所以他也想買一輛永久13型。我當然很高興，他買輛新車，他那輛舊飛鴿就能歸我了。我5月初到西單商場排隊，登記排號的有好幾百人，每晚八點半到西單商場北門點名，黑壓壓的一大片站滿了半個胡同，光念人

名就得念半個多鐘頭。負責點名的是第一機床廠熱處理車間的工人叫李金鐘，比我大十歲，就住在西單商場東邊的胡同裡，他與西單商場的一些售貨員較熟，人挺仗義。6月中旬學校組織我們去長辛店的張各莊參加夏收勞動，齊排長知道我在排號買車就讓我晚走兩天。我感到很為難，怕耽誤買車，就找李金鐘商量，他跟我和一個八中的程和平說：你們放心去，號我給你們留著，6月底回來就行，7月初可能要放一批。6月中旬天正熱，我們學校的同學是晚上整隊夜行軍走的，據說走了一晚上。

兩天後早上8點，我一人背著背包沿京石路向盧溝橋走去，那天萬里無雲驕陽似火，出廣安門我想截輛順路車，見卡車我就招手，可能司機都不願搭禿小子，沒一輛車停下，一直走到大約六里橋一帶終於有輛卡車司機被我的精誠所至把車停在路邊，司機和車上的裝卸工挺熱情地問我：到那兒去？我說：長辛店的張各莊。司機也不知張各莊在哪兒，他說把你帶到長辛店吧。到長辛店下車一打聽才知道張各莊在二七廠的北分廠，坐過頭了只好又往回走。在張各莊勞動時天不亮就起來拔麥子，也夠辛苦的。幹了一周，6月底回來一看，我們的號被提前了不少，7月1日晚上李金鐘給我一個號，對我說：明天提車吧。

雖然文革使一些單位處於混亂，但軍事科學研究方面卻還似乎處於穩定狀態，1967年6月17日上午8點20分中國的第一顆330萬噸TNT當量級的熱核武器在西部試爆成功，從第一顆原子彈試爆成功到第一顆氫彈試爆成功僅用兩年多的時間，在缺少外援和資料的情況下這的確是個了不起的飛躍。雖然毛澤東極力挖苦諷刺赫魯雪夫撤走專家的作為，但憑良心說，沒有蘇聯前期對中國核技術、電腦等人才的培訓及工業設備的援助，這麼快的核武器研製進展是絕對

不可能的。中國此時成為第五個擁有原子彈，第四個擁有熱核武器的國家並有了中程運載導彈，也就是兩彈一星的兩彈，這在那個冷戰時期在戰略上是很有威攝力的。也許是巧合13年後的1980年6月17日中科院新疆分院副院長彭加木在羅布泊考察時失蹤。

在「兩個一」效應潮流下，各工廠、機關比著製作毛澤東像章和在廣場上建毛澤東塑像，像章越做越高級，塑像越建越高大，也算是文革期間的「政績工程」吧，與改開期間的「政績工程」之思路可以說是一丘之貉異曲同工，GDP倒是也上去了，泡沫也出現了。毛澤東對此極為反感，7月5日他就此事指出：「此類事勞民傷財，無益有害，如不制止，勢必會刮起一陣浮誇風。」那時大家都標榜自己最聽毛主席的話，可毛澤東說這類話時，卻被林彪說成是「偉大的謙虛」。中國的精明人真會修辭，連謙虛都冠以偉大，以至後來毛澤東說「無須放屁」也被武漢鐵路局的宣傳部長在講用會上吹成是：跨時代的，意義深遠的，是喚起世界革命的驚天動地的號角。溜鬚溜到這種程度，真讓人哭笑不得。

7月南方一些地方許多派別的群眾組織武鬥加劇，7月中旬毛澤東視察了華北、中南和華東地區，沿途發表了一系列後來數年中反復被媒體引用的談話：「全國無產階級文化大革命形勢大好，不是小好」、「亂了敵人，鍛鍊了群眾」、「絕大多數幹部都是好的，不好的只是極少數」、「要團結幹部的大多數」、「要允許幹部犯錯誤，允許幹部改正錯誤，不要一犯錯誤就打倒」、「要擴大教育面，縮小打擊面」、「要鬥私，批修，要擁軍愛民，要抓革命，促生產，促工作，促戰備」……。「對紅衛兵要進行教育，加強學習。要告訴革命造反派頭頭和紅衛兵小將們，現在正是他們有可能犯錯誤的時候」。可以看出，毛澤東對當時的混亂局勢已經感到不

安，許多群眾組織自發的做法已經超越了毛澤東對文革所預期的底線。

7月14日周恩來等人抵達武漢，解決武漢群眾組織「工人總部」和「百萬雄師」之間的問題，並指示給「工人總部」的群眾組織平反。「百萬雄師」是群眾組織，要派專人做他們的工作，武漢軍區對兩派都要支持。

18日毛澤東在武漢接見陳再道和鐘漢華時指出：在工人階級內部，沒有根本的利害衝突。首先要把部隊的工作做好，把「百萬雄師」的工作做好，思想工作做通了，再開會協商。工作要做好，不要著急。誰知武漢人是急性子，三句話不對付就棍棒相見，結果導致了「7‧20事件」的發生，中央文革小組的王力等人被打，7月26日武漢軍區發表「公告」，「百萬雄師」被定為「明目張膽地反對我們偉大領袖毛主席、反對毛主席的無產階級革命路線、反對黨中央、反對中央軍委、反對中央文革小組的叛變行動」。毛澤東離開武漢去了上海。文革小組的王力成了英雄，北京甚至還於7月25日在天安門為他舉行了一個百萬人的歡迎會。後來我在武漢鐵路局工作時，聽到大多數市民對「7‧20事件」的處理方式都不甚滿意，此乃後話。

三十九、八月的流火

那時各中學都在搞大聯合、復課鬧革命，6月15日晚20點央電「各地人民廣播電台聯播節目」報導了北京「石景山中學」實現大

▼左：當時的學生有多激進，連回學校復課都要「殺」回去
右：香港五月風暴，亦稱香港工會的六七罷工潮

聯合與復課鬧革命的消息。周總理對此表示很贊成，他說：「革命師生大聯合，原來的校長站出來，帶領師生復課鬧革命，這是一件好事，應當支持」。學校的軍代表還組織我們步行到石景山中學去參觀，來回差不多40多公里，把我們累得夠嗆。在7月初老師也開始重新走上講台給學生們講課，儘管課堂秩序不是很好，但畢竟是朝穩定的方向有所發展。

當時香港的一些市民也被捲入文革潮中，5月6日香港爆發了反英罷工示威。6月底深圳沙頭角一帶中國邊民與英軍發生衝突，6月26日一大陸民兵被英軍開槍打死，英方隨即關閉口岸。7月6日一邊民的小孩患病，沙頭角公社衛生院的醫療設備簡陋而無法醫治。按當地人的習慣，要到英界內的香港醫院醫治。但是由於進出口處被英警關閉無法通行。在交涉無效的情況下，邊民便用鎬頭拆除障礙物，英警施放催淚彈。一民兵取來一桶柴油澆濕棉被扔到炮樓底下，正準備點火時，炮樓英警向他開槍，該民兵即倒在血泊裡。事後兩天大陸邊民舉行抗議遊行，7月8日部分武裝民兵越界引起英軍開槍，但未造成傷亡，中方駐軍在此後也得到開火還擊的命令，在

交火過程中，造成英方軍警死傷約40人。此事態當時雖未繼續擴大，但在後來的四個多月中香港的工人、學生與港府軍警發生了激烈的衝突，並導致8月22日火燒英國駐北京代辦處事件的發生。

開課不久，大約是七、八月間，北京的大、中學生在紅代會的佈置下，分批分時到中南海北門靜坐要求揪鬥劉少奇。一天下午齊排讓我和逄同學等去中南海北門靜坐，時間是2點到4點。我們到那兒一看，說是靜坐，實際上學生們在中南海對面的電線杆上架了不少高音喇叭，晝夜對著中南海喊口號、放語錄歌，吵得毛澤東也南巡去了。我們呆了一會兒覺得噪音太強就溜號了。終於在8月5日，劉少奇、鄧小平、陶鑄夫婦分別在中南海受到批鬥，同時在天安門廣場召開了百萬人的批判大會。8月7日劉少奇給毛澤東寫信：嚴正抗議給他扣上反黨反社會主義的帽子，書面向毛澤東提出辭呈，並向毛澤東寫明「我已失去自由。」不知道劉少奇此時是否想到1962年1月27日他在七千人大會上的一段講話「由於長期以來彭德懷同志在黨內有一個小集團……，同某些外國人在中國搞顛覆活動有關……。所有人都可以平反，唯彭德懷同志不能平反。」對彭總是個多麼大的帽子！是致他於死地的帽子！這難道公平嗎？難道你當時真不瞭解彭總的為人嗎？你真相信彭總會「同某些外國人在中國搞顛覆活動」？當年還有黃克誠、周小舟為彭總說句公道話，當年黨內民主集中制產生的拐點使他們因講真話遭到不公正的對待而失去了自由之時，這個拐點只有靠你們這些高層來發現和修正，但是你們沒有，不是幫助彭總澄清事實，主持正義，反而推波助瀾，事到如今敢說真話的人已不復存。當每個人都對身邊發生的罪過不加制止時，還指望誰會主持公道呢？

似乎一到8月氣氛就緊張了，《人民日報》發表毛澤東一年前

寫的《炮打司令部》，並發表社論《炮打資產階級司令部》，社論說：「在無產階級專政機構內部，存在著兩個根本對抗的司令部。一個是以毛主席為首的無產階級司令部，一個是以中國的赫魯雪夫為首的資產階級司令部。一小撮走資本主義道路的當權派，與無產階級司令部相對抗。因此，從政治上、思想上、理論上把他們批深批透批倒批臭，這就是給資產階級司令部最徹底、最致命的摧毀。」以前包括四清運動只對一些職位較低的問題幹部進行整治，可以說是「殺雞給猴看」，也許毛澤東認為這不能解決根本問題，問題在高層，要來個「殺猴給雞看」了。

那年八月，不光是政治氣氛，武鬥的刀光血影也籠罩在北京的街頭。北京發生兩次大型武鬥，一次是8月12日，財貿尖兵、西糧野戰軍、地鐵紅旗、地鐵東方紅等群眾組織千餘人體驗了一把後來「改開」中的一句話「商場如戰場」！在西單商場有攻有守地對打起來。那天早上十點多，我們正在北京紅衛兵的辦公室聊天，一個初一的孩子跑進來興奮地說：地鐵紅旗和地鐵東方紅在西單商場打起來了，我早上去看熱鬧，走到商場新華書店旁邊賣照相器材的地方，那門突然被打開了，好多人進去搶東西，街上撒得滿地是膠捲，我順手撿了兩卷。說著他從兜裡掏出兩卷120膠捲。我們聽了都感到挺新鮮，有人說咱們下午也去看看，說不定也能撿點洋落呢。

下午我和逯、趙等同學一起來到西單，西單大街上擠滿了看熱鬧的人流，一輛華沙轎車從堂子胡同拐出，車頭向南被人流堵塞在路中，司機在車裡喊著：大家讓一下，人都快死了！街上的人也對著他嘆：誰讓你們武鬥？活該！我們來到西單商場東門，看見幾個戴柳條帽的工人正在用鋼筋焊的大彈弓往商場的房頂上崩大約是

M20的大螺母，再看房頂上一群頭上扣著洗臉盆的人躲在房脊後面在往下扔汽水瓶，還有舉著氣槍瞄準的，地上碎玻璃、爛水果一片狼藉。一看這陣式我們趕緊跑了，心說：別洋落沒撈著，一不留神再被誤傷。

後來，聽說一些參加武鬥的人員洗劫了西單商場，有些人兩條胳膊上戴著好幾塊新手錶，一些人腰裡纏著絲綢錦緞，一些人工作服裡套著幾件新衣褲……，還有許多商品在武鬥中被損壞，西單商場被迫停業約四十天。事後財貿尖兵的領導人洪振海等人被抓。

四十、多難的八月

我們在學校裡與軍訓的解放軍關係還是比較融洽的，有時還在一起開聯歡會，一次週六，我們年級和軍訓的排長們開軍民聯歡會，一個同學朗誦毛澤東的詩詞《沁園春·雪》，朗誦完後，三排長小聲跟我們說：我一直鬧不懂，怎麼那麼多英雄把腰都折斷了？那還怎麼射大雕啊？把我們都笑噴了。

8月18日那天是陰天，好像要下雨，「北京紅衛兵」的趙、王、甄等同學準備慶祝「八一八」毛澤東首次接見紅衛兵一周年，他們賣了些廢報紙，湊了幾塊錢活動經費。賣報紙時還出了點差，他們賣的報紙中有些是《解放軍報》，那時的《解放軍報》屬於內部報紙，一般家庭是訂不到的。廢品站的一看一幫小子賣軍報就知道是私拿學校的報紙來賣，廢品站的造反派當即就想連人帶報紙都扣下，來個人贓俱獲。廢品站的人問：你們是哪個學校的？我們同

學一看情況不好轉身就跑。回到學校又找了些報紙，吸取經驗先把軍報挑出來，再找別的廢品站去賣。

他們買了幾瓶葡萄酒和豬頭肉、冰棍，把我和逯同學、石良也叫上，還有幾個初一、初二的學弟一起聚餐。喝完酒我覺得有點醉意，就躺在傳達室的床上跟李老頭瞎聊，他們說出去找點油炸油餅。半個多小時後他們提著瓶油，捧著包麵粉回來了。我也不聊天了，跟著他們來到辦公室架鍋、和麵準備炸油餅。大家幹活的功夫趙說起了智取油、麵的經過，離我們學校不遠的南鬧市口附近有家「四類分子」，去年八月紅衛兵抄家運動時他們抄過那家，後來還常去那家給人上階級教育課，順手還抄點東西。趙說：這次他們剛進院，那家的孩子就嚇得朝屋裡嚷了起來：奶奶，那些叔叔又來了！老太太趕緊跑出來說：革命小將們，今天想要點什麼？我們家都被你們翻騰好幾遍了！這幾個也不理老太太直奔廚房。一進廚房他們很快從架子上一排瓶子中找出一瓶豆油，油瓶旁還有個大口瓶裝著半瓶黑糊糊的東西，初二的學弟郭同學拿起瓶子打開蓋聞了聞，又用食指伸進去攞了點放進嘴裡，他嘬了嘬手指頭高興地說：「芝麻醬」！芝麻醬可是好東西，當時憑副食本每人每月才二兩，他們抄起油和麻醬，順手又把麵缸裡的白麵舀出來些用報紙包上。老太太在後面嘮叨：那油是昨兒個剛打的，你們都拿走，我們家下半個月用什麼炒菜啊……！

文革時期人的道德也開始出現拐點，以至於在後來的四十年中特別是近三十年中，這個道德的拐點非但未被修正，其軌跡反而偏離做人的基本要求越來越遠。當初在學生中不以偷、搶為恥反認為有本事。那時自行車配上個轉鈴是很時髦的，當時轉鈴大約2.5元一個算是比較貴的，學生一般買不起。但強烈的虛榮心加上社會風

氣的影響使他們成夥結隊地上街偷卸別人車上的轉鈴。

　　一天早上我們班的幾個同學就像準備去逛商店一樣，商量上街去找幾個轉鈴，我們騎車來到王府井，兩、三人一組拿著改錐賊眉鼠眼地搜尋停在路邊自行車上的轉鈴。那時因為轉鈴易丟，騎車人在停車離開時除了鎖車還要把轉鈴蓋擰下一半帶走，這招還真有點效果，反正我們是不願卸這樣的轉鈴。當我們走到百貨大樓北面賣樂器的商店門前時，見一輛新車上有個轉鈴，我和逯同學走了過去，剛準備動手卸鈴，身後有一個戴眼鏡的學生走過來點頭哈腰地說：「哥們，這車是我的」！得！我們第一次作案就失手了。

　　這一年外焦內亂困擾著中國，先是一些人對外採取輸出革命的措施，引起外交糾紛不斷，使中國外交部處於十分尷尬的地步，從1月24日中國留學生在列寧墓前因有過激言行而被蘇方軍警驅打；4月和6月因中國駐印尼和緬甸大使館遭襲擊，北京十餘萬人到印尼和緬甸駐華大使館示威遊行並有一些人採取了一些激烈的行為。到8月7日王力支持外交部姚登山等造反派奪權批鬥陳毅的「八七」講話，直到8月22日晚北京外語學院等單位火燒英國代辦處。火燒英國代辦處幾天以後，部分英國民眾到中國駐倫敦代辦處抗議。引起了中方使館工作人員與英國民眾的衝突，當員警前來維持秩序時，中方外交人員認為員警袒示威者，隨後與英國員警發生衝突。這些外交事件給中國在國際上造成了惡劣的影響和十分被動的局面。

　　這邊外交事件還未解決完，在北京的景山公園又發生了京城第二次的大型武鬥，大約是8月底，四川的紅衛兵組織「四川紅成」的人員佔據了景山少年宮，他們和北京的中學紅衛兵發生了衝突，剛開始是唇槍舌劍，接著就是磚頭瓦片。後來又招來大批的大中學生，在宣傳車播放的衝鋒號聲中，十幾個被精選出的大個學生合抱

著大原木撞擊景山公園的北門，他們唱著語錄歌：下定決心——咣；不怕犧牲——咣；排除萬難——咣；去爭取勝利——咣——嘩啦，大門被撞開。「四川紅成」畢竟是武鬥之鄉練出來的，就在大門被撞開的瞬間，板磚像雪花般地從門縫中飄了出來，前面幾個精壯的大個被砸得頭破血流四下躲避，後面帶著柳條帽的大學生們蜂擁而入，殺聲震耳，「四川紅成」雖然寡不敵眾敗局已定，但他們還是在少年宮裡憑著棍棒磚瓦繼續廝殺，直到付崇碧帶領軍隊趕到才制止了這場武鬥。

西單商場和景山公園的武鬥是北京1967年8月間兩次比較聞名的大型武鬥，體現了當時中國從知識分子、黨政幹部、工人到學生都充滿了浮燥情緒，稍有語言、觀念上的不同見解就會兵戎相見，全國的武鬥規模也從冷兵器發展到機槍、坦克、改制裝甲車等。當時的援越物資也曾多次被搶，許多三線兵工廠的工人更是近水樓台先得月，直接把生產出的各種武器用於武鬥的戰場。

四十一、外援與內建

文革小組的文痞們的過分囂張引起了許多高層人物的不滿，8月26日毛澤東終於對王力不著邊際的「八七」講話和戚本禹的「揪軍內一小撮」的文章動怒了，他說：王力這篇講話極壞。……會寫幾篇文章，膨脹起來了，要消腫，王的錯誤極大。……我的看法，此人書生氣大些，會寫幾篇文章，不大懂政治。王的破壞性大些。關鋒聽王力的話。王力的興趣不是什麼部長、副總理，這個人愛

吹。他接著說：王、關、戚是破壞文化大革命的，不是好人。……把他們抓起來，要總理處理。……戚本禹可以爭取一下，但要「批透」，不然就爭取不了、分化不了……。就這樣三位隔日便從禍害別人的高層變成階下囚了，大街上也貼出標語稱三位是「小爬蟲」。六十年來中國的政、經、史的文痞就是這樣，他們總是以為自己無所不能，總是不斷地忽悠老百姓「轉變觀念，解放思想」，轉變什麼觀念呢？無非就是從極右轉到極左，從極左轉到極右，習慣上稱之為「與時俱進」。不知為什麼這種文痞們總能被一些高層所青睞，是高層太無能，還是文痞們太狡猾？

當時國內各部門都處於極左思潮蔓延的混亂局面，進而使中國經過十七年的努力在國際上創立的形象受到破壞，為了改變這個不利的狀況，中國開始在非洲各國開展一些政治性的經援活動。1967年尚比亞總統訪華，提出由於得不到西方國家的援助，希望中國政府幫助坦贊修一條貫穿坦桑尼亞、尚比亞的鐵路，毛澤東對他說：先獨立的國家有義務幫助後獨立的國家。9月5日中國政府與坦桑尼亞政府和尚比亞政府在北京簽訂關於修建坦桑尼亞－尚比亞鐵路的協定。鐵路東起坦桑尼亞首都沙蘭港，西至尚比亞的卡皮里姆波希，全長1860公里，沿線地形複雜，線路需跨越裂谷帶和沼澤地，施工難度較大。1968年5月經中國專家和工程技術人員兩年多的勘測、考察、設計並幫助坦、贊兩國政府組織施工。坦贊鐵路於1970年10月開工，1976年7月竣工，為建設這條鐵路，中國政府提供無息貸款9.8億元人民幣，各種設備材料100萬噸，派遣工程技術人員5萬多人次，犧牲64人。

當時美國蒂爾公路建築公司也在坦桑尼亞幾乎和鐵路並行的地方修一條約900公里長的公路，工期也是6年，雖然他們的機械化

程度高於中國，但其進度卻落後於中國，當然這與當時非洲人的教育水準較低，對先進的設備掌握程度差有一定的關係。另外當時中國對外援人員管控很嚴，整體人員的紀律性很強。美國在這方面差些，甚至還在當地留下一些混血兒。據說現在的中國外援人員在風流韻事方面也在與美國接軌，甚至超過了歐美。

1952年底毛澤東曾作出「要建設第二汽車廠」的指示，此項目在後來十餘年裡幾經上下，一直到1965年底才選定廠址，1967年9月「第二汽車製造廠」的基建在湖北的鄖縣的十堰開工。1969年9月大規模的施工建設開始，1975年6月二汽第一個基本車型「東風」2.5噸越野車投產。當時我正在武漢工作，記得是一個周日我在漢口繁華區江漢路附近看到「東風」2.5噸越野車的車隊通過，大概是在向誰報喜，車上插著彩旗，車的外觀並不十分漂亮，後車廂全部是鐵皮擋板，看樣子挺茁實，當時聽說是炮車。這個文革中設計施工建成的汽車製造廠雖然存在不少當時的歷史烙印和缺陷，但也為後四十年的中國汽車工業打下了堅實的基礎並積蓄了寶貴的技術力量。更不要忘記那些在文革中不為「革命、造反」所忽悠得心猿意馬，而是腳踏實地為中國現代化作出過巨大貢獻的技術人員和工人們。不是我願意在此浪費筆墨誇我們的國策，中國的高層和文痞們的諸腦，用上海話說是：基本上「拎不清」十到三十年前的歷史及老一輩國人為這個國家作出的成績和貢獻！

文革中軍工生產和研製還是在有條不紊地進行，1966年10月成功地進行了國產化艦艦導彈「上游」-1定型射擊試驗，並在1967年6月投入生產。在此基礎上又自行研製了中國第一代的岸艦導彈「海鷹」-X型，並在9月29日首發點火發射成功。這對中國海防線的鞏固是個重大的飛躍，從1959年4月中國岸艦導彈部隊第一個岸

艦導彈營成立，並於6月12日首次發射蘇製岸艦導彈，到1967年能自行設計「海鷹」系列岸艦導彈，除了蘇聯的全套技術援助外還與中國技術人員忘我的學習和鑽研精神是分不開的，那時，科研人員是以攻克科學技術難關為主，而現在，雖然博士、院士滿地爬但大多是以常年互相抄襲論文為主。

這年的10月1日，也是中國的第18個國慶，印尼的軍警和千餘名極右分子武裝襲擊了中國駐印尼大使館，並發生了開槍事件，好像有一名叫趙小構的使館工作人員為保護國旗被槍擊成重傷。這最終導致了中、印尼的斷交。

十一以後學校組織我們到大興縣西磁的三間房參加秋收勞動，京南的郊區那時空氣新鮮稻淑如浪，我們四、五個一組住進了老鄉家裡，齊排長按當兵的三大紀律，八項注意來要求我們，讓我們在休息的時候幫助老鄉挑水、劈柴。我們的主要任務是幫助生產隊收割成熟的水稻，頭幾天累得我們腰酸背痛，甭說幫著老鄉挑水了，就是連吃飯都懶得去。

村邊不遠有條小河，平時上游不放水時河水也就到腳脖子，上游一放水，河水能淹到大腿根，河水清澈見底十分誘人。三十多年後的2004年我再次路過那條河時，那河水已經嚴重被污染了，河面上漂著油花，異味難聞，就像剛洗完髒衣服的肥皂水。

▼今日混濁污染的小河

那時我們班男生收工後常到河邊洗澡，以緩解一天的疲勞。一旦上游放水，我們班幾個會游水的男生就淌著水撈魚，什麼工具也不用，就用雙手在被河水淹沒的草窠裡摳，只要覺得摳到的東西在手掌下一動，十

有八九捂到的是魚，不過有時也捂到癩蛤蟆把人嚇上一跳、噁心一下。幾個同學忙活不到一小時就能逮到一盆小魚，回去用老鄉的灶一煮那叫一個香，絕對是無污染食品。

四十二、開始分配了

大約是十月份吧，我們看到了毛澤東於8月31日會見馬里軍事代表團時發表的對文化大革命四個分段的談話：他認為文革第一階段是從姚文元文章發表到八屆十一中全會。是發動階段；從八屆十一中全會到上海一月風暴，是第二階段；從上海一月風暴奪權、大聯合、三結合，可算是第三階段；自戚本禹的《愛國主義還是賣國主義》及《〈修養〉的要害是背叛無產階級專政》文章發表以後，可算作第四階段。毛澤東認為文化大革命的目的是「解決世界觀問題，挖掉修正主義根子問題」。他強調「對待革命幹部必須首先相信百分之九十五以上是好的和比較好的」，「真正壞人並不多，在群眾中最多是百分之五，黨團內部是百分之一、二，頑固的走資本主義道路的只是一小撮」。他稱讚「革命小將革命精神很強，……對革命小將是培養問題」。還表示：這次文化大革命，對於解決兩個階級、兩條道路的鬥爭問題，「起碼要鞏固十五年」。「一個世紀搞它二、三次」。當時我們算了一下，合著三十多年搞一次，一次搞十五年，只能鞏固十五年……?!

今天看來毛澤東當時對「黨團內部是百分之一、二」的壞人估計得還真不算多，按當時的比例算最多也就一百萬左右。而今的貪

腐官宦大概是個難以估算的天文數字了，現在大陸人民普遍認可的一種說法是：處以上官宦（不含副處）都槍斃不會有冤案，科至副處級幹部隔一個槍斃一個肯定會有漏網的。可見30年的「改開」政績之一是：培育了天文數字的腐敗分子，這也正是當年毛澤東想通過文革消滅的那百分之一、二的「真正壞人」！也許是運用的手法不當，此弊病雖得到一時的抑制但卻未根除，以致於使這些人韜光養晦後患無窮！

11月6日兩報一刊發表《沿著十月社會主義革命開闢的道路前進》，文癟們首次把毛澤東發動「文化大革命」的論點概括為「無產階級專政下繼續革命」的六個要素。其中要素之一是：「文化大革命在思想領域中的根本綱領是『鬥私批修』，要用無產階級思想戰勝利己主義，挖掉修正主義的根子」。後來一些熱衷於炒作的文癟們把「鬥私批修」極端化為「狠鬥私心一閃念」忽悠人們在「鬥私會」上坦白自己的隱私，連小倆口被窩裡的悄悄話都拿出來上綱上線，也鬧出了不少笑話。「繼續革命」理論的出現也算是一個拐點，到文革後期演化出「轉變觀念、解放思想、進一步推進、不斷深入、繼續深化無產階級文化大革命」、「無產階級文化大革命進行到底」、「文革成果不容懷疑」等更極端的口號和更損害人民大眾利益的做法。這些口號甚至直到四十年後的「改開」運動後期，還被一些有話語權的文癟繼續簡單地重複著並作為撰寫文章的選題來忽悠老百姓，全盤否定前三十年。這也是中國文癟六十年來熱衷於「兩個一」效應的一種遺傳基因，一有機會就要表現一下，這似乎並不能完全怪毛澤東。

1976年8月媒體正在批判「今不如昔論」和鼓吹「文革成果不容懷疑」，當時我在武漢鐵路局工作，曾以毛澤東所說：「共產黨

員對任何事情都要問一個為什麼，都要經過自己頭腦的周密思考」為依據，與同宿舍的幾個同事就「文革成果不容懷疑」展開過三個小時的爭論，開始他們說我是「懷疑一切」！我說他們是「盲從」是「奴隸主義」。並列舉了毛澤東的這段話和那些年來所耳聞目睹當時的社會狀況，結果使他們也開始懷疑「文革的成果」了。

在科學技術方面，似乎沒有受到文革太大的影響而停滯，中國最大的射電望遠鏡在11月29日安裝調試成功，這為以後的衛星及彈道導彈的發射和跟蹤奠定了基礎，另外「和平二號」固體燃氣象火箭試射成功，為導彈、探空火箭及發射航天器的發動機的研製積累了經驗。

老三屆的中學生已經一年多沒正規上課了。要說我們一年前百分之百都是好人，現在呢，女生我不知道，大概也沒什麼好的可學，都養成了國罵不離口的習慣。男生大概已有百分之五十學壞了，打人的，打架的、毀壞公物的不在少數，前兩個月幾個同學閑呆著沒事，一高興大白天的就把學校的圖書館給撬了，學校圖書館有一部分書過去是不對學生開放的，只借老師，這回哥幾個真是如魚得水，進去後圍著書架一頓亂翻，三言二拍、水滸傳、復活、戰爭與和平、高老頭、沙士比亞選集等中外名著每人裝了一書包回家。後來，天冷的時候，我和王同學又從實驗室的後窗潛入實驗室把學校僅有的一塊萬能錶拿走，回家組裝調試晶體管收音機去了。過了幾個月後，由於學校搞公物還家，我們才又把萬能錶給學校送回去。

從三間房勞動回來，就開始小批量地分配工作了，沾了鐵路的光，四川資陽431機車車輛廠在我們學校招了幾個，我們班的武同學和女生李同學報名去了。先在長辛店二七車輛廠代培兩年，其實

他們後來也沒去431廠，而是被留在二七車輛廠從每月18元的學徒工幹起一直幹到退休。接著青海軍馬場也在學校招人，兩個女生徐和白報名應招，她們的工資是很誘人的，加上高原補助，每月一百多。文革開始以後，工廠有人提出批判「獎金掛帥」，工廠大概是在67年前後，取消了獎金制度，原來的用於獎金的那部分資金改成了66年以前參加工作的工人的「附加工資」。這就造成了在同是二級工的情況下，66年以後參加工作的工人比66年以前參加工作的工人的工資要低15%-20%（6-8元），這一低就是十年。

文革後第一批有組織的上山下鄉報名也於11月中旬開始，地點是黑龍江省雙鴨山的集賢農場，我們班的趙同學和女生趙軍報名，1976年他們在農場結婚。趙同學就是和我一起去紅衛兵農墾戰鬥團的那位，由於當時上山下鄉還未形成運動，所以去農場必須徵得家長的同意，當時農場工資是28元／月。本來我也想和趙一起報名去，只是家裡不同意，我一猶豫就沒去，1969年去延安插隊，每天十個工分0.224元，辛苦一年刨去糧錢，秋後分得18元，還不夠回家探親的單程路費，就是算上糧錢年薪也就才56元，不足職工平均年工資的1/10。

二趙是12月7日下關東的，我隨車一直把他們送到天津。1970年3-4月我下關東時曾去他們農場住了半個月，直到那時二趙還沒有一點戀愛的跡象。

67年底或68年初，鑒於67年10月14日中共中央、國務院、中央軍委、文革小組聯合發出《關於大、中、小學校復課鬧革命的通知》，各校初中開始招生，但高中、大學卻未招生，小學的地方騰出來了，兩年累積下的生源全部壓縮到初中，真是：升學已封頂，入學如潮湧，加上老三屆，在校初中生幾乎翻番。老師不夠就用老

三屆頂，授名「毛澤東思想輔導員」，每班兩人領著學弟、妹們讀報紙，學語錄。鑒於學校滿灌，高層開始琢磨找地兒打發老三屆了……！

四十三、徵兵

　　雖然文革造成許多地方出現混亂，但北京的副食供應和物價還是基本保持穩定。肉、蛋雖還是憑票供應，但在副食商店買兩毛錢以下的肉是不要票的。那時中國人在道德上還未徹底墮落，市場上還未出現「注水肉」。當時的兩毛錢的肉是二兩半（125克），相當於「改開」後「注水肉」約三兩半（175克）的樣子，回家切成肉絲與蔬菜一起大概可以炒兩、三個菜，中午、晚上各買一次，每天大約能吃半斤肉，只是得多排幾次隊。

　　68年春節前，市場上出現了大量的儲存肉，這種肉不要票大約0.6元一斤，肉色就像掛了一層霜，據說是58年儲存的，已經十年了，工廠、機關都動員人們買「愛國肉」。我們感到很疑惑，這肉要是三年自然災害時期拿出來賣多好，甭動員，大家還不都搶著買？不過這會兒正好趕上快過春節了，既便宜，又不要票，大家買肉的熱情還是很高的，買回去包頓全肉餡的餃子，這在那個年代對普通老百姓來說，機會是不多的。

　　1月23日美國間諜船「普韋布洛號」在朝鮮東部元山附近海面從事間諜活動時，被朝鮮人民軍海軍俘獲，並發生交火，一名美國軍人被擊斃，82人被俘。此事件一度引起兩國間的政治空氣高度緊

張，當時稱為「普韋布洛號危機」。朝鮮當時未屈服美方壓力，直到11個月後的12月23日，美方對間諜船進入朝鮮領海表示道歉，並保證今後不再發生此類事件。朝鮮才於同日釋放普韋布洛號的全體美軍船員，但對「普韋布洛號」卻作了沒收處理。現在這條船還在朝鮮的「大同江」畔的愛國主義教育基地對「朝、外」遊客展覽。此事件與2001年4月1日美軍EP-3機碰機後未經允許迫降陵水機場事件有些相似，只是當時中方為取得在美永久最惠國待遇，採取低調處理，先行放人放機，據中國外交官吳建民的回憶錄記載：最後就此事件美方只同意賠付34567美元，而中國的期望是100萬美元。而這個34567美元順序排列數位的賠償，不知道是巧合還是美方對中方的一種有意嘲弄，畢竟，就是94天的停機費怕是也不止這點錢。的確自古以來高麗民族從高層到民眾有一種民族凝聚不屈的精神，2010年世界盃足球賽時，朝、韓雙雙入圍，朝鮮雖在小組賽中以0：7敗於葡萄牙成為一些中國球迷擠兌朝鮮的話題，但是也有一些球迷哀歎：什麼時候「國足」也能憑自己的本事進世界盃賽場？哪怕被強隊踢個10：0呢……！

由於六九、七零屆學生進校，我們被擠到與三二班輪流使用二樓教室學習，每週只去一、兩次學校，我每次都晚去十幾分鐘，躲開早請示即：祝偉大統帥毛主席萬壽無疆，祝林副主席身體健康及高唱東方紅和大海航行靠舵手。據說在這六十年中首創喊「毛主席萬歲」的人是黃炎培。1949年3月，北平市市長葉劍英在國民大戲院（首都影院）為從國統區輾轉來到北平的知名民主人士開歡迎會，當歡迎會進入高潮時，黃炎培情不自禁地振臂高呼口號：「人民革命萬歲！中國共產黨萬歲！毛主席萬歲！」。這當然可能出自一個對國民黨中國徹底失望的知識分子嚮往新政權的心情，並無阿

諛獻媚、塑造崇拜之意。在以後的十七年中這個口號也就限於五一、十一遊行或集會時渲染氣氛時喊喊。我們學校的教導主任李宗剛在全國第三屆人大第一次會議的選舉結果公佈時，在我們學校禮堂的講台上，也曾振臂高呼過「劉少奇主席萬歲」，這也許是從半封建、半殖民地過來的老百姓對高層人物的一種表達方式，也是一種應該在歷史發展過程中被逐步揚棄的一種表達方式。

但文革以後，這種方式卻被升級了，從「萬歲」到「萬歲！萬歲！萬萬歲！」到「萬壽無疆」到「身體健康，永遠健康」以及後來的「總設計師」到「xP你好」估計這大多是些不務正業的文人琢磨出來的。兩千多年來，封建社會稱皇上為「萬歲」，就是皇上的親叔也只能稱「千歲」。而中國當代的文痞創新能力是何等強啊，正派人不得不甘拜下風，他們想到既然毛主席「萬壽無疆」了，那林副主席就不能「千壽無疆」啊，要不然差上幾千歲如何能接班呢？怎麼辦呢？中國文痞自有高招：咱就來個「永遠健康」吧，「永遠健康」意在於「健康無疆」！與「萬壽無疆」相比只高不低。

我們班的張同學和逯同學，在東四的蟾宮影院當了一段時間的臨時服務員，招呼我們班同學去看免費電影。我小時最愛看電影，住在頂銀胡同時放學後經常到大華、紅星電影院看免票電影，紅星影院進場和退場都在正門，在電影退場時我們仗著個子小，從人縫中溜進電影院，從未被抓住過。大華影院的側門在西總布胡同西口，是個三不管地段，我們常從那兒溜進電影院，大華電影院在那個出口裡面還有一個廁所，看完一場躲在裡面等著再看下一場，那時每場影片都不一樣。在大華影院有一次看蘇聯影片「基輔姑娘」由於是100%滿場，一個空坐都沒有，被查票的逮著一次，她把我轟出影院，過了一會兒我又從側門溜進去，找到一個空位子坐下剛

看了一會兒，她打著手電筒，領著一個晚到的人來找座位，自然又被她逮個正著，這次她不但把我轟出去，還把側門從裡面插上。我那時甚至想：長大後要能當個電影院查票的該多好啊！天天有免費電影看。

這次可以正大光明地看免費電影了，當然很高興，可此時的電影比起文革前來可算是大倒退了，國外片僅限於蘇聯影片「列寧在十月」阿爾巴尼亞影片「海岸風雷」等及中國的「新聞簡報」，也許是大家那時都沒事幹，又沒什麼娛樂，所以雖然每天都是這幾部片子無限循環，但觀眾幾乎每場上座率都達到80%以上。

這年的1月30日是春節，這也是我及許多知青以北京市民的身分在北京度過「文革」期間最後的一個春節。當然此時還並沒有預感到，還覺得前途似乎還比較光明，因為68年春季招兵即將開始，由於文革原因67年未徵兵，所以大家都估計這次徵兵數量可能會翻番。而且傳說北京的工廠也即將招學徒工。當時大多數男生首選的志向都是當兵，當工人也覺得不錯，至於上學，當時除初中、小學招生外，高中、大學並沒有招生的跡象，何況，根據當時知識分子在社會上的地位，即使招生對當時的學生似乎也沒有太大的吸引力。

我們學校這次是由北海艦隊的海軍徵兵，我們班的嚴同學和任同學被徵入伍，任同學就是那個前段所表，在文革初期抄家時被人砍了一刀的。由於沒參上軍我好沮喪，其實也應該想到，那次徵兵雖說是重在表現，但出身不太好畢竟缺乏競爭力。嚴、任

▼和參軍的嚴、任合影，後排右一是嚴同學，右二是任同學，我們的身後是鐵一中唯一的按火車頭設計的小二樓

同學高興得了不得，我們一起照了一些留念照片。

　　到黑龍江農場的趙同學來信，他在信中對東北風土人情的描述，對我有很大的誘惑，有些後悔沒和他一起去東北農場。

四十四、開始下鄉

　　如今一些有話語權的文人說前三十年只講階級鬥爭使經濟、科學得不到發展，這其實是歪曲事實的惡意渲染，不亞於四人幫之類文痞在文革時期的惡劣作為。毛澤東在1963年5月發表的《人的正確思想是從哪裡來的》一文中寫道：「……人的正確思想，只能從社會實踐中來，只能從社會的生產鬥爭、階級鬥爭和科學實驗這三項實踐中來。」雖然在這三項比例的掌握方面不盡如人意，但即使在階級鬥爭空前擴大化的文革期間，科學實驗的一些成果也是令人矚目的。1968年2月20日，經毛澤東批准，在「國防部第五研究院」的基礎上成立「中國空間技術研究院（CAST）」，目的在於研究、探索和開發利用外太空的技術途徑，為中國在航天器、發射、生產基地、空間技術的研究及對外交流與合作方面奠定了基礎。

　　還有1967年7月18日毛澤東批准，周恩來執行的「718工程」，這是為我國自行研製的「東風五號」洲際導彈遠端試驗前在太平洋上選擇導彈落點進行水文、氣象、重力、磁力等科學勘測試驗的工程，是一項包括多項研製、建造、試驗任務的系統工程。這項工程也推動了我國軍、民科技及造船業的發展，培養了一批具有國際水準的科研人員。

1968年4月4日星期四，早晨風較大，似乎是倒春寒，騎車時不帶手套還覺得有些凍手，早晨我來到二樓的教室，一些同學們散坐在桌椅上、窗台上聊天，由於冬天較冷大家都懶得下樓運煤，同學們把椅子腿劈了一些燒火，所以現在教室裡沒剩幾把好椅子了，晚來的人只好坐窗台上。我進到教室剛跳上窗台坐下，逯同學就問我：昨晚六點到七點幹什麼去了？我說：上小學同學家去了。逯同學說：那這事不是你幹的，你沒作案時間。我問：什麼事就不是我幹的？逯說：昨晚6點45西單商場發生爆炸，我在協助公安局調查嫌疑人員。我問：真的？假的？別又在造革命的謠言吧？逯說：不信？你問他們！我這才注意到，大夥都在談論著這事。我說：咱們去西單商場看看?!

　　我和逯騎上車來到西單堂子胡同西口，只見西單商場賣水果、點心、煙酒的商店外滿地是碎玻璃，商場那個向西南方向開的門好像是被炸掉後又綁在門框上，商場對面的一幅「紅光」電影院《列寧在十月》的彩色大廣告圖片已被燒焦了一半。現場一些人說：炸彈是放在門口的果皮箱裡爆炸的，炸後場面很慘，到處是炸碎的肢體，商場的大玻璃窗和櫃檯的玻璃都被震碎，大多數人是被亂飛的碎玻璃劃傷的，當場炸死5人，傷100多人。後來從公安局公佈的資料中得知，引爆者叫董世侯，家住遼寧，是提在手上懸空爆炸的，這是中國第一個，可能也是世界第一個「人體炸彈」。資料中稱：「此人生前多次表示對現實不滿」。大概就是對「文革」不滿，卻讓一些無辜的人們作了犧牲品。西單商場也是命途多舛，去年武鬥被打砸搶得滿目瘡痍，剛剛修好開業半年，又遭炸彈襲擊……。

　　在這段時間裡除一些較先進的科、工業及軍事研究方面受到文革的干擾要小些，其他企事業單位並不樂觀，甚至連中國培養知

識分子搖籃的大學更是被天之驕子們折騰得一塌糊塗，北京的大學出了五大學生領袖，天上飄的，地上跑的，文革前看著文質彬彬的大學生們先是對著高音喇叭互相對罵、叫板，所謂「文鬥」，罵得不過癮就撇開斯文拿起刀槍互相廝殺，於是「文攻武衛」被揭開序幕。清華大學的「井岡山兵團」和「414總部」兩派大學生對打得尤其厲害。不愧是受過高等教育的，武鬥所用武器都是自力更生、白手起家。從4月23日開始先是大刀、長矛，接著把拖拉機改造成土坦克，製造手榴彈、燃燒彈、長槍短槍等更不在話下，把教學樓的牆面打穿改成工事，針對土坦克，學生們還試製了打坦克的火箭筒。據說，在試射火箭時，由於威力超過設計指標，火箭射到牆外的農田裡，把個正在地裡幹活的農民炸傷。直打到7月27日工人、解放軍的毛澤東思想宣傳隊進駐清華大學。這次近百日的武鬥中造成13人死亡，其中有5名工宣隊隊員，600多人受傷。

大規模的上山下鄉運動終於從六六屆初、高中學生頭上開始了。五月底的一天，黑龍江建設兵團852農場的一位身著軍裝，個子不高但口才很好的小夥子來到我們教室。他左手把毛主席語錄端放在胸前，舉右手在台上轉了半圈向大家敬了一個標準式的軍禮後就開始給我們全體六六屆同學作動員報告。他的報告大約講了近兩小時，報告中從農場建場的歷史講起，談到這批新去的知青每人每月工資32元（去年12月趙同學去的集賢農場工資每月才28元），他挺善於煽動大家的情緒，談吐中不乏幽默的誇張，多次搏得同學們的笑聲和掌聲。

動員報告後，有不少同學報名，幾天後我們班的四女二男被批准去852農場，因為852農場在黑龍江的虎林縣，離中蘇邊界不太遠，所以出身不太好的或表現不好的即使報名也不會被批准，有的

即使你不報名也批准你去，我們班的英語課代表王鵬是獨子，雖然沒報名但第一批下鄉的名單裡卻有他，只是他父母堅決反對，所以沒走。

石良的女友小N被批准去了852農場，一向挺精明的石良這時就像掉了魂似的時常發呆，想起上學時那次假裝輔導小N作數學題一不留神把鼻涕流到她頭上的鏡頭，還有時常趁教室沒人時摸著她的小手打情罵俏。文革時肩並肩、頭對頭地寫批判稿、貼大字報。幾年來，受擠兌時小N總是不露聲色或明或暗地幫自己說話、替自己圓場。此後卻要惜別千里，相見亦難，想到此石良好生傷心，但又無可奈何。由於小N家教較嚴，又不敢輕易去小N家，只好背著大家偷偷地把小N約至旮旯避光處，再斷腸柔情、灑淚暢敘一回。今別汝，再逢待何日……？小N說：瞅你這德行，你要捨不得我，報名跟我一起走啊！石良說：我媽不讓，把戶口本給藏起來了……。

去852農場的同學是1968年6月13日走的，那天，我們班的二十多個同學都去北京站歡送他們。等到我去陝北時我們班只剩下兩個同學：陳設和武同學去車站送我。他們的心情似乎還不錯，最起碼比我去陝北插隊時要強。月台上的情景倒是和我去陝北時差不多，鑼鼓喧天，口號震耳、親人落淚。我頭大到「東安市場」給張同學（跟我和趙一起去西安串連的那位）買了幾盒「北京果脯」，這事張同學四十年後在我們聚會時還提起過，我倒是忘得一乾二淨。

四十五、釜底抽薪

　　文革開始以來，尤其是近一年多來全國武鬥不斷升級，工農商學兵都被攪了進去，像工、商系統的地鐵紅旗、地鐵東方紅，七機部的915、916，財貿尖兵等派系是京城的大戶，都有橫向聯繫，武鬥時一呼百應，本單位開戰，一個電話就能招來許多外單位觀點相同的「戰友」，這些「戰友」多是些「來之能戰」的亡命之徒。這些群眾組織中大概數七機部的915和916的實力最強，在市區大街上到處可以看到打著915、916旗幟的宣傳車飛馳、追逐。5月19日那天，一輛七機部915造反派的卡車從南長街向天安門方向左拐時，車翻在長安街上，頓時火光沖天，死傷數人。1968年6月8日七機部兩派武鬥，703所所長冶金和航空材料專家姚桐斌被某些群眾組織成員在一片「打死你這個反動權威！」的叫喊聲中用鋼管打死。

　　大中學生分了一、二、三個司令部及老兵和一些平民集團，第三司令部（當時稱「三司」）更是能征善戰。平民集團中有個叫周長利的，是西城一帶的頭目，以打架兇猛名震京城，綽號「小混蛋」，多次與自稱「老兵」的幹部子弟對陣以少勝多很少吃虧。也是這年的6月24日周長利在動物園附近被眾多「老兵」圍住，身中數刀，在送往醫院的途中斃命。

　　北京尚且如此外地就更亂了，四川、廣西、陝西、東三省等地武鬥幾乎達到慘絕人寰的地步。毛澤東此時似乎也覺得「大亂」有些亂得過頭，應該「大治」一下了，7月3日他簽署批准了中共中央、國務院、中央軍委、中央文革起草的《七三佈告》，佈告內容包括：立即停止武鬥，解散一切專業武鬥隊，拆除工事、據點、關

卡；立即恢復中斷的車船交通、郵電；立即交回搶去的現金、物資及搶去的武器裝備；所有人員歸位；對拒不執行者，依法懲辦等5條強硬的措施。但這一紙文書對正打鬥得興起的造反派們又有多大用呢？就連皇城腳下清華大學的老蒯都不買帳，你說你的，我打我的。

高層對國內時下混亂的局面開始籌謀：一方面要發點通知、佈告「揚湯止沸」，更重要的是「釜底抽薪」。如何釜底抽薪？就是要把文革中最能折騰的中學生剝離城市，將其分散到廣袤的農村，使其既喪失了這種變態「群體」效應的乾柴烈火，又脫離了瘋狂無羈的環境，讓你們到飯都吃不飽的山溝去，看你們還有精力折騰？媒體從五、六月份開始造輿論，試圖讓學生們儘快適應這個拐點！這個拐點的形成，使之在以後的十年裡全國有多達約1700萬中學生下放到偏遠農村。為了更快地形成這個拐點，高層把1967年10月自願去內蒙西烏珠穆沁旗白音寶力格公社插隊的25中高三學生曲折等人弄回北京到各學校忽悠了差不多一個月。7月4日《人民日報》發表《杜家山上的新社員——記北京知識青年蔡立堅到農村落戶》的報導，據說當蔡立堅在田頭聽到這篇報導時並不是十分滿意，也許是她覺得自己的純潔動機被高層利用了，也許是她覺得報導中有許多不實之處，但又不便公開反對，她可能不像曲折那樣屬於喜歡自我張揚、虛炫浮躁之人。

當時我不知道大家心裡是怎麼想的，至少表面上似乎都很支持媒體的這類宣傳，私下表示不滿的很少。正當到農村插隊的宣傳升級時，《人民日報》7月22日發表了一篇《從上海機床廠看培養工程技術人員的道路》的調查報告和編者按，編者按引用了毛澤東7月21日對該調查報告的批示：大學還是要辦的，我這裡主要說的

是理工科大學還要辦，但學制要縮短，教育要革命，要無產階級政治掛帥，走上海機床廠從工人中培養技術人員的道路。要從有實踐經驗的工人農民中間選拔學生，到學校學幾年以後，又回到生產實踐中去。這就是毛澤東著名的「七‧二一」指示，在這以後，全國許多工廠建立了「七‧二一大學」。這也是毛澤東希望教育改革的一條路，實際上其思路並沒有錯，歐美許多大學，不單是理工科，就是政、經、文、史類的學生也有一部分是從有過幾年實踐經驗的「工農商學兵」中招，有些國外名校的一些學科甚至規定報考該科的學生必須在相應的工廠或公司工作半年至兩年，國外的高層在這點上似乎與毛澤東的思維是相通的，都厭惡那些毫無實踐經驗，一輩子既不專研又無創新只會簡單照搬模仿前人和洋人的「書呆子」。但不論什麼好事一旦到了中國官宦手裡都會被搞得一團糟，這似乎是近百年來來一條顛撲不滅的真理。

當然，毛澤東的這段話對高三的學生誘惑更大些，尤其被選進校「革委會」領導班子的高中生更是覺著關鍵時刻天上好像掉下來個大餡餅，畢竟他們在66年時幾乎就要跨進大學的門檻，文革若是再晚幾個月開始，他們也許已經坐在大學課堂裡了。我們則比較渺茫，毛澤東又沒說「高中也要辦」，而我們又不可能直接上大學。

其實當時的大學生大多也在折騰，7月28日毛澤東召見北京大專院校號稱「天派、地派」的五大領袖：聶、蒯、譚、韓、王時警告他們說：「要文鬥，不要武鬥」。……若不執行「七三佈告」就要包圍起來，實行殲滅！並希望學生不要分「天派、地派」……，天上飛久了還是要落地的……要搞成一派。

在老三屆中，六六屆算是比較幸運的，六月底至八月初有一批招工指標，我們班的男生甄同學分到昌平的「紅冶鋼廠」；許同

學分到北京鐵路局的「廣安門裝卸機械廠」；石良分到路局的「西直門電務器材廠」。女生是：我們的班長郭同學分到路局的「客運段」；二付分到「新街口副食店」。由於管分配的陳桂蘭老師與我們班關係不太好，我們班只有三男兩女被分到北京，而陳老師執教的三三班分到北京的比我們班多一倍，這使我耿耿於懷了好久，並放話嚇唬她：要找她算帳！直到1986年同學們找老師們聚會時，陳老師聽說我也在，則膽怯得不敢去，直到我當眾向她解釋，十八年前因年少之魯莽，請她切勿介意。

8月5日巴基斯坦外交部長阿沙德‧侯賽因和夫人在拜會毛澤東時，向毛澤東贈送了一籃「芒果」。毛澤東當時表示：我要與中國人民分享。當天他就把芒果轉贈給首都工人毛澤東思想宣傳隊。此舉一經媒體渲染就成了特大喜訊，很快發展到首都工人毛澤東思想宣傳隊向全國各省市工人贈送「芒果」的運動。

我曾問一位新華印刷廠曾參加過工宣隊的師父：芒果您吃了嗎？他搖了搖頭說：嗨！別提了！毛主席送給我們芒果，原本是好事，是他老人家覺得我們工人階級辛苦了，想讓我們嘗個鮮，大家分著吃了也會增進對毛主席的熱愛，可那幫丫挺的盡出妖蛾子，好像這芒果經毛主席一送就變成仙果了似的，全市連夜舉行慶祝活動，冒雨到中南海表忠心不說。他們還把芒果打上臘，裝玻璃盒裡放在主席像下，要永世保存供大家瞻仰。那芒果不就是像香蕉一樣的水果嗎？你給它又塗臘又扣上玻璃罩的，就跟人在三伏天裡捂上件泡沙皮猴，那能好的了？那陣

▼當年算是比較好的煙

天氣又熱，芒果捂了幾天就他媽的全爛了。後來只好把芒果爛的地方削掉煮了鍋湯，大夥每人喝一勺。我說：倒像霍去病傾酒入泉，全軍同飲的傳說。他說：差遠了！大家喝完湯都罵這幫丫挺的是他媽的敗貨！好的不讓吃，爛了才喝湯。那幫孫子還狡辯說：你們端起碗喝毛主席送來的芒果煮的湯，放下碗就敢罵娘？都想當反革命啊？（時隔20年的改開期間，文痞們又如出一轍地說百姓是：端起碗吃肉，放下碗罵娘。大概就是出自此典故）我說：呵！帽子不小啊！師父歎了口氣接著說：你想，毛主席手下有這幫王八蛋，毛主席想為老百姓辦好事也得被他們攪合了！我要是有一天能見到毛主席，就對毛主席說一句話：請他老人家趁早把這幫丫挺養的「敗興鳥」都斃了，留著他們遲早是中國的禍害！我說：斃了他們也沒用，信不信由你，斃了他們肯定馬上就會有一群比他們更左、更壞的傢伙爭著來補缺，到時候沒準兒您連湯都喝不上了……。

　　當時倒是北京的副食品公司抓住商機，從南方運來一批鮮芒果和芒果製成的蜜餞投放市場以滿足北京市民崇拜心理的需要，還真是供不應求。精明的河南人更是具有「市場化」效應的心計，不久他們就生產出了「芒果」牌香煙0.34元一盒推向市場，賺了一大筆。

四十六、開始「插隊」

　　八月初北京各校開始組織去內蒙牧區插隊了，農場算是國營企業，知青到那兒都掙工資，生活有保障。插隊知青可都是掙「工分」靠天吃飯，掙多掙少、能否吃飽可就沒準了。我們班的小季和

初二的一個姓解的女生報名去了錫林郭勒盟的阿巴嘎旗。「阿巴嘎」蒙語「叔叔」之意，那兒曾是元太祖成吉思汗同父異母兄弟別力古台的屬地。

1968年8月7日我們去北京站送小季，場面顯得沒有送東北的同學時熱鬧，畢竟六六屆的人越來越少。雖然武同學已到二七廠代培，石良分到器材廠，但他們也請假來給小季送行。武同學還借來幾張通勤票。送走小季，我和陳設、王鵬、石良、武、逯就像鐵路工人一樣手持通勤票登上一列東行的市郊列車。我們在順義下了車，哥幾個說說笑笑進了縣城，先進了一家新華書店，那時的新華書店基本上只賣毛澤東的書和包毛選的塑膠書皮，我們轉了一圈出來，向前走了一段，看看四周無閒人一個同學掀開自己的襯衣，只見他褲帶上就像電視劇裡的人體炸彈一樣插著一圈毛選塑膠書皮。我們大家都誇他「真行，是個絡子」！說完大夥就把塑膠書皮瓜分了。

聽說順義有個游泳池我們就順著大街找，那時順義縣城街上的人不多，我們來到一個修自行車的小鋪打聽游泳池的方向，車鋪有三個工人在修車，貨架上放著一些自行車零件和三個轉鈴，兩個同學上前拿了個轉鈴在手裡轉著玩，我們幾個站在門外向那三個人問路。我們正說著話時馬路上有一隊士兵喊著1-2-1的口令從門前跑過，那兩個玩轉鈴的同學從修車鋪出來，也不理我們，哥倆喊著1-2-1的口令跟著當兵的後面跑走了。我們看他倆跑了也準備走，這時那三個修車的大概覺得有點不對勁，有一個回頭一看發現轉鈴少了一個，他忙跨出門朝同學跑走的方向看了看，早已不見了同學的蹤影，他立刻把我們攔住問：那兩個人是你們一起的吧？我們雖沒看見那兩同學幹什麼，但此刻心中已明白了七、八分……。我們趕緊說：我們不認識他們。他們其中的一人說：你們等會兒再走。

說完他就開始翻帳本，他翻了一會兒說：就是少一個轉鈴，你們肯定一起的。我們還是堅決不承認。俗話說：捉賊捉贓，我們幾個連門都沒進，那三人拿這幫學生也沒辦法，只好自認倒楣。等我們會合後，我們挺生氣地埋怨他們：你們拿人家的轉鈴幹什麼？人家差點把我們送公安局去……！他們倒是滿不在乎地按著那轉鈴聽響。石良說：我的車還沒有轉鈴呢，這轉鈴給我吧……。

8月15日兩報發社論《熱烈歡呼雲南省革命委員會成立》，並登載了毛澤東的指示：「我國有七億人口，工人階級是領導階級。要充分發揮工人階級在文化大革命中和一切工作中的領導作用。工人階級也應當在鬥爭中不斷提高自己的政治覺悟。」自此「工人階級」在國內的地位連續十年保持在頂峰，接著8月25日經毛澤東批准中共中央、國務院、中央軍委、中央文革小組發出《關於派工人宣傳隊進學校的通知》。26日《人民日報》轉載《紅旗》雜誌1968年第2期發表的姚文元的文章《工人階級必須領導一切》時又公佈了毛澤東的指示：「……工人宣傳隊要在學校長期留下去，參加學校鬥、批、改任務，並且永遠領導學校。在農村，則應由工人階級最可靠的同盟者貧下中農管理學校。」在恭維工人階級的同時，各地的文革領導小組，主要是大專院校和科研單位的文革小組給中央打報告和發來電報建議改革「專家」的名稱。毛澤東對此不以為然，他批示：「名稱問題關係不大，可以緩議，……資產階級傳下來的東西很多，例如共和國、工程師等等不勝枚舉，不能都改」！其實那時的自然科學家基本都是名副其實的專家，與現今的垃圾「專家」不可同日而語。如那時的專家都像現在這樣，我想，毛澤東一定會對此報告批示：同意！但僅限於那些禍國誤民的政、經、哲、史類，理工類專家還是襲用原名稱為好。

接二連三的「最高指示」和掌握話語權文痞呼風喚雨的攪合，毛澤東說一句，這幫文痞能根據這句話忽悠出幾萬句八杆子不一定打得著的廢話來，要不林彪也不會得出「一句頂一萬句」的結論來！文痞們把「工人階級」的作用和地位也神話到使人們對之頂禮膜拜的程度，並使國人心態都沉醉於想攀附「當工人」這個高枝。在此以後的十年中幾乎所有的年輕人都把能當個工人作為自己奮鬥的終生目標，城市裡稍有姿色的大姑娘們找對象也是非工人免談。國人的與時俱進或叫隨行就市的心態就在文痞們的忽悠下激蕩著、擴散著，擯棄了道德的底線和做人的準則。國人崇拜心理的起源和發展，從崇拜神仙、皇帝到崇拜芒果、影星、外國的月亮、國際化人都市。此徵象為何易在國人群體中獨佔鰲頭、且有眾多文痞哭著喊著要與時俱拜？這是用一句國人素質差能解釋的嗎？其實兩千多年來，就其歷代王朝表現的「兩個一效應」來說，要說素質差也是高層及主流文痞們的素質差。這個死結，至今好像還沒有學者以認真的科學態度考研過。

　　1968年8月20日晚，一架蘇聯民航客機稱飛機發生故障在捷克首都布拉格國際機場降落，幾十名全副武裝的蘇聯突擊隊員衝出飛機佔領機場。接著大批華沙條約締約國的巨型運輸機裝載著重型武器也紛紛降落，並很快就佔領了總統官邸、捷共各黨政機關及電台等重要單位。與此同時，50多萬名蘇、波、東德、匈、保的武裝部隊從四面八方越過邊界，21日捷克斯洛伐克全境被佔領，捷共的第一書記杜布切克、斯沃博達等人被押往莫斯科，西方政客稱之為「布拉格之春」的改革也隨之結束。估計當時中國高層對此一定感到十分震驚，生怕蘇聯也給中國來這麼一手。

四十七、石良喂蠟

　　大概是1968年6月底，軍訓的解放軍換防，大部分撤離學校，只留下楚營長、鄭幹事、指導員郭恩等軍官和幾個新來的士兵。大概是根據北京「六廠二校」的經驗，8月25日中共中央、國務院、中央軍委、中央文革小組發出《關於派工人宣傳隊進學校的通知》。大約是八月底我們學校來了一個由幾十個工人組成的「工宣隊」，是平安里附近「北京低壓電器廠」的，分到我們班的是個二十多歲，個子在1.65米左右，好像姓馬的工人師父，他後來同一個與他個子一樣高的士兵把我們一直送到我所插隊的村裡。

　　文革發展到此時，毛澤東對產業工人的信任度似乎略高於軍隊，對知識分子他是最不放心的，雖然中國建國19年來所取得的各類科研和建設成果都離不開他們，從建國初期的恢復建設到電子電腦到核武器及這一年的9月3日研製成功中國第一批液壓傳動內燃機車（後來國內生產的這類車型幾乎全部支援了坦、贊），這些成就沒有理工類知識分子的參與是不可能在短期內獲取的。當然毛澤東對這點十分清楚，他也有他的獨特做法，就是讓這些知識分子在工人和軍人的監督下發揮自己的才智，這招不能說不靈，許多從「舊社會」過來的知識分子那時的確感到政治壓力很大，不得不在誠惶誠恐之中發揮自己的特長努力工作討好上級以換得自身的平安。

　　9月2日中央軍委、中央文革發佈《關於工人進軍事院校，及尚未聯合起來的軍事院校實行軍管的通知》傳達了毛澤東的指示：「如工人條件成熟，所有軍事院校均應派工人隨同軍管人員進去，打破知識分子獨霸的一統天下。」大概就是在那個時候，在毛澤

東的貶斥下，一些見風使舵的文痞發揮了他們特有的創新能力，把知識分子排在「地、富、反、壞、右、叛徒、特務、走資派」之後稱為「臭老九」，湊了個「文革下九流」，以示對知識分子的輕蔑，更便於隨意迫害，以至於連毛澤東都感到這些文痞的作為太過分了。1975年5月3日在同政治局委員談話時毛澤東借戲文而說的名言：「老九不能走」之後，許多知識分子才得到留有「政治尾巴」的「落實政策」。這些「政治尾巴」就像人體的贅瘤，讓人成天提心吊膽，如「事出有因，查無實據。暫按人民內部矛盾處理」等等，全憑「專案組」的一支筆。那時的「專案組」類似於現在的「城管」，雖不合法，但卻符合某些高層的思路。專案組大多是些「文、武、跑」的「三才」政工幹部，「文」他們能編誣陷材料，連國家主席劉少奇的他們都敢編；「武」他們能搞「逼供信」，打得你不胡說八道都不行；「跑」他們能全國滿世裡跑「外調」，順道遊山玩水。知識分子的處境雖略有好轉，但也總覺得人前矮三分。

9月5日《人民日報》刊載《紅旗》3期文章《從上海機械學院兩條路線的鬥爭看理工科大學的教育革命——調查報告》並在編者按中引用毛澤東對知識分子教育的說法：這裡提出一個問題，就是對過去大量的高等及中等學校畢業的早已從事工作及現在正從事工作的人們，要注意對他們進行再教育，使他們與工農結合起來。在同期《紅旗》另一文章中，還公佈了毛澤東的另一段話：從舊學校培養的學生，多數或大多數是能夠同工農兵結合的，有些人並有所發明、創造，不過要在正確路線之下，由工農兵給他們以再教育，徹底改變舊思想。這樣的知識分子，工農兵是歡迎的。可見毛澤東當時對知識分子脫離工農、高高在上的現象是十分不滿的。當然這樣知識分子當時的確有，可比起現在來，文革前的情況要好得多，

現在似乎很少聽說「有所發明、創造」的知識分子，能忽悠的倒是不少，多是些經濟學界的文痞們，都是些「歪論邪說」不讓文革文痞「張、姚」的主。

9月初插隊轉向了內蒙農區，就經濟收入來說，農區比牧區要差一些，但離鐵路線不遠交通要比牧區方便一些。這次六七屆的同學也開始分配了，我們班的陳設和初三一班、初二三班的幾個同學報名去了內蒙的土默特左旗。九月初的一個星期天我們班的六個男生還有兩個外校的同學準備給陳設餞行，中午我們來到老莫吃了一頓中西混合餐，菜餚挺豐盛，有中式紅燒魚和紅燒肉及一些炒菜，還有瓶葡萄酒，每人喝了幾口。我們邊吃邊聊，有人建議去趟南口坦克兵部隊看望我們軍訓時的排長齊慶年，他在我們班任排長一年多，也有了一定的感情。這次準備從西直門坐火車去南口，把借通勤票的任務交給了武同學和石良。那頓飯我們幾個人花了約八塊錢，吃得滿嘴流油。酒足飯飽後，我們從老莫旁邊的柵欄跳進動物園玩了半天。

在去南口的前一天下午我和逯及王同學到西直門電務器材廠去找石良，那天石良下夜班沒在，我們就在傳達室門口與工廠的師父聊天。我們學校三二班有一個外號叫臭雞子的也分到該廠，這時他正坐在傳達室裡，王同學進傳達室找水喝，聽見臭雞子跟別的工人說：別理他們，他們是聯動的，是流氓……。王同學不露聲色地出來，我們推著車走到離廠一百多米的地方，王同學把臭雞子的話告訴了逯。逯同學一聽就急了，彎腰從地上操起一塊板磚放在自行車後貨架上罵道：臭丫挺的，敢罵咱？走，拍花了丫挺的！我們趕緊拉住逯同學讓他別在這兒惹事，有什麼話以後找臭雞子說。這時一個該廠的女工正往廠裡走，看見我們這模樣就知道要出事，她趕緊

快走幾步進了廠門。遂不聽我們的勸阻提著磚頭就奔廠裡去了，進了廠門王同學先進到傳達室拍了拍臭雞子的肩膀說：你出來一下，跟你說點事。臭雞子跟著王同學一起往外走。這時一個老工人過來拉住臭雞子就往廠裡走，遂把拿磚頭的手放在身後溫和地說：臭雞子別走啊！過來跟你說點事。其實在我們進廠前三十秒，廠裡的工人已得到女工的報信，那老工人拉著臭雞子一溜煙地跑了。遂見臭雞子跑了就把板磚往傳達室窗台上一放，手指著臭雞子逃走的方向大聲說：你小子敢罵我，你小心點……！廠裡的工人也在一旁勸解說：他不是說你們……。遂餘氣未消氣哼哼地說：告訴他，躲了初一，躲不了十五……！

第二天，我們在西直門車站一直到列車開動也沒見到石良的影，我們幾個乘車到了南口，下車後一路打聽來到軍營。沒想到齊排長沒在，三排長出來接待了我們，就是那個說「怎麼這麼多英雄把腰都折斷了」的那位排長。他帶我們參觀了坦克模擬訓練器，又領我們到食堂吃了頓飯。

星期天見到石良，我問他：你那天怎麼沒去？石良說：還說呢！都是你們幹的好事！讓我喝蠟，那天你們沒打成臭雞子走了，你們倒是沒事，廠裡可鬧翻天了，怕你們找人來打架，晚上廠裡男青工都不讓回家，準備護廠。臭雞子也嚇壞了，一個勁地求我，讓我替他找遂頭說情，這幾天上下班時他都不敢一人走，差點沒嚇出神經病來。廠裡還審了我個底掉，把我參加聯動的事也兜出來了，我這幾天寫了好幾份交代材料，把給小N寫回信都耽誤了，她上星期來的信我今天才寫完。你說，這麼多事都累死我了，能有功夫跟你們去南口？說著石良從挎包裡拿出一封足有《紅旗》雜誌那麼厚，寫著小N姓名的信封來給我們看，大夥「呼啦」一下圍上去就

要搶，石良趕緊蹲下把信掖到肚臍眼下緊緊壓住，自此石良落下了一個外號「肚臍眼」。

九月中旬的一個下午，我們到北京站把陳設送走了。他後來回過幾次北京，1970年我從陝北回京探親時我們還見過面。大概1971年招工時他去了包頭煤礦，聽說八十年代初他回到江西景德鎮他父母那兒，好像曾在閩贛鐵路指揮部工作。在我們班男同學中，至今為止只有他四十年來音訊全無。

四十八、三四班的「四寶」

1968年9月5日，新疆和西藏也成立了「革命委員會」，這就是國媒那時大肆渲染的除台灣省外29個省市、自治區實現了「全國山河一片紅」。在1968年的11月25日郵電部發行了一枚「全國山河一片紅」的郵票，據該郵票的設計者說其郵票曾三易圖稿，首稿審批未通過，二稿雖通過審查，但付印後卻未發行，第三稿發行後，有人發現該郵票的中國版圖中沒有印上西沙群島和南沙群島，有關國家領土的完整，郵電部深感問題重大，在發行的當天下午急令收回銷毀，以至於少數被出售的這種郵票在幾十年後，身價被炒得上漲近億倍。

班裡同學70%都已下鄉或分配工作，我們班的四寶已走了三寶。四寶起源於四同學的外號，由已去852農場的張同學在文革期間編撰。張同學有些文娛、美術方面的天賦，上學時就畫過人體素描還偷偷地給他心中的偶像女生白同學畫過模特像，畫的還挺像，只是當時老師無慧眼，不但未加以培養，倒是惹來一頓訓斥。他平

劇唱得在我們學校也算是一絕，他常在班上表演平劇「奪印」中何書記的唱段。數來寶、快板書也是他拿手的，他曾把我們班同學的姓名加外號編成快板書滿世裡說唱。文革期間的一天，大家一起閑侃，當時張和逯是形影不離的朋友，他倆即席表演了一段對口相聲。

　　張：聽說三四班有四件寶，都是哪四件？

　　逯：寶馬、快驢、賴賴、土豆皮！

　　張：馬，是什麼馬？

　　逯：新疆千里馬！

　　張：驢，是什麼驢？

　　逯：伊犁萬里驢！

　　張：賴，是什麼賴？

　　逯：日本東洋賴！

　　張：皮，是什麼皮？

　　逯：美國土豆皮！

　　這大概是效仿京劇「智取威虎山」中的座山雕和揚子榮的一段台詞所套編，當時除了那四個同學（馬老弟、老四驢、賴賴、土豆）氣得眼珠子都快瞪爆了外，全班都哄堂大笑。

　　沒分配的同學也各有各的事，學校裡是難見到六六屆學生的身影了，大家都找事由自我消遣。我當時有兩項消遣，其一是自己動手裝配半導體收音機。那時市場上熱銷的比較好看又較便宜的收音機盒有2P3型和65型，都不太好買，有人還用彩色有機玻璃沾收音機盒的。開始我在膠合板上打銅鉚釘製作線路板，這種方法既麻煩又占地，還易產生虛焊。後來自己設計線路，用瀝青在附著銅皮的

膠合板上畫好線路，然後用三氯化鐵腐蝕出「印刷電路」的線路板製作半導體收音機。用2P3盒組裝一個4管來復再生式收音機大約在18-20元，用65盒組裝一台6管超外差式收音機大約30多元。

那時無線電元件如密封等容單、雙聯可變電容、2.5吋鴻雁、飛樂牌揚聲器、10K帶開關的小電位器等都不好買，內磁喇叭倒是常年有貨，但價格較貴，2吋圓屁股內磁喇叭8.05元，2.5吋方屁股喇叭10.5元，比4.31元鴻雁2.5英寸喇叭貴不少，只是鴻雁和飛樂喇叭的後屁股也大一倍。為湊齊一台收音機的元件，我經常去西四丁字街等幾處換無線電元件的跳蚤市場，在那兒幾乎所有的無線電零件都有，只換不賣，都是私人個體以物易物。最吃香的是北京產的「牡丹8402」半導體收音機的元件：機身盒的中框、前臉、支架、雙聯、中周、拉杆天線、電源和耳機插座及「牡丹」商標等都屬緊俏貨。西四丁字街路北有個歐式小白樓，那兒曾是北京無線電總廠的剩餘物資處理商店，電阻、電容論斤稱，在節假日前後還常賣些市場上罕見的元件，我曾在那兒排隊買到過密封單聯。在這兒換東西的多時達數百人，大多是些青工和中學生，人們三、五個一堆交頭接耳商量交換，幾隻眼睛還不住地四下踅摸，以防被抄。

▼左：65式半導體收音機盒
　右：當年小白樓門前街道兩側是元件交換處

當時公安局的軍管會常組織幾卡車工人和大、中學生拿著棍棒、武裝帶突然襲擊，把此地包圍後，他們不分青紅皂白上去就搶無線電元件，不給就打，與現在的「城管」對付街頭小販的方式相同。我們住宅區就有一個人，為了保護他那好不容易淘來的一堆8402元件，挨了幾皮帶又被踹了幾腳不說，連裝元件的書包也被搶走，把他心疼得好幾天寢食不香。

另一個消遣之處就是玉淵潭的八一湖，我幾乎每天下午都去那兒游泳，那時游泳的興致特別高還準備練冬泳，當時北京的氣候比現在冷，十月中旬就穿毛衣了，水溫也就15℃左右，在水裡倒也不覺得冷，可上得岸來經那小風一吹，渾身可就剩哆嗦了。到了10月底又來了一股寒流，大街上的行人都括上棉襖了，那水密度也加大，稠得像稀漿糊，實在堅持不下去了，冬泳的打算只好半途而廢。

10月5日《人民日報》發表題為《柳河「五七」幹校為機關革命化提供了新的經驗》的報導。並公佈了毛澤東在1966年5月7日給林彪回信裡的一段話「廣大幹部下放勞動，這對幹部是一種重新學習的極好機會，除老弱病殘者外都應這樣做，在職幹部也應分批下放勞動。」這一段話原是指軍隊建設的一個方面，但因為這篇報導，卻導致了全國機關「一窩蜂」地耗費大量人力、物力到農村辦五七幹校，幾年後又「一窩蜂」地撤銷幹校，浪費了大量的物資。從這點也可以看出，中國中、高層「兩個一」效應的跟風隨潮起閧心態真是讓世人難以恭維，在中、高層範圍內把毛澤東當鍾馗的恐怕國內遠不止林彪、江青那幾個人！

10月13-31日在北京召開中共第八屆擴大的十二中全會。全會批准中央專案審查小組《關於叛徒、內奸、工賊劉少奇罪行的審查

報告》，通過把劉少奇「永遠開除出黨，撤銷其黨內外一切職務」的決議。表決通過此決議時，只有曾任中華全國總工會副主席的陳少敏一人未舉手。

10月16日《人民日報》刊載《紅旗》雜誌68年第4期社論《吸收無產階級的新鮮血液——整黨工作中的一個重要問題》。並公佈毛澤東的一段話：一個人有動脈、靜脈，通過心臟進行血液循環，還要通過肺部進行呼吸。呼出二氧化碳，吸進新鮮氧氣，這就是吐故納新。一個無產階級的黨也要吐故納新，才能朝氣蓬勃。不清除廢料，不吸收新鮮血液，黨就沒有朝氣。這可能是根據9月23日中央文革轉發上海市《關於在產業工人中有步驟地發展新黨員的請示報告》中毛澤東的指示：必須注意有步驟地吸收覺悟工人入黨，擴大黨組織的工人成份。隨後全國開始了整黨運動，並特別強調要「吐故納新」，這種東西一到基層必然會被一些掌權者當成拉幫結派打擊他人的工具，大概在此運動中一定會有不少人受到迫害，另有一些愛折騰的造反派會受益而被拉入黨內。

十月底的一天的上午，有人敲我們家的門，開門一看原來是去年到雙鴨山集賢農場的趙同學。朋友相見分外高興，我問：什麼時候回來的，趙軍也回來了？他說：昨天，就我一人，是歇探親假，就12天。他這次回來可闊多了，拉著我去西單長安劇院西側的一個飯館的二樓，點上一桌雞鴨魚肉吃了一頓，他的酒量也見長，一瓶葡萄酒幾口就乾。他說：那兒冬天太冷，老職工每天都喝酒，農場自己釀酒，剛出鍋的80多度，隨便喝，不喝白不喝，有便宜不占王八蛋！剛開始也喝不了幾口，一個冬天下來，嘿嘿！練得這酒量大長。他指著桌上0.66元一瓶的葡萄酒說：就這酒，跟甜水一樣，一次乾七、八瓶不在話下！

四十九、如此「動員」

　　上山下鄉的風聲越刮越緊，分配的地方一撥不如一撥。大約是1968年的11月初。動員前往山西插隊的工作開始了，這次是有史以來插隊人數最多的一次，山西從雁門關外到黃河北岸的黃土溝壑將接受安置三萬多66-67屆初、高中男、女學生插隊落戶，覆蓋了整個山西全境的農村。這個拐點就是此時開始的，在此前基本是自願報名，學校的老師只在學生報名後家訪，並不強行動員。這次說是自願報名，實際上是帶有強制性的，老師、工宣隊、軍宣隊湊成各校最強的說客陣容奔赴那些不報名的學生家，恩威並舉，一方面就像現在的「傳銷」把「插隊」這種「產品」吹捧得天花亂墜，另一方面恐嚇家長：「你孩子如果不去插隊，家長有單位的單位辦學習班，沒有單位的，街道辦學習班，轉變觀念先從家長開始！」另外街道、單位的那些在任何運動中都與時俱進的積極分子們也走馬燈似的闖入家中忽悠，有些自願的或經不住忽悠報了名的，街道的那些半老徐娘們還顛著小腳敲鑼打鼓地往家送內容荒誕的「喜報」。學校、單位、街道三管齊下，不把你家折騰得天翻地覆那就不算是具有中國特色的國民「響應號召」。

　　一天下午，我正在小屋裡組裝半導體收音機，突然學校的陳桂蘭老師帶著工宣隊的那個小個子馬師父和軍宣隊的一個士兵來到我家。我母親開門讓他們進來，我在小屋沒出去，聽他們怎麼忽悠我母親。他們大概以為我不在家，就開始忽悠，陳老師是我們學校的歷史教師，三三班的班主任，那口才算不上鐵嘴鋼牙吧，起碼也稱得上是能說會道。她進門就摘下手套，雙手拉住我母親的一隻手笑

容滿面地說：熱烈地祝賀您的孩子被光榮批准到廣闊天地的山西芮城插隊落戶。我母親對他們還挺客氣，請他們落座上茶。他們去別的同學家時大多都受到家長們的冷眼，甭說上茶，有些家長連大門都沒讓他們進。這回一看這家還給沏茶倒水，就有些得意忘形，那廢話也就多了，甚至說起我對上山下鄉運動在思想上有抵觸情緒，希望家長對我多作些思想工作……。

那時我修養差，聽著聽著不覺怒從心中起，惡從膽邊生，拉開屋門來到客廳指著陳老師的鼻子就嚷起來：我報名了嗎？你們就批准！你在學校管分配，把你們班的學生分在北京工廠十來個，我們班怎麼才五個分在北京，你這不是欺負人嗎？你欺負完我們班還敢上我們家來胡說八道，你是不是找不自在？陳老師大概沒想到我在裡屋監聽，見我突然出現，她那臉刷地一下變白了，她下意識地抬手扶著眼鏡有些磕巴地說：分……配……配工作不是……是我一個人決定的，是組織上研究的……。我說：甭他媽的廢話，怎麼就研究出你們班那麼多分北京的……？工宣隊和軍宣隊的二位也站起來，一個和我媽擋住我，勸我有話好好說，一個拉著陳老師趕緊走出了我們家，我追到門口，衝倒著快步離去的她嚷道：你丫小心著點……！這就是前段所述為什麼直到1986年陳老師對我還心有餘悸的原因。這次山西插隊我們班男生沒有去的，女生是團支部書記鞠同學去了芮城，郭同學和周同學隨外校去了晉中。

11月5日，美國第46屆總統選舉中，共和黨獲勝，理查·尼克森當選為第37任總統，尼克森在任期間為中美關係正常化作出過不少努力。雖然中美建交是在尼克森兩屆之後的民主黨總統詹姆斯·厄爾·卡特任職期間實現的，但這也說明美國的政法一旦被確定之後，後屆總統雖不是同一黨派，但也會沿襲執行前任總統的路線，

而不是像中國高層總喜歡後代否定前代，把前輩說得一無是處，這就使得中國在這六十年中的政、法不停的改來改去，不是越改越好而是該改的不改，不該改的亂改，從「大躍進」到「文革」到「改開」無不是如此，摸著石頭瞎闖，很少接受前車之鑒，所以「兩個一效應」的死結至今無解。

中國存在一種第某類思潮，這種思潮是很可怕的自欺欺人的思潮，六十年來尤其是近十幾年來一直左右著國策。中國的「高貴者」總以為自己比「卑賤者」聰明，比外國人更聰明。可是歷史上幾乎每次改朝換代都是「高貴者」被「卑賤者」所取代，近代「高貴者」們又屢屢被那些「愚蠢」的老外們坑得、涮得掉了牙往肚裡咽。

當然，當年掉了牙往肚裡咽的卻是我們這些老三屆學生。說讓你報名是給你臉，某中學有個工宣隊的隊長一語道破天機：你報名的不一定批准你去，你不報名的去不去也由不得你！「兩個一效應」已經被高層玩弄得爐火純青，這一刀切下來那才叫疏而不漏呢。當然，隨著高層的政策手段不斷升級，一些學生及他們家長的抗拒心理也越來越強硬，人家說：老子解放前祖宗三代都是貧雇農，我跟著毛主席他老人家出生入死鬧革命打進北京城，現在是無產階級，讓我兒子到農村去？沒門！這是走回頭路，是復辟、是倒退！要去讓那些資產階級的後代去！我兒子要接無產階級的班……！強行動員工作遇到出身不好的家庭，那是快刀斬亂麻，人家有苦難言，遇到這樣根紅苗正的家長也就舉步維艱了。

高層有高人，關鍵時候有的是辦法把直線掰成拐點，你不服不行。就在我們這些「拒插」學生的隊伍逐漸壯大的時候，1968年12月21日下午，媒體提前通知：晚上20點將有重要廣播，請革命群眾

準時收聽。這就是著名的那篇毛澤東借《甘肅日報》記者馬占海、顧立清《我們也有兩隻手，不在城裡吃閒飯》的文章而發表的一段話：知識青年到農村去，接受貧下中農再教育，很有必要。要說服城裡幹部和其他人，把自己初中、高中、大學畢業的子女，送到鄉下去，來一個動員。各地農村的同志應當歡迎他們去。

女三中一個六七屆的學生跟我說：我們早就覺得毛主席應該發表一段這樣的指示，要不我們學校那些出身好的同學都不報名去插隊，毛主席的指示發表得太及時了，這回看她們還有什麼理由不去！

五十、在劫難逃

當年毛澤東為何要「來一個動員」？而且這個運動一直延續了11年。當年幾種說法都有一定的道理，其一：失去利用價值後懲罰論；其二：城市和工業系統無法安排就業論；其三：與蘇聯關係惡化，要準備打仗，疏散城市人口，並需大批人員屯墾戍邊論等。當時也許算是權宜之計，可上山下鄉運動搞了11年，文革結束後還搞了兩年多，直到1979年才結束，比文革還長一年。就算是老三屆能折騰加上分配工作和升學有困難，需要一鍋端到邊疆、山溝去接受再教育，那麼後幾屆呢？他們可沒怎麼折騰，為何也受牽連一插就是11年？四十年後來看，毛澤東當時考慮的絕不僅是大家流傳的那幾條，才使約1700萬學生上山下鄉。他很可能從兩年多的文革中，看到了中國青年學生整體一代人不盡如人意的表現，他可能考察過不少當時折騰得較有名氣的紅衛兵頭目的資料，並拿他們在文革中

的作為和形成思維體系的影響範疇與自己年輕時的「指點江山，激揚文字」「自信人生，會當水擊」的抱負相比後，他發現這些在文革中嶄露頭角的不過是些烏合之眾，幾乎沒有他所期望的接班人誕生！他遷怒於以往的教育體系，要把溫室的花朵移植到原野去經風雨，不是臨時，而是長遠。文痞們很快就摸清了他的思路，不久就出現了「徹底否定十七年修正主義教育路線」的提法。

　　1968年12月26日毛澤東在中共中央、中央文革小組發出《關於對敵鬥爭中應注意掌握政策的通知》中指出：「即使是反革命分子的子女和死不改悔的走資派的子女，也不要稱他們為『黑幫子女』，而要說他們是屬於多數或大多數可以教育好的那些人中間的一部分（即：可以教育好的子女），以示他們與其家庭有所區別。實踐結果，會有少數人堅持頑固態度，但多數是肯定可以爭取的。」「可以教育好的子女」囊括了當時社會上流行的「九類」分子的後代，「少數人堅持頑固態度」的「難以教育好的子女」大多數是知識分子的子女和一些想用自己的眼睛看社會的下層知識分子。

　　在1968年最後幾天裡，12月28日中國又進行了一次熱核子試驗。在1960年1月18日開工的南京長江大橋也於12月30日全線通車，南京長江大橋是新中國第一座依靠自己的力量設計施工建造而成的鐵路、公路兩用橋。從1956年鐵道部大橋工程局決定進行南京長江大橋勘測設計開始，經歷了六十年代初期的經濟困難歲月和文革期間兩派武鬥的戰場，前幾年又面臨著被炸毀，真是飽經風霜。另外在這年的1月8日中國自己設計建造的第一艘萬噸巨輪「東風」號建成；11月20日萬噸遠洋輪「高陽」號也建成下水。這也說明中國在艦船研製和製造方面取得了較大的進展。在當時的媒體報導中把這一切都說成是「無產階級文化大革命的偉大成果」，這顯然是

文痞們篡改歷史欺世盜名的慣用手法，可悲的是文痞們惡習難改，40年後中國的文痞們又再一次重複了文革時期的論調，把中國長期發展所取得的成績忽悠成「改開的偉大成果」正是：中國文痞所見略同，烏鴉野豬禽獸相逢，比比誰黑？

有毛澤東這段「接受再教育」的指示形成的拐點，高層再一次祭起了「兩個一效應」的大旗，「接受再教育」被延伸成「扎根農村一輩子」。人們就像被打了雞血，全社會都動員起來了，其瘋狂程度比五八年除四害打麻雀時有過之無不及，要把北京六六、六七屆學生趕盡驅絕，爭取做到無一漏網！立竿見影的浮躁心態使許多機關、工廠從12月23日起一窩蜂地成立了「知青家長學習班」，只要家中有六六、六七屆初、高中孩子還沒有報名去插隊的，統統進入學習班，每天下班後加班四小時學習最高指示並討論、表態。家長們哪熬得住這麼折騰，只得回家央告孩子：小祖宗，你快報名去吧！在外壓內求下，我們班的幾個打死不插隊的男女同學也都扛不住了，為家庭的安寧都到學校工宣隊被「自願」報名去插隊。這就使媒體有了一個能惡意忽悠的謊言：在校知青爭相報名，自願到農村插隊落戶一輩子……！

也算在劫難逃吧，此時正好延安地區的諞手（pié即：說手或白話蛋）來京招募插隊知青，名額和山西插隊的一樣，也是三萬。在給家長們介紹陝北梗概時諞手們的嘴上功夫可是了得。山西摳，東北實，人家介紹都靠譜，陝北的諞手那嘴可是國內少有，國外全無，真是超山西，蓋東北，有的、無的、編的、造的一起噴，把黃土高原諞成果木滿坡、清泉滿溝、牛羊成群、魚米滿倉、日工分一塊多的高原江南。老師們也來放風：陝北不去，下批是甘肅；甘肅不去，是寧夏、青海；越插離北京越遠（後來得知並無甘肅、青海

插隊指標，倒是沒走的分到北京工廠，方知受騙……），你們是這批走呢？還是……？同學們被連蒙帶嚇早暈菜了，生怕趕不上這趟末班車以後越插越遠。就這樣我和班上的男生陳同學，女生王、揚、胡同學都去了陝北，還有三女生回了老家，左同學自己去了東北軍墾的親戚處，男生王同學去了嫩江鐵道兵農場，逄同學1969年9月隨六九屆去了東北兵團五師。全班只有「聖（剩）男」王鵬堅持到底泰山壓頂不彎腰！正是：

> 上山下鄉風暴緊，
> 惡浪飛刀切剮盡。
> 聖男親母力頂潮，
> 不讓巾幗陳少敏。

我是1969年1月19日離京赴延插隊，那天是個周日，天氣雖晴朗是個萬里無雲的日子，但北風凜冽，早晨街上人跡稀少顯得很淒涼。北京站第一月台卻是人頭攢動，鑼鼓聲夾雜著高音喇叭播放的語錄歌和口號聲，那組合噪音說是驚天動地一點也不誇張，月台上一個同學的蘋果掉地上了，那蘋果居然被組合噪音震得像乒乓球似地在月台上滿地蹦；傳震得一公里外王府井的行人過馬路時都聽不見五米外的汽車鳴笛。同班同學沒剩幾個了，只有在二七廠代培的武同學和去年9月份去內蒙土默特左旗插隊，此時回京探家的陳設及三一班患腎炎在家調養的金同學來車站給我送行。歡送的場面頗為悽愴，上午9點59分，車上車下是淚的海洋，無數雙手和淌著熱淚的面孔探向窗外和車下噴泉似的臉手親別交握，月台上鑼鼓喧天口號震耳，超強組合噪音淹沒了親友們泣哽的嗚咽聲和最後一分鐘

的臨別贈言。我冷眼看著這一切，心已麻木、眼眶乾澀，腦海中只隱現著一片片攤雞蛋似的黃土荒坡……。

▼1969年1月19日在北京站

1969年1月19日後三年多的變遷，我在《黃土高原的935天》和《在河南省息縣鐵道部五七幹校的知青》中都比較詳細地論述了，這裡只是略做些補充。

離別了母校，對教過我們的老師思下有些懷念，初一第一任班主任侯鳳英老師，初二的趙中奎老師；周群英老師；周世華老師；初三的孫宏年老師；還有語文老師李冶華和英語老師任錫純是從初一到初三一直在我們班教課。他們教學嚴謹，對學生智力啟發及素質教育深入淺出。趙老師針對學生的浮躁心態常說：「急是無智，燥是無心」，他給我們講電流傳遞原理時說：電流怎麼流過導線？打個比方：導線就像一根裝滿豆子的鐵管，你在管子的一頭壓進一顆豆子，管子的另一頭馬上就會被擠出一顆豆子，你在那頭不斷地塞豆子，這邊的豆子就不斷的流出，是每顆豆子推著它前面的豆子在管子裡移動形成了「豆流」，導線裡的電子也是這樣移動形成了電流。趙老師在我們初一下半學期時和侯老師結為伉儷。

孫宏年老師是班主任也是我們的物理老師，他個不高臉上有塊長傷疤，據說是小時淘氣爬樹被樹枝刮的。一次因教室的燈不亮，陳設課間站在課桌上給鼓搗亮了。被他知道後，他就給我們講了一段他中學的往事：初中學到純水是絕緣體時，我因為好奇做了個試驗，正好樓道裡有根斷了下垂的電線。我用一個金屬鋁杯子裝了一

杯水，用手拿著讓水接觸電線。我想，鋁杯是導體，水是絕緣體，應該電不著我。誰知電線剛接觸水面我就覺得渾身發麻，一杯水一下翻在地上。後來才知道自來水含有雜質不是純水，含雜質的水是導電的。之所以這次試驗沒出危險，是因為觸電後手一哆嗦水撒了，電源也就斷了。孫老師說：以後燈不亮一定要告訴老師，學校有電工，不要自己隨便動，出了危險就麻煩了。

李冶華老師朗讀課文的聲音和語氣就像有一股磁力，使我們的思路也隨著她抑揚頓挫的朗誦而被吸引進入課文的情節。還有兩個周老師和任老師前面都介紹過。在離別校園走向社會的這一天思緒是複雜的，以後就靠自己闖蕩了……！

五十一、既無內債，又無外債

建國以來每年元旦的《人民日報》都要發表一篇供全國各報轉載的元旦社論，當年人們都很拿每年兩報一刊的「元旦社論」當回事，奉為指導這一年言行的「綱」。年初高層總是下達組織老百姓對元旦社論學習討論、寫心得的指示，生怕老百姓不與時俱進，根據巴甫洛夫學說原理把老百姓訓練成了條件反射，在後四十年中只要高層有個風吹草動的指示，老百姓連想都不想就積極跟潮與時俱進。1969年的元旦社論是《用毛澤東思想統帥一切》，社論公佈了毛澤東的最新指示：清理階級隊伍，一是要抓緊，二是要注意政策。……必須注意政策，打擊面要小，教育面要寬，要重證據，重調查研究，嚴禁逼、供、信。

雖然毛澤東說得很策略，但下面那些自稱「無限忠於毛主席」的大大小小的頭目及專案組卻是我行我素，不在自己單位裡揪出幾個階級敵人就不算與時俱進，高層揪出劉少奇，底下就開始揪劉少奇的黑線、代理人、隱藏的定時炸彈⋯⋯。

　　我父親1946-1950年在廣州鐵路局韶關工務段任段長，解放前夕像他這樣的鐵路技術人員本可隨鐵路局去台灣的，可他對國民政府的驕奢淫逸貪污腐化感到十分不滿就留了下來。當時解放軍進軍廣東，國軍的工兵要炸鐵路橋時，他對國軍的工兵指揮官說：附近還有一條鐵路是從山洞通過，橋斷了不會影響火車通行，結果保住了鐵路橋，解放後他繼續任工務段段長，有照片可以證明當時他所在的工務段對共產黨是很擁護、熱愛的，1950年他調往鐵道部。文革期間的1969年，他當年廣州鐵路局的一些老同事們被專案組「逼、供、信」打得胡招亂供，他被那些人指供是韶關國民黨黨部委員，其實他連國民黨都沒加入過。我在當時的「讀報手冊」上查看了一下，國民黨縣黨部委員屬「歷史反革命」一文件。當然，鐵道部掌握政策較好，只是由一些專案組人員多次找他作「逼供」性質的談話，並讓他寫了無數篇交代材料，雖說那些政工人員對他堅

▼左：1949年的韶關工務段
　右：當年富縣羊泉的老戲台

決不承認自己當過「韶關國民黨黨部委員」而蠻橫地說他不老實，但未受皮肉摧殘，只是在這年3月讓他去了寧夏黃羊灘幹校。直到1977年6月那些他的老同事敢說實話的時候，此案才被定為「事出有因、查無實據」而平反。

也許紅衛兵亦屬清理階級隊伍的障礙，他們留在父母身邊會干擾「要抓緊」的行動，所以首先應該被清理出城市。1月21日下午我們經過三天兩夜的火車、汽車聯運翻山越嶺一路黃塵到達了我們插隊的地點──羊泉公社，公社招待了我們一頓窩頭就紅燒肉，晚上公社的毛澤東思想宣傳隊為歡迎知青，在羊泉的古戲台上表演了一場歌舞演出，當天晚上我和陳住在羊泉小學一個趙姓老師的單身宿舍，羊泉沒電，我們第一次用上有防風玻璃罩並帶有拔火功能的煤油燈，感到挺新鮮。

也是這一天媒體報導：「截至1968底，國內公債已全部還清，成為世界上既無內債、又無外債的獨立、強大的社會主義國家」。這一方面說明當時中國的經濟實力並不弱，在物價穩定沒有通貨膨脹的情況下用十幾年的時間還清了內、外債。在八十年代後的三十年中，還未還清內、外債，通貨膨脹率就超過6000%以上。另一方面也說明由於中國受到歐美等國家的經濟封鎖，對外的貿易程度還不十分廣泛，主要交易夥伴只有蘇聯及東歐國家還有一些非洲國家，引進先進的工作母機設備也比較困難。無外債雖然說起來是一種自豪，但在日益增長的國際金融市場上亦有些難言之苦澀。

這一年是建國後第二個十年的最後一年，在用強硬手段把知青送到遠離城市的山區以後不久，3月2日和3月15日中國軍隊在黑龍江中蘇邊界的珍寶島與蘇軍發生了武裝衝突，雙方互有傷亡。我們在黃土高原上用自攢四管來復再生式收音機除聽到中央台對衝突

的報導外，還聽到了莫斯科廣播電台介紹的衝突經過，可謂兼聽則明。

3月15日毛澤東在中央文革小組的碰頭會上針對當時的國際形勢，著重談了要準備打仗的問題。同時他還說：「落實政策是個大問題。」他認為：有些部門執行不力，「叛徒、特務、死不改悔的走資派」，關的人多了，他要求：統統地把他們放了。……教授、講師要放，其中的壞人是極少數……。不要在學生中去打主意，也不要在多數的教員、幹部中打主意。這似乎是毛澤東對中央文革小組及各地派生的文革小組的分支亂整人感到不滿，也是拒外必先安內的一種策略。

4月1日中共九大在北京召開，毛澤東在開幕式上講話希望大會：「能夠開成一個團結的大會，勝利的大會」。陝北農村對這件事也有所表示，4月1日下午，天空下著小雨雪，村幹部組織了十幾個社員冒著雨雪抬著一面鼓，敲著一個銅盆當鑼圍著村裡轉了一圈以表慶賀。九大期間的4月11日毛澤東針對當時「極左」的形式指出：「當前主要問題是一種傾向掩蓋著另一種傾向，一方面把敵人揪出來了，另一方面掩蓋了打擊面寬和擴大化問題，這是黨史上的嚴重教訓。……工人階級領導一切，不是工人階級壓倒一切。反對軍宣隊和工宣隊，不能說成是反對解放軍和工人階級。犯錯誤的幹部，有的將來還要工作，犯了錯誤願意改正，群眾諒解就好了，就要解放」。可能毛澤東當時有意想借九大剎車對文革作一個了斷，可是這個拐點被超度了，有政治謀略的各類文痞們想方設法使文革繼續被「深化」！

九大會議上，林彪被宣佈為毛澤東的接班人，並作為黨史首創被寫入黨章，林彪的夫人葉群和張春橋、江青、姚文元被選進中共

中央政治局，陳伯達、康生則進入中共政治局常委，自此文革小組的文痞全部在政治局有了席位，文革中凌駕於各部委甚至中央政治局之上的中央文革小組也就淡出了政界，雖然江青還想守住和利用她的這個地盤，但毛澤東不同意。

值得玩味的是八十年代初，高層又仿「文革小組」的模式成立了「體改委」，體改委的文痞們一度也凌駕於各部委之上囂張至極，步「文革」砸爛一切之後塵，第三次提出「砸爛」的口號，這次他們是在砸爛大鍋飯的口號下，要砸爛公有制等全民設施，企圖再一次使中國捲入一場運動中去。直「砸」得國有資產大量流失；百姓看不起病；孩子上不起學；老工人沿街擺攤叫賣，貧度餘生；資本家製假販假、花天酒地、魚肉鄉民；官員吃喝嫖賭貪腐成風；體改委的文痞們則都在高位為自己爭得了一席之地。也許這就是具有中國特色的輪回吧！

五十二、河南人也英雄

陝北說手在北京謅知青的謊言，在我們到陝北的第一天就被揭穿了。六十年代末，陝北的農村是比較貧窮的，陝北老百姓的平均生活水準甚至比當年毛澤東在陝北時期還要差一些，除了春節、清明、端午、八月十五這幾個節日吃得較好外，常年吃的基本上是連糧食外皮一起磨成麵的雜糧，有些地方甚至是糠菜半年糧。這點我在《黃土高原的935天》中已詳細地介紹過了。

1969年1月我們剛到農村正好趕上村裡在搞「清理階級隊

伍」，我插隊的這個村叫雷村，相距500米分為東、西兩個自然村，我和陳與5個女生分在東村，分在西村的是我們學校初二的五個學弟和四個學妹。這個村在解放初期幾乎全體村民都加入過一貫道，村裡有幾個富農曾是一貫道的壇主，村民們入道也就是聽說一貫道能治病，壇主也就相當於一個小組長組織村民們燒香拜佛，根本就談不上什麼階級。但是中國的基層領導心態浮躁生怕上級說他們不與時俱進丟了這不大的官帽，都拿出看家的本事跟著哄，逮不著大魚，咱就撈蝦米，為此把雷村定為「清理階級隊伍」的重點村。村裡進駐了由公社從各村抽調的人員組成的「貧宣隊」，他們在村裡常開批判會。其實「貧宣隊」的批判會還是很溫和的，也就是喊喊口號，有點文化的念念批判稿，開完批判會村民們在生活中互相也沒有什麼敵意。

可知青這一來那些個富農、壇主們可就倒了大霉了。就像水溝裡後波拱前波，分在西村我們學校初二的五個學弟中的兩個：J同學和Y同學不但比我們，就是比我們班極左派石良還左，屬於那種哭著喊著要與時俱進的主。剛來村時也就跟著貧宣隊在批判會上念念批判稿，過了半個月他們覺得不過癮，一天晚上開批判會，J同學用村裡絞水的井繩把一個老鄉吊到房梁上，逼他承認當過胡宗南部隊的聯絡員。結果老鄉不堪受辱，當晚跳崖自殺，只把一雙新鞋脫下放在崖畔上。事件發生後，二位不但毫無內疚，還跑到事主家裡做工作，鼓動死者的子女要與他們的大（爸爸）劃清界限，不許戴孝，不要做剝削階級的孝子賢孫，讓階級敵人做鬼也不安寧，後來村裡老鄉都把J同學叫「見鬼」。

大約四、五月份的時候，北京的老三屆開始分配到雲南農場，我們學校六六屆三三班的孫棟和六八屆的一些同學都去了雲南麗

江，還有一些分配到北京的工廠，沒有分到甘肅、寧夏、青海的。聽到這消息大家本已十分失落的心情又蒙上了一層陰影，當時我們許多人火氣很大，大罵老師騙人並發誓等回北京一定要找老師算帳。

當美國的報紙上公開報導：蘇聯高層在祕密聯繫美國試圖聯合對中國的核武器進行一次摧毀性打擊，並準備對中國的軍事政治等重要目標實施「外科手術式核打擊」後，在5月24日中國政府就中蘇邊界珍寶島衝突發表聲明，重申「人不犯我，我不犯人，人若犯我，我必犯人。」的原則，並強調：中國人民「是不好欺負的！」接著中國軍隊進入一級戰備，高層也開始向外地疏散，黑龍江建設兵團的知青也發了槍支彈藥和大量的四零火箭筒。

為了中國造船工業的發展，更是為了海軍裝備的現代化，6月13日中國決定在上海、天津、大連6個船廠新建8個萬噸級船台。不久後中國的核潛艇、驅除艦紛紛試製成功。當然中國從六十年代初期就有仿造萬噸輪的能力，六十年代後期有了自行設計製造萬噸以上遠洋、油輪等現代化輪船的能力，但造船所用的鋼板卻落後於世界水準。我在七十年代末與一些海員聊天時，聽他們說：國外萬噸以上的海輪在遇到大風浪時，一個大浪打到船身上，船身鋼板會被打凹下去，浪過後，船身又會恢復原狀。中國製造的萬噸以上的海輪遇到風浪時，大浪打到船身上，船身鋼板被打凹下去後就是一個坑，不會恢復原狀。

針對在民眾中越來越氾濫的宗教式的「早請示，晚彙報」等個人崇拜的形式，1969年6月12日中央發文，要求在宣傳毛澤東形象時應注意的幾個問題：不要追求形式，要講究實效；……不要「早請示、晚彙報」，飯前讀語錄，向毛主席像行禮等形式主義的活

動。可是當年這個文件似乎執行的力度不大，直到1971年我到幹校後的一段時間裡，在開會、學習前還存在這種「早請示，晚彙報」的形式。

7月1日兩報一刊發表社論《中國共產黨萬歲》並有毛澤東關於整黨的指示：「每一個支部，都要重新在群眾裡頭進行整頓。要經過群眾，不僅是幾個黨員，要有黨外的群眾參加會議，參加評論。」在這之後，開始了「開門整黨」。但是有了1957年「反右鬥爭」的教訓，不論黨內、黨外人士基本上沒有敢在公開場合對黨提出哪怕是善意的「評論」，都是以偉大、光榮、正確之類的奉承話來表達，你要是膽敢提點意見，說不定什麼時候基層書記在政治上報復你一下，你這輩子的幸福生活就算交代了。這也難怪中國人明哲保身，更是難怪不論什麼不著調的運動和錯誤都會被「主流派」們在不能走「回頭路」的口號中「深化」下去。

第二個十年對於河南林縣的農民收穫是最大的！他們解決了世代的缺水的問題。河南林縣百姓在縣領導楊貴、馬有金等人的帶領下，從1960年2月開工修建「引漳入林」工程，即「紅旗渠」。在難以想像的艱難施工條件下，林縣百姓靠自力更生，艱苦創業的精神，用簡陋的施工工具克服重重困難，奮戰於太行山懸崖絕壁之上。正像一首歌中所唱的「劈開太行山」，從太行山腰鑿洞架橋。他們削平了1250座山頭，架設151座渡槽，開鑿211個隧洞，修建各種建築物12408座，挖砌土石達2225萬立方米。終於在1969年7月8日全部修建完畢，紅旗渠有幹渠、分幹渠10條，總長304.1公里；支渠51條，總長524.1公里，還有約3000公里的灌溉管道，此工程總耗資為5611萬元。被世人稱之為「人工天河」，在國際上被譽為「世界第八大奇跡」。現在國內總有人擠兌河南人，國外對華人的

素質莫不頻頻指摘，其實只要有能與百姓同甘苦的領導核心，不論是河南人還是中國人，都能創造人間奇跡。當然，在許多時候，生活在缺乏尊嚴和人格環境中的國人，自己都把自己人分成三、六、九等的一盤散沙，這樣長期延續、遺傳下去，怕是離崩盤不遠了。

　　河南人創造了這個奇跡，林縣人民和領導十年為後代辦了一件實事，是功蓋千秋的實事。他們與「改開」中的那些發誓詛咒每年為百姓辦多少實事，而實際多是被後代「唾棄為糞丸」的「政績」工程，為自己的升遷在打鋪阡陌和貪撈非法所得的官宦是不可同日而語的。當然，那些文革中的文痞們也不會放過「紅旗渠」這個呼讚文化大革命的素材，國人的頭腦還在被文痞繼續加溫。就在國人潛心提高政治覺悟之際，1969年7月20日美國的阿波羅11號在月球著陸，美國宇航員尼爾・阿姆斯壯和巴茲・奧爾德林登陸月球。尼爾・阿姆斯壯在登上月球後向全世界人類說的第一句話是：這是個人邁出的一小步，但卻是人類邁出的一大步。很難想像如果中國人登上月球，他的第一句話會說什麼？我猜恐怕不外乎是：我為作為一個中國人而感到驕傲自豪……，這成果要歸功於……的領導，……三個代表……。這不是知識水準高低的問題，這是一個民族自身的素質和修養。這種素質取決於一個國家的綜合社會環境：人民尊崇和敬仰的文化意識、是否尊重人權的治理方式、完善穩定的民主制度和健全的社會保障等等，以及個人在這些環境下經長期薰陶所累積的悟性，不是邯鄲學步能辦得到的。

　　8月13日中蘇在新疆的「鐵列克提」又發生武裝衝突，中方大約一個排的士兵被圍殲全部犧牲。9月11日蘇聯部長會議主席柯西金在到越南弔唁胡志明主席後的回國途中，在北京機場就邊界問題與周總理會晤，此後兩國邊界再未發生過嚴重的武裝衝突。

第二個十年應該截至到1969年的9月30日，一些亦喜亦悲的事也發生在最後一個多月，8月29日下午，北京市區下了一場百年不遇的雹子，據說雞蛋大小的雹子下了近半小時，砸碎了不少居民住宅的玻璃窗，長安街上路燈的玻璃罩幾乎全部被砸爛。雹打一條線，部分郊區農民的莊稼也受災不淺。9月25日衛生部門宣佈藥品大幅度降價，比年初降低37%，比1950年降低80%。雖是在「文革」期間，但降價還是貨真價實的，老百姓得到了好處。不像「改開」期間，只要一宣佈某些藥品降價，這種藥品馬上就會在藥房消失，不久藥廠就會把這些降價藥換一個藥名，改一下包裝，再把這些藥以比原價高幾倍的價格推向市場，來個明降暗升，糊弄老百姓，這就是中國文痞們鼓吹的市場化。9月30日北京燕山煉油廠全部建成投產，直到今天北京四百多萬機動車輛的用油幾乎全部出自該廠。

五十三、第二個十年的成敗

第二個十年與第一個十年的相似之處就是，開始的幾年裡包括高層在內的國民們心態都還平穩，他們絕大多數人在道德天平上遵紀守法，嚮往著高尚的情操和助人為樂的品質，在經濟上為完成五年計劃制定的目標不計報酬地貢獻著自己的力量；另一方面是：在經濟不斷轉好的過程中，政治上的拐點也在不斷加劇。

這十年開局不利，天災也好，人禍也罷，這艱難的三年是驚心動魄的，驚得統計部門直至五十年後還未統計出那三年全國非正常

亡魂的精確數字。那三年城市裡的糧油供應也非常緊張，北京的糧店當時對市民憑糧票買糧有個規定，就是每月的24號可以提前用下個月的糧票購糧。只要到每月的24日清晨，糧店還未開門，就有許多手持麵口袋的市民在糧店門口排起長長的隊伍等候買糧，這說明許多市民月底就斷頓了。

中國老百姓是善良的，即使是赤地千里餓得奄奄一息了都沒動過搶糧庫的念頭。倒是1960年3月18日有個叫王倬的外貿部公務員用一張「總理辦公室專用」信箋偽造了一份周恩來的批示，到西交民巷的中國人民銀行蒙了二十萬人民幣。這在當時屬特大案件，王倬4月3日晚被抓獲。與現在的貪官、騙子不一樣的是，這個有些歪才的傻小子可能一分錢沒敢花，倒是偷偷地燒了8500多元，用高層的話說，王倬也算得上是一隻有「經濟頭腦」的黑貓了。

在七千人大會以後，毛澤東逐漸感覺到手下的大小幹部多是報喜不報憂，他甚至讓身邊的警衛員在探家的時候去瞭解、調查農村的真實情況，他對警衛員瞭解到的真實情況和帶回來農民當時吃的主食樣品感到震驚。這使他產生抽出一段時間，親自騎馬沿黃河搞一次社會調查的念頭，不要當地官員安排，自己下去隨機到村民家裡私訪，看看真實的農民生活狀況，也許他還有再回一次延安的打算。為此他在1964年甚至在海裡練過騎馬，並讓他的警衛員要全部學會騎馬。現在有些極端人士為了對毛澤東全盤否定，不但要把毛澤東拉下神壇，而且要把他打入泥潭！其實這樣的人群正是中國歷來運動的主力軍，是最可惡的破壞者。毛澤東對這群人都是防不勝防，他們幹了壞事以後總是有藉口，什麼「歷史原因」、「被利用」等等，其實真不知是毛澤東利用了他們，還是他們利用了毛澤東為自己撈些好處，要不怎麼出了個「為了打鬼借助鍾馗」之說。

在這十年中，中國的高層雖然和蘇聯的高層鬧到誓不兩立，但和非洲各國建立了良好的政、經關係。在原子彈試爆成功後，雖然美國報紙諷刺中國「不能用這些錢改善老百姓的生活」，但美國政府對中國卻有一定的敬畏。國際地位的上升使得就連曾任中華民國代總統的李宗仁都攜夫人郭德潔於1965年7月投奔了他反對了半輩子的共產黨。

十年中在工、農、軍事、醫學、科學及文、體等方面也取得了令人矚目的成就，石油從貧油到自給有餘，有自主智慧財產權的世界第一台雙水內冷發電機從1.2萬千瓦到12.5萬千瓦。許多地方老百姓的積極性被科學地調動起來，吉林的殘疾復員軍人劉聲聽說國家缺油就走街串巷，動員了12名軍烈屬和整天圍著鍋台轉的婦女，從六十年代初憑藉三口大鍋辦起了油脂廠，用工廠的廢油提煉出好油。到1965年，劉聲創辦的這個油脂廠已有職工150多名，年創產值達380萬元。相當於2009年的2.5億元！六十年來不論是毛澤東的手下，還是改開中，太缺乏像劉聲這樣的人物了。而高層總喜歡提拔、重用像「張姚康陳」及改開中的「厲張茅周」之流的文痞，這也許這正是六十年來老百姓總是被「潮流」沖得瞎轉，歷史的悲劇總是隔數年就重演一次的原因之一。

▼1964年為搞社會調查，毛澤東在練習騎馬

在軍事方面中國經過1962年3月東風-2導彈發射失敗的教訓，於1964年6月成功地發射了一枚自行研製的射程在1000多公里，有效射程半徑涵蓋日本主島的導彈，此後又成功地研製了

「東風」系列包括攜帶核彈頭的中程導彈，國防力量無疑得到空前的加強。

在這個十年初的三年裡，營養不良使人民的體質有所下降，但體育鍛鍊的風氣幾乎沒有停止，26屆乒乓球世錦賽帶動了全民乒乓球熱。

也許是經濟還在恢復期，原定四年一屆的全運會也未如期在1963年舉行，但經濟情況好轉後，第二屆全運會於1965年9月11日－28日在北京舉行。開幕式上1.6萬多人表演了大型團體操《革命讚歌》，據說團體操是在朝鮮教練的指導下排練的。高層對這次全運會十分重視，國內不少黨政高層首腦都出現在這屆全運會開幕式的主席台上。這屆全運會共有5014名運動員參賽，22個賽項中24人10次打破9項世界紀錄，330人469次打破130項全國紀錄。記得學校的李主任那時曾全校大會上說：我們學校六四屆的畢業生董和平同學，作為北京市代表隊參加了第二屆全運會的摩托車賽，並取得團體第二名的好成績。

這十年中的前幾年，鄰里之間甚至陌生人之間的關係是比較和諧、信任的，社會風氣也在向好的方面發展。例如公車，1965年北京的公交系統為提高老百姓的素質，以13路公車為試點，實行上車驗票，下車不收票。那時的公車票很低廉，市區公車按站數分別為0.04、0.07、0.09、0.11、0.13元，每增2分錢大約可多乘3-4站，人們大多能自覺按秩序排隊上車，那時公車是從後門

▼在第二屆全運會上亮相的當年中國高層陣容

上車，前門下車，老人、孕婦、抱小孩的乘客可以不排隊從前門上車，這種傳統一直維持到文革開始。

這十年的拐點也是令世人矚目的，有些拐點的起因在尚未解密之前也許會令世人再猜上半個多世紀。不過有一些跡象也許能說明一些問題，1964年2月29日，毛澤東在會見金日成後對他的護士長吳旭君說：我多次提出問題，他們接受不了，阻力很大。我的話他們可以不聽，這不是為了我個人，是為了將來這個國家，這個黨，將來改變不改變顏色，走不走社會主義道路的問題。我很擔心，這個班交給誰我能放心？我現在還活著呢，他們就這樣！要是按照他們的做法，我以及許多先烈們畢生付出的精力就要付諸東流了。……我這個人沒有私心，我不想為我的子女謀求什麼，我只想中國的老百姓不要受苦受難，他們是想走社會主義道路的，所以我依靠群眾……。

可以看出，毛澤東想針對高層發動一場群眾性運動的計畫是在文革兩年前就開始醞釀了。當然也許劉鄧有預感，也許他們以為這場運動不過是又一次「引蛇出洞」的反右鬥爭，所以運動一開始他們就效仿五七年的經驗在北京各高校都進行「反干擾」運動。在近一個月的「反干擾」運動中，僅北京高校就有近萬名學生被打成「右派、反革命分子」。如果「文革」按照劉鄧的思路搞，估計半年之內可能結束，不過全國被戴上「右派」帽子的人之總數量怕是也不會低於1957年。

這十年尤其六十年代中後期「兩個一效應」被國人表現的淋漓盡致，政治上如此，生活上也是如此，大約是1967-1968年國內興起了全民打雞血的風潮。現在無從考察打雞血有病治病、無病保健的說法起源於何人的創舉，當時好像全北京，也許是全國的老百姓

幾乎家家都養幾隻大公雞，有病沒病的中、老年男女們每隔幾天就手提著隻大紅冠子的公雞，到醫院排隊打雞血，醫院是來者不拒，掛好號交一毛錢注射費，醫生、護士就敢下針扎。還有一段時間國民掀起了全民喝「海寶」的熱風，據說「海寶」能治百病……。

城市的中學畢業生到農村「插隊落戶」在北京大約起源於1964-1965年，據說這是老鄧的一項創意，此創意的起始階段還是能做到應屆畢業生自願報名，必須經過家長的同意後方被批准，是對未考上高中或大學少數畢業生的一種權宜之計，採用的方式也是比較民主、溫和的。但發展到六十年代末就成了幾乎是安置全國中學畢業生的唯一出路，這個拐點的出現，使約1700萬15-20歲左右的孩子在他們的家長及本人非自願的情況下，被下放到農村務農，並被高層制定為類似於法律的政策長達十年以上。

這個十年和第一個十年一樣，都有幾年國家是在平和發展的，老百姓的生活水準也在逐步提高。也同樣有幾年是在全民折騰中度過，其原因不外乎是：高層的決策失誤，被高層重用文痞們的忽悠及「兩個一效應」的禍水在基層的氾濫，六十年中，這種致亂的「三段起源」始終在困擾著國民。

2010年11月11日於北京

Do人物49　PC0555

中國變革六十年
——關爾回憶錄（一）

作　　　者／關　爾
責任編輯／林世玲
圖文排版／楊家齊
封面設計／蔡瑋筠

出版策劃／獨立作家
發 行 人／宋政坤
法律顧問／毛國樑　律師
製作發行／秀威資訊科技股份有限公司
　　　　　地址：114 台北市內湖區瑞光路76巷65號1樓
　　　　　電話：+886-2-2796-3638　傳真：+886-2-2796-1377
　　　　　服務信箱：service@showwe.com.tw
展售門市／國家書店【松江門市】
　　　　　地址：104 台北市中山區松江路209號1樓
　　　　　電話：+886-2-2518-0207　傳真：+886-2-2518-0778
網路訂購／秀威網路書店：https://store.showwe.tw
　　　　　國家網路書店：https://www.govbooks.com.tw

出版日期／2015年11月　BOD一版　定價／330元

|獨立|作家|
Independent Author

寫自己的故事，唱自己的歌

中國變革六十年：關爾回憶錄 / 關爾著. -- 一版. -- 臺北
市：獨立作家, 2015.11-
　　冊；　公分. --(Do人物；49)
BOD版
ISBN 978-986-92127-9-3(第1冊：平裝)

1. 關爾　2. 回憶錄

782.887　　　　　　　　　　　　　　　　104018613

國家圖書館出版品預行編目

讀 者 回 函 卡

感謝您購買本書，為提升服務品質，請填妥以下資料，將讀者回函卡直接寄回或傳真本公司，收到您的寶貴意見後，我們會收藏記錄及檢討，謝謝！如您需要了解本公司最新出版書目、購書優惠或企劃活動，歡迎您上網查詢或下載相關資料：http:// www.showwe.com.tw

您購買的書名：＿＿＿＿＿＿＿＿＿＿＿＿＿＿＿＿＿＿＿＿＿＿＿＿＿

出生日期：＿＿＿＿＿年＿＿＿＿＿月＿＿＿＿＿日

學歷：□高中 (含) 以下　　□大專　　□研究所 (含) 以上

職業：□製造業　□金融業　□資訊業　□軍警　□傳播業　□自由業
　　　□服務業　□公務員　□教職　　□學生　□家管　□其它＿＿＿

購書地點：□網路書店　□實體書店　□書展　□郵購　□贈閱　□其他

您從何得知本書的消息？

　□網路書店　□實體書店　□網路搜尋　□電子報　□書訊　□雜誌

　□傳播媒體　□親友推薦　□網站推薦　□部落格　□其他＿＿＿＿＿

您對本書的評價：(請填代號　1.非常滿意　2.滿意　3.尚可　4.再改進)

　封面設計＿＿＿　版面編排＿＿＿　內容＿＿＿　文／譯筆＿＿＿　價格＿＿＿

讀完書後您覺得：

　□很有收穫　□有收穫　□收穫不多　□沒收穫

對我們的建議：＿＿＿＿＿＿＿＿＿＿＿＿＿＿＿＿＿＿＿＿＿＿＿＿＿

＿＿＿＿＿＿＿＿＿＿＿＿＿＿＿＿＿＿＿＿＿＿＿＿＿＿＿＿＿＿＿＿＿

＿＿＿＿＿＿＿＿＿＿＿＿＿＿＿＿＿＿＿＿＿＿＿＿＿＿＿＿＿＿＿＿＿

＿＿＿＿＿＿＿＿＿＿＿＿＿＿＿＿＿＿＿＿＿＿＿＿＿＿＿＿＿＿＿＿＿

11466
台北市內湖區瑞光路 76 巷 65 號 1 樓

獨立作家讀者服務部　　　　收

....

（請沿線對折寄回，謝謝！）

姓　　名：＿＿＿＿＿＿＿＿＿　年齡：＿＿＿＿　性別：□女　□男

郵遞區號：□□□□□

地　　址：＿＿＿＿＿＿＿＿＿＿＿＿＿＿＿＿＿＿＿＿

聯絡電話：(日)＿＿＿＿＿＿＿＿＿ (夜)＿＿＿＿＿＿＿＿＿

E-mail：＿＿＿＿＿＿＿＿＿＿＿＿＿＿＿＿＿＿＿＿